P9-ECQ-648

COLLECTION IDÉES

**Paul Claudel**

*de l'Académie française*

# Mémoires improvisés

Quarante et un entretiens
avec Jean Amrouche

TEXTE ÉTABLI
PAR LOUIS FOURNIER

Gallimard

48,934

Les Mémoires de Paul Claudel furent vraiment improvisés. Jean Amrouche arrivait devant les micros de la Radiodiffusion française, avec ses questions, sa documentation, préparées de longue main, son habileté — et Claudel renversait tout, sur l'instant, dans la bonhomie certes, mais aussi dans la puissance de son tempérament léonin; Amrouche ne s'estimait pas battu, revenait, insistait, avec une obstination et une maîtrise courtoise auxquelles on ne peut que rendre hommage.

Il ne s'agit pas d'une suite d'interviews. Le mot français « entretiens » est plus conforme à l'esprit de cette longue conversation en quarante et un épisodes, au cours de laquelle Claudel, sommé de se livrer, le fait sans s'y résoudre complètement, mais apporte suffisamment de lui-même pour que cet ouvrage à peu près unique ait une très grande importance pour la connaissance, plus en profondeur qu'il n'y paraît, d'un immense auteur.

A la lecture de ces pages en grande partie nouvelles, car l'édition de 1954 comporte de trop nombreuses erreurs, de transcription et d'interprétation, on ne s'étonnera pas de trouver des « barbarismes » à faire gloser les don Léopold-Auguste, des gaucheries (du moins qui apparaissent ainsi parce qu'elles sont imprimées) dues au langage parlé[1].

Il n'est pas facile de s'accrocher au quasi-mot à mot d'un

1. Nous n'avons pas voulu ajouter un seul *sic*.

*texte qui n'est pas lu mais improvisé — et parfois même,*
*précisément mot après mot. Nous nous y sommes astreint*
*pour, d'une part, donner le procès-verbal exact de ces*
*Entretiens qui firent date et, d'autre part, permettre aux*
*auditeurs des disques tirés des enregistrements radiopho-*
*niques de suivre leur écoute de plus près (nous pensons en*
*particulier aux Universités étrangères). Nous n'avons*
*pas voulu « rewriter », comme on dit en franglais, Claudel;*
*Platon a transmis Socrate, mais Socrate n'écrivait pas;*
*seul Claudel pouvait récrire Claudel; s'il n'en a pas vu*
*la nécessité, il ne faut pas se substituer à lui mais le*
*laisser parler, en rapportant ses propos d'aussi près que*
*possible. Nous n'avons commis, à notre connaissance,*
*qu'une seule trahison: l'éviction d'un nombre important*
*de « n'est-ce pas », respiration du langage, pause et relance*
*de l'improvisation mais fastidieux à la lecture. En re-*
*vanche, nous ne vous avons pas fait grâce des « somme*
*toute », des « alors », etc. qui, moins nombreux, s'in-*
*tègrent parfaitement, eux, au texte imprimé. Autres tics*
*du langage parlé de Claudel: « eh bien » et « ça »; la plu-*
*part du temps Claudel dit « eh ben », voire « ben », et nous*
*imprimons ainsi car cette orthographe marque l'accent*
*rural de Claudel; de même, nous composons « ça » plutôt*
*que « cela », car il emploie « ça » systématiquement (on*
*remarquera même qu'un moment il dit « cela » et qu'il se*
*reprend pour dire « ça », mot, son, plus conforme à sa*
*nature); « ... pas les jeunes filles, maître Pierre! dit*
*Violaine. Ça, c'est trop fin pour vous. » Quant à la néga-*
*tion « ne... pas », il en néglige souvent le premier terme;*
*il s'en explique ainsi dans son Journal: « Le ne français*
*n'est pas une négation mais une inhibition; c'est le pas*
*qui ferme en claquant la porte. » On notera encore que de*
*nombreuses fois nous avons, comme dans une sténogra-*

*phie de débats parlementaires, indiqué Rires entre paren-*
*thèses et cette précision est indispensable car, le plus sou-*
*vent, elle change, elle authentifie la couleur des propos de*
*Claudel pour qui l'humour avait une telle importance.*

*Parlant des Mémoires improvisés, Jean Lescure écrit*
*dans l'Histoire des littératures de l'Encyclopédie de la*
*Pléiade: « La publication du livre qu'on peut tirer du*
*« script » de ces entretiens ne saurait remplacer leur édi-*
*tion sonore. Ce qui est bouleversant et à jamais digne de*
*l'attention des hommes, ce sont précisément les voix hu-*
*maines, en leur origine même. » Nous ne saurions contre-*
*dire un si juste avis, mais nous croyons que la présente*
*édition imprimée constitue l'approche la plus intime de*
*l'édition sonore et que, partant, elle pourra comme se substi-*
*tuer à celle-ci auprès de très nombreux lecteurs.*

Louis Fournier.

*Les Mémoires improvisés ont été diffusés pour la première fois sur*
*la Chaîne nationale de la Radiodiffusion française, du 21 mai au*
*12 juillet 1951 et du 1er octobre 1951 au 14 février 1952, à l'initia-*
*tive d'Henry Barraud, directeur de la Chaîne nationale, Paul Gilson*
*étant directeur des programmes artistiques.*

*Grâce à la libéralité de l'O.R.T.F. et à la coopération de la Caisse*
*nationale des Lettres, il a été tiré de ces Entretiens, par nos soins, un*
*coffret de sept disques 16 tours édité hors commerce par la Société*
*Paul Claudel, auprès de laquelle on peut se le procurer [1].*

L. F.

1. En virant 150 francs au C. C. P. Paris 15640-46.

## Premier entretien

JEAN AMROUCHE. — Mesdames, Messieurs, me voici bien intimidé, car, si c'est un honneur insigne, ce n'est pas une petite épreuve que de se trouver face à face avec le plus grand poète vivant, et l'un des plus grands de notre histoire.

Durant plus de vingt-cinq ans, Paul Claudel, qui est ici en face de moi, ne fut qu'un nom de trois syllabes et un personnage mythique, inaccessible, que l'imagination s'épuisait à poursuivre à travers le temps, les continents et les océans. Et, tout à coup, il est là, et il faut lui poser des questions : non pas *mes* questions, mais celles que chacun de vous aimerait lui poser. Et il faudra l'inciter, l'exciter, le provoquer, user avec lui de tous moyens propres à forcer ses souvenirs. Il faudra se montrer insinuant, subtil, parfois même brutal ou indiscret, pour le contraindre à répondre sur-le-champ, sans avoir presque pris le temps de réfléchir.

Comme vous voyez, il s'agit d'un jeu certes, d'un jeu passionnant et difficile, auquel nous voudrions vous associer ; d'autant plus difficile que la règle en est simple : rien ici n'est préparé, ou à peine, les joueurs ne sont pas de mèche, et Paul Claudel improvisera entièrement sa partie. Quant à moi, ce petit discours terminé, je pourrais certes me reporter à un canevas sommaire, mais je sais bien que nous ne le suivrons pas.

Et maintenant, c'est vers vous, Paul Claudel, que je me tourne. Je vous remercie d'abord d'être ici, et d'avoir consenti à supporter questions et commentaires plus ou moins intempestifs. Vous laissiez échapper cette plainte, dans une des proses de *Connaissance de l'Est*, à l'occasion d'une brève escale en France : *Amère entrevue ! comme s'il était permis à quelqu'un d'étreindre son passé !* Et, dans une lettre à Jacques Madaule écrite trente-cinq années plus tard : *Vous savez que je ne relis jamais, sauf quand j'y suis absolument forcé par l'imprimeur.*

Eh bien, c'est précisément une épreuve de cet ordre que je voudrais vous imposer. Je voudrais vous aider, vous forcer même, à nous raconter votre histoire, celle de votre pensée, et celle de votre œuvre.

Et puisqu'il faut bien commencer par le commencement, je voudrais d'abord vous demander de raconter votre enfance et votre adolescence.

Paul Claudel. — Eh bien mon enfance et mon adolescence portent comme un présage de la carrière que je devais avoir à poursuivre, à la fois comme écrivain et comme homme d'État, si je peux dire ; c'est-à-dire que je suis à la fois un voyageur et un enraciné. Un enraciné parce que la profonde influence qu'ont eue mes années d'enfance sur le reste de mon existence, et un voyageur par la vocation errante que m'a imposée la carrière consulaire et diplomatique dans laquelle je suis entré.

Je suis né dans un très vieux village de l'Ile-de-France, appartenant à cette région spéciale qu'on appelle le Tardenois et qui est à la fois distincte de cette grande plaine du Soissonnais qui s'étend vers le nord, et, du coté [1] du sud et de l'ouest, de ces vallées repliées qui se dirigent

---

1. Claudel prononçait en effet « coté » et, dans ses manuscrits, on ne trouve jamais d'accent circonflexe sur l'*o* de « côté ». Nous trahirons désormais Claudel en imprimant « comme les autres » cet accent circonflexe.

vers Paris : celle de la Marne et celle de l'Ourcq. Dans
un livre que j'ai écrit il y a quelques années, j'ai justement fait la peinture des quatre horizons qui se développent autour de mon lieu de naissance.

Et d'abord, il faut que je vous parle de ce village
même, de ce village de Villeneuve-sur-Fère qui compte
actuellement trois cents feux, bien qu'il fût auparavant
plus important, et qui me rappelle beaucoup, d'après
la description qu'en font les sœurs Brontë, ce village
de *Wuthering Heights* qui a abrité la naissance des trois
illustres jeunes filles. C'est-à-dire c'est un pays extrêmement austère, un pays où le vent est continuel, et
où la pluie est beaucoup plus fréquente, je crois, que
dans toute région de France. Il n'y a rien de plus sévère,
de plus amer, de plus religieux aussi, si je peux dire,
dans le sens le plus sévère du mot, que ce village
de Villeneuve-sur-Fère. Et quand, à la Toussaint,
on entend les cloches qui sonnent le glas, c'est
pas précisément des idées de gaieté qu'elles vous font
venir.

D'autant plus que ma maison natale donnait directement sur le cimetière du village. Mon grand-oncle
était curé de Villeneuve, et la maison qu'il a bâtie lui-
même, comme je vous le dis, donne sur le « God's acre »,
comme on dit en anglais, l'hectare ou l'arpent de Dieu,
qui s'étend autour de l'église elle-même.

Mon grand-père et mon grand-oncle étaient les descendants de petits cultivateurs de la région de Laon,
plus exactement de Liesse. Et il y a une tradition dans
la famille que c'est à la suite de la réception qu'ils firent
d'un prêtre insermenté au moment des événements de
1793 que mon grand-oncle entra au petit séminaire de
Liesse, à la suite d'un vœu formé par la famille, si ce
réfugié parvenait à échapper à ses persécuteurs. Vous
trouvez là une première trace du drame de *L'Otage*.

Plus tard les vacances me ramenèrent chaque année

dans ce village, avec lequel, pendant de longues années, j'ai gardé un contact continuel.

Je me souviens surtout de mes entretiens, des conversations qu'avait avec nous notre vieille bonne Victoire Brunet, la fille d'un garde-chasse du duc de Coigny, à qui appartenait la grande forêt de la Tournelle voisine, qui appartient actuellement aux Moreau-Nélaton, et des longues descriptions qu'elle nous faisait des traditions du pays, de la peinture qu'elle nous faisait des différents ménages et de leurs iniquités particulières : un contact aussi intime et aussi prolongé avec les gens du pays qu'on en trouve, par exemple, dans Saint-Simon. Rien ne m'a rappelé davantage les entretiens avec Victoire Brunet que les commérages ou les confidences de Saint-Simon sur la cour de Versailles.

J. A. — Mais ce personnage de Victoire Brunet dont vous parlez, est-ce qu'on le retrouve quelque part dans votre œuvre ?

P. C. — Oui, on le retrouve un petit peu dans la mère de Toussaint Turelure...

J. A. — Ah bien...

P. C. — ...La Suzanne, comme il l'appelle.

J. A. — Et la forêt dont vous parlez c'est la fameuse forêt de Chevoche ?

P. C. — Non, c'est une autre forêt. Dans mon livre *Contacts et Circonstances*, je parlais des quatre horizons de Villeneuve : il y a cet horizon de l'est qui est le plus triste de tous, qui est un pays de cultures qui n'a rien de riant, enfin où se trouvent beaucoup de plâtrières, un pays extrêmement dur et sévère. Du côté du sud, alors, qui est la Tournelle, où il y a une fontaine, au nom assez mystérieux, qui s'appelle la Fontaine de la Sibylle. Moi je trouvais ce nom assez mystérieux autrefois quand Saint-Simon, justement, m'a appris que « sibylle », dans le langage français, signifiait simplement « vieille fille »... On appelait une vieille fille une sibylle.

J. A. — Aucun rapport, par conséquent...

P. C. — Non aucun. La « Fontaine de la Sibylle », parce qu'on prononce la S'bylle, la Fontaine de la Sibylle, c'est simplement la fontaine de la vieille fille.

Et alors du côté de l'ouest, s'étend la vallée de l'Ourcq : alors pour moi, c'était le pays du rêve, qui allait vers Paris, le soleil couchant, etc.

Et enfin, au nord, c'était la plaine indéfinie, le Soissonnais, qui va presque sans aucun relief jusqu'à la mer.

J. A. — De sorte que dès votre enfance vous étiez ainsi accoutumé à voir très loin.

P. C. — Oui. Alors là c'est autre chose : vous parlez de mes souvenirs, justement, qui ont beaucoup influé sur mon œuvre dramatique, et spécialement dans ce drame qu'on appelle *L'Otage*, que je suis en train de relire en ce moment-ci ; et je suis frappé d'y retrouver, encore plus que des souvenirs précis, l'atmosphère qui a enveloppé mes idées d'enfance.

J. A. — De sorte que le paysage de votre enfance a vraiment provoqué une imprégnation profonde ?

P. C. — Certainement, surtout sur la première partie de mon œuvre.

Et alors une autre influence, c'est l'influence de l'horizon que j'appellerai du nord, avec ce vent terrible qui régnait continuellement. Alors, chaque fois que je faisais mes promenades habituelles, il y avait cette espèce de lutte dramatique contre ce vent terrible qui ne cessait de régner, si violent que le clocher de mon église même en a pris l'inclination. Il est comme un bateau qui prend le large. Le clocher est penché de côté comme le mât d'un navire.

J. A. — Étant enfant, déjà, vous étiez accoutumé à des promenades solitaires ?

P. C. — Oui et alors beaucoup d'imaginations, beaucoup de drames, de véritables chansons de geste qui se

passaient dans mon imagination... enfin des espèces de
poèmes d'enfant.

J. A. — Que vous avez écrits d'ailleurs très tôt ?

P. C. — Je puis dire que je n'ai jamais cessé d'écrire
ou de composer depuis ma plus vieille, depuis mon enfance. Je me rappelle des espèces de poèmes que je devais
écrire vers cinq ou six ans.

J. A. — Mais est-ce que vous les écriviez comme ça
spontanément, ou bien est-ce que vous aviez conscience
de composer déjà des poèmes ?

P. C. — Dans la petite enfance, naturellement,
je les écrivais naturellement ; mais, dès que j'ai eu treize
ou quatorze ans, je me suis trouvé une vocation d'écrivain, n'est-ce pas, ou de poète. Je me rappelle des
poèmes que j'écrivais à quatorze ans et qui étaient déjà
faits à peu près dans le rythme prosodique que j'ai
adopté plus tard, qui m'est entièrement naturel.

J. A. — Je voudrais maintenant si cela ne vous ennuie
pas trop, vous demander d'évoquer quelques-uns des
événements qui ont vraiment marqué votre mémoire.

P. C. — Eh bien ! les événements sont les événements
de ma famille, qui était celle d'un fonctionnaire de
l'enregistrement, qui se déplaçait assez souvent. Mon
père quand il s'est marié était receveur dans l'enregistrement, à Fère-en-Tardenois. C'est là qu'il a connu
ma mère, fille d'un médecin qui lui-même avait des propriétés terriennes et héritier de toute une famille dont on
trouve des traces dans *L'Otage* précisément, famille à
la fois très noble puisque par la voie de bâtardise nous
descendons du fameux duc d'Orléans, qui a été assassiné
par Jean sans Peur, comme vous savez, dont la famille est
tombée ensuite dans la roture. Ce n'est pas simplement
une légende, mais mon parent, enfin mon lointain parent, M. de Vertus, qui est actuellement fermier à Coincy,
a une généalogie complète qui remonte de la manière la
plus claire jusqu'à ce duc d'Orléans. La famille est

tombée ensuite dans la roture, et on trouve des de Vertus dans toutes les fermes des environs.

J. A. — Vertus est un nom qui nous est familier.

P. C. — Ah! je crois bien : le sire de Vertus était Galéas Visconti, qui était le père de la femme du duc d'Orléans et à qui Charles VI avait conféré ce titre...

J. A. — Je ne pourrai malheureusement pas vous suivre dans la voie de cette érudition. *(Rires.)*

P. C. — Ça m'a amusé : j'avoue que je suis assez fier de cette naissance, parce que cette branche d'Orléans m'avait toujours été sympathique ; Charles d'Orléans appartenait également à cette lignée... le poète Charles d'Orléans.

J. A. — Je pensais simplement à ce saint Jean de Vertus dont il est question dans *L'Annonce faite à Marie.*

P. C. — Oui, oui. Et alors à cette branche très noble s'est adjointe une autre branche très roturière, du genre de Turelure : les Thierry qui s'y sont alliés, de sorte que les deux sangs se sont en somme livré bataille dans mon ascendance ; on trouve à la fois Turelure et on trouve les Coûfontaine. Alors je porte cette double ascendance en moi...

J. A. — Eh bien, si vous permettez, je crois que nous reverrons cela à propos de *L'Otage,* dont nous aurons à parler.

Je voudrais vous demander dans quelle mesure vous croyez qu'il soit vraiment exact, que vous ayez été si fortement, comment dirais-je, obsédé par, non seulement l'idée, mais la présence de la mort, à la suite du décès, je crois, très douloureux, de votre grand-père paternel en 1881.

P. C. — C'est très exact. Mon grand-père, qui était médecin, est mort d'un cancer à l'estomac. Ma mère était allée soigner ses derniers jours. Elle m'avait amené avec elle. Je ne sais pas si elle avait eu très raison, mais il y avait sans doute des circonstances personnelles qui l'y obligeaient. J'ai vu mon grand-père, pour ainsi dire heure à heure, jour à jour, mourir de cette maladie extrêmement cruelle, ce qui a eu une très forte influence sur moi certainement... en même temps que la lecture d'un livre de Zola que je trouve affreux, mais qui est peut-être un de ses meilleurs livres, qui s'appelle *La Joie de vivre*.

J. A. — *La Joie de vivre*, déjà, à cette époque-là!...

Je voudrais vous demander maintenant est-ce que, à cet âge-là, pendant que vous viviez à Villeneuve-sur-Fère-en-Tardenois, est-ce que vous étiez très pieux? Est-ce que la liturgie, l'encens, les cantiques?

P. C. — C'est-à-dire j'ai fait une bonne première Communion, mais qui n'avait rien de spécialement religieux. Ma famille était religieuse de tradition. Mais de dévotion particulière il n'y en avait pas dans la maison.

J. A. — Et en vous?...

P. C. — Je me rappelle simplement qu'au moment de ma première Communion, le texte religieux qui avait fait la plus forte influence sur moi, c'était la Prière à Jupiter du stoïcien Cléanthe, que j'avais trouvée dans *L'Histoire romaine* de Duruy. Ça m'avait beaucoup frappé; je trouvais ça très beau et je trouvais ça plus religieux que les textes qu'on nous lisait au Paroissien. *(Rires.)*

J. A. — Et quels étaient vos liens, dans votre enfance, avec votre sœur Camille?

P. C. — Comment?

J. A. — Quelles étaient vos relations avec votre sœur Camille, la seule artiste de la famille?

P. C. — Il faudrait vous dépeindre la famille Claudel, qui était une famille très particulière et très renfermée, vivant beaucoup sur elle-même, et d'une espèce d'orgueil farouche et hargneux. Nous étions un petit clan qui nous trouvions immensément supérieur à tout le reste. *(Rires.)* Et nous nous disputions énormément.

J. A. — Et votre sœur Camille aussi ?

P. C. — Ah! tout le monde se disputait dans la famille : mon père et ma mère se disputaient, les enfants se disputaient avec leurs parents, et ils se disputaient beaucoup entre eux. Ma sœur Camille aussi. Enfin c'était probablement le vent de Villeneuve que je vous ai décrit qui continuait ses ravages : enfin, nous nous disputions beaucoup.

## Deuxième entretien

Jean Amrouche. — Vous avez quitté Villeneuve en 1882 pour habiter Paris, et vous avez été...

Paul Claudel. — Non, non, non, ce n'est pas si rapide que ça. Après Villeneuve, je suis allé à Bar-le-Duc, où j'ai été longtemps au lycée. De Bar-le-Duc, mon père a été nommé conservateur des hypothèques à Nogent-sur-Seine, et c'est là où j'ai suivi l'enseignement d'un professeur excellent, qui s'appelait Colin. C'était un journaliste, et un professeur d'occasion, mais qui avait véritablement la vocation de l'enseignement ; et, pendant trois ans, il a jeté, pour dire vrai, les vraies bases de mon éducation. Il m'a appris le latin, l'orthographe et le calcul, enfin tout ce que j'en sais, d'une manière absolument solide et fondamentale, qui ne m'a jamais quitté, simplement parce qu'il avait de bonnes méthodes, qu'il s'occupait spécialement de nous, et qu'il avait trouvé moyen de nous rendre l'étude intéressante.

Ces trois années m'ont laissé un excellent souvenir.

Et puis alors de temps en temps il nous lisait une chose que je trouvais magnifique, par exemple des extraits des morceaux choisis d'Aristophane — bien entendu il ne lisait pas tout —, *La Chanson de Roland*, *Le Roman du Renart*, enfin des textes qu'on ne lit pas d'habitude aux enfants, et qui nous enthousiasmaient, ma sœur et moi.

J. A. — De sorte que ceci ne vous préparait guère à supporter facilement le lycée Louis-le-Grand.

P. C. — Ensuite je suis allé dans un petit collège, à Vassy, où nous étions six ou sept, dont j'ai gardé également un bon souvenir. Et puis alors s'est produit le cataclysme dans la famille. Ma sœur trouvant qu'elle avait une vocation de grande artiste (ce qui était malheureusement vrai), ayant découvert de la terre glaise, elle avait commencé à faire des petites statues qui ont frappé M. Alfred Boucher, le statuaire ; alors ma sœur, qui avait une volonté terrible, a réussi à entraîner toute la famille à Paris, elle, voulant faire de la sculpture, moi, à ce qu'il paraît, ayant une vocation d'écrivain, mon autre sœur de musicienne... enfin bref la famille s'est séparée en deux : mon père est resté à Vassy, et nous, nous sommes allés à Paris, boulevard Montparnasse, où nous nous sommes installés. Et alors ça a été pour moi une catastrophe dans ma vie, parce que toute ma vie a été déchirée en deux.

Je suis entré à Louis-le-Grand, où je n'étais pas du tout préparé, parce que j'avais toujours mené une vie très solitaire, indépendante, et il fallait maintenant m'arranger avec une classe de quarante ou cinquante élèves de Louis-le-Grand, ce qui n'était pas commode : mes parents étaient habitués à me voir toujours le premier dans une classe de six, ce qui n'était pas énorme, et ils s'attendaient bonnement à ce que je sois également premier dans une classe de cinquante ou de soixante.

J. A. — Mais enfin vous n'étiez pas ce qu'on appelle un cancre [1] !

P. C. — Hein ?

J. A. — Vous n'étiez pas ce qu'on appelle un cancre ?

P. C. — Au bout d'un certain temps, je suis arrivé en effet à être premier. Mais, dans le reste du temps, il n'y a que deux choses, deux sortes d'études dans lesquelles j'ai réussi : j'ai réussi, non pas par goût personnel, mais parce que j'avais des professeurs extrêmement méchants, qui ne voulaient pas croire que je n'avais pas de dispositions pour les sciences ; alors, que j'aie des dispositions pour les sciences ou que je n'en aie pas ils ont réussi à me les fourrer dans la tête. Et de ces branches-là, l'une est l'optique, et l'autre est l'histoire naturelle.

J'avais un professeur qui depuis a fait une grande carrière, qui est devenu un homme illustre. Il s'appelait Mangin. Et ce Mangin n'a tenu aucun compte de mes goûts particuliers, et il m'a absolument forcé, on peut dire, en me cognant la tête contre les tables, à m'intéresser à l'histoire naturelle : ce que j'ai fait, et dont j'ai gardé le goût.

J. A. — Je crois qu'il vous a rendu là un très grand service.

P. C. — Ah oui! ce qui prouve en particulier, si j'ai un conseil à donner aux parents, c'est de ne pas écouter les enfants quand ils disent qu'ils n'ont pas de goût pour telle ou telle chose : souvent cette absence de goût déguise simplement la paresse.

J. A. — Et vous pensez par conséquent que les méthodes autoritaires en matière d'éducation ont du bon ?

P. C. — Tout dépend des caractères, mais, pour certains enfants qui ne sont pas plus bêtes que d'autres, je crois qu'il faut de l'autorité. En particulier pour les mathématiques : il n'y a pas de raison que les enfants n'aiment pas les mathématiques. Tout ça est une question d'éducation. Les mathématiques ne s'apprennent

1. On perçoit le mot bachot prononcé par Claudel.

pas en public ; je crois qu'il faut un contact d'homme
à homme entre le professeur et l'enfant ; enfin c'est
mon opinion... mais enfin ça nous emmènerait trop
loin.

J. A. — Est-ce que c'est cela qui vous a manqué à
Louis-le-Grand : le contact d'homme à homme entre les
professeurs et vous ?

P. C. — Eh bien, je dois dire que j'ai gardé de mes
professeurs de Louis-le-Grand un très grand respect.
L'éducation universitaire a une lacune énorme, c'est-à-
dire qu'elle ne comporte que de l'instruction et ne fait
aucune espèce d'attention à l'éducation, ce qui est tout
de même le rôle principal. L'enfant n'est pas seulement
un être à qui on a à fourrer des notions de différentes
choses mais il a un caractère à former et il a un cœur,
et c'est ça dont l'éducation universitaire — de mon
temps, du moins — ne s'occupait absolument pas.

J. A. — Je crois que c'est bien difficile quand on a
précisément des classes de quarante ou cinquante ou
soixante élèves !

P. C. — Voilà... Alors chez moi également dans ce
caractère de paix armée que nous avions entre nous,
chacun vivait dans son propre château, avec le souci
simplement de se défendre contre les autres, je ne trouvais pas non plus d'éducation, de sorte que j'ai dû me
former moi-même, au petit bonheur... et ça non sans
beaucoup d'erreurs et sans beaucoup de souffrances.

J. A. — Et parmi vos camarades du lycée, quels sont
ceux dont vous avez gardé le souvenir ?

P. C. — Eh bien, dans les premières classes, je n'en
ai pas trouvé beaucoup. Il n'y a guère que quand je suis
arrivé en philosophie, alors que j'ai trouvé des camarades, comme Marcel Schwob au premier rang, comme
Léon Daudet, comme Chavannes le grand sinologue,
comme ..., comme Syveton, justement, dont vous avez
entendu parler.

J. A. — Le Syveton de l'affaire...

P. C. — L'affaire, oui. Et comme... mon Dieu! quelques autres encore.

J. A. — Ce n'est pas à cette époque-là que vous avez connu Philippe Berthelot, non, c'est plus tard?

P. C. — C'est beaucoup plus tard. C'est dans la classe de philosophie qu'une très grosse influence sur moi... J'avais un professeur vraiment remarquable, qui s'appelait Burdeau, dont Barrès a fait une peinture à mon avis très injuste dans son livre...

J. A. — *Les Déracinés.*

P. C. — Dans son livre *Les Déracinés.* Burdeau donnait un peu physiquement l'impression de ces grands philosophes grecs ioniens : il était très pâle, une belle barbe noire, il avait une voix très impressionnante. Et justement une partie de son cours était consacrée aux grands philosophes primitifs de l'histoire grecque, et son cours a eu une très grosse influence sur moi à ce point de vue-là.

J. A. — Mais alors c'est une légende qui veut que vous ayez eu tout de suite l'horreur de Burdeau, de son enseignement.

P. C. — Non, non, pour Burdeau, c'est absolument faux! non seulement je n'ai pas eu d'horreur de Burdeau, mais j'avais une profonde admiration pour lui. La seule chose qu'il y a de vrai, c'est que les doctrines kantiennes de Burdeau, je n'ai jamais pu les avaler.

J. A. — De sorte que c'étaient les doctrines...

P. C. — C'étaient les doctrines...

J. A. — ... Et pas l'homme?

P. C. — Et pas l'homme.

J. A. — Eh bien, je suis très heureux que vous ayez cette occasion de le dire publiquement.

P. C. — Au contraire, je suis très heureux de rendre hommage à Burdeau pour qui, comme homme et comme éducateur, enfin comme professeur, pour qui j'ai une grande admiration, mais dont les théories sont restées complètement imperméables ; elles n'ont pas filtré.

J. A. — Est-ce que vous pourriez évoquer maintenant la fameuse distribution des prix de 1883, où vous fûtes, paraît-il, couronné des mains d'Ernest Renan ?

P. C. — Eh bien, c'est parfaitement exact. Je crois que c'était ma classe de seconde ; préciser, il faudrait se reporter aux textes : ce doit être en 82 ou 84.

J. A. — 83.

P. C. — C'est 83, bon ! Je devais être en classe de seconde, et Renan a fait à ce moment-là un discours qui est d'ailleurs resté assez célèbre, dans lequel il disait... on avait fait son éloge, naturellement : le professeur qui faisait le discours d'usage avait fait l'éloge de ce grand homme, et Renan en répondant avait dit : *Oui, jeunes gens, vous avez entendu l'éloge qu'on fait de moi, vous avez entendu parler de moi comme d'un grand homme qui a apporté beaucoup de vérité, beaucoup de lumière autour de lui. Mais je ne me fais pas d'illusion : qui sait si parmi vous il n'y a pas l'un d'entre eux qui dira plus tard : Renan, cet empoisonneur, et tout ce qui s'ensuit !...*

J. A. — Eh bien, il l'avait deviné : vous étiez là, et c'est précisément ce que vous avez dit !... *(rires)* et ce que vous continuez à penser.

P. C. — Et ce que je continue à penser, je dirai même : de plus en plus !

J. A. — De plus en plus... Est-ce que vous avez assisté à l'apothéose de Hugo ? est-ce que le souvenir des funérailles de Hugo a marqué votre adolescence ?

P. C. — J'étais déjà beaucoup plus âgé.

J. A. — Deux ans plus tard.

P. C. — Il faudrait parler de mes rapports avec Hugo. Comme enfant, dans mes premiers souvenirs, j'ai été frappé par les romans de Victor Hugo, qui paraissaient à ce moment-là en livraisons, et fort bien illustrés

par cette race d'illustrateurs qui a maintenant disparu,
— les Daniel Vierge, enfin, etc.

J. A. — C'était dans la collection Hetzel ?

P. C. — Hetzel, oui, oui.

J. A. — C'est cela.

P. C. — *Quatre-vingt-treize* en particulier m'avait
beaucoup plu ; de même j'avais vu certains des dessins
de Victor Hugo qui m'avaient également plu. Et je dois
dire que, est-ce par une idiosyncrasie, enfin un tempérament particulier mais jamais la poésie de Victor Hugo
ne m'a plu. Je ne l'ai jamais avalée : l'alexandrin était
une coupe, un rythme qui étaient étrangers à ma nature.
Et puis alors les petites anecdotes de Victor Hugo m'ont
toujours semblé assez sottes : par exemple, ces histoires
de *La Légende des siècles*, où l'on voit un chevalier
errant, pour sauver une touchante jeune fille, saisir le
traître par les talons et lui cogner la tête contre les
murs ! même quand j'avais treize ou quatorze ans, cette
histoire me semblait idiote.

J. A. — Pardonnez-moi de couper dans ce que vous
venez de dire : en fait, ma question avait un caractère
assez bassement anecdotique. C'était surtout l'impression qu'aurait pu produire sur un garçon de votre âge,
cette espèce de déification, enfin d'apothéose, l'enterrement, les funérailles nationales.

P. C. — J'ai vu ces funérailles, qui m'ont paru res-
sembler tout à fait à ce qu'on voit dans les romans du
temps de Louis-Philippe, sur la Descente de la Courtille.
C'était quelque chose d'absolument *arsouille*, si je peux
dire, répugnant, un défilé de mardi-gras tout à fait.
C'est l'impression que ça me donnait, qui m'a produit
une impression plutôt révoltante. Malgré tout je considérais et je considère encore Victor Hugo comme un
grand poète, mais cette espèce de Descente de la Courtille qu'ont été ses funérailles m'a énormément choqué.

J. A. — Vous avez prononcé, du temps que vous

étiez ambassadeur à Bruxelles, un admirable discours en l'honneur de Victor Hugo ; il avait paru dans les *Nouvelles littéraires*, je m'en souviens très bien. Et cet hommage m'avait été particulièrement sensible, non pas que j'eusse eu l'impression que vous vous étiez renié, mais déjà là il semblait bien que votre admiration pour le prosateur, pour ses romans d'imagination et pour *Les Travailleurs de la Mer* particulièrement, dont vous parliez en ces termes...

P. C. — Et surtout pour *L'Homme qui rit*... j'ai une grande admiration pour *L'Homme qui rit*. Je sais pas si je ne le considère pas comme le chef-d'œuvre de Victor Hugo. C'est un roman presque inconnu, enfin qu'on ne lit pas...

J. A. — C'est-à-dire qu'autrefois on faisait lire aux enfants presque tous les romans de Victor Hugo ; maintenant je ne sais pas si on continue encore à les faire lire.

P. C. — Victor Hugo doit beaucoup aux illustrateurs. Il a trouvé toute une race d'illustrateurs : les Théophile Schuler, les Bida, les Daniel Vierge, qui étaient vraiment adaptés à l'œuvre de Victor Hugo et qui ont fait beaucoup pour son œuvre.

J. A. — Et quelles étaient vos lectures du temps que vous étiez lycéen ?

P. C. — Mes lectures ont commencé... ça semble curieux ! j'ai commencé par Gœthe, par *Faust*. Ça m'avait beaucoup impressionné. Et puis très vite je m'en suis lassé, et alors pendant un certain temps, pendant plusieurs années, mon pain quotidien ça a été Baudelaire, Leconte de Lisle et Flaubert, admirations que je suis loin d'avoir conservées maintenant.

J. A. — Sinon pour Baudelaire.

P. C. — Oh ! Baudelaire, ça a beaucoup diminué ! mais enfin j'ai conservé mon admiration pour Baudelaire, tandis que celle pour Leconte de Lisle ou Flaubert, il ne reste à peu près rien.

J. A. — Pour Flaubert aussi?

P. C. — Oh oui! Enfin... Sauf pour *La Tentation de saint Antoine*.

J. A. — Sauf pour *La Tentation de saint Antoine*. Et à quel moment alors se placent les lectures des classiques grecs et latins?

P. C. — Ah! Eh bien arrivons dans une autre phase. Mais, pour en finir avant ma période pré-conversion, j'étais extrêmement malheureux au lycée, parce que cette absence d'éducation, cette absence d'un aliment dont je sentais le besoin me faisait beaucoup souffrir. Et alors crainte de la mort, souvenir de la mort, sentiment d'abandon complet de cet enfant qui n'a aucun guide, qui ne sait de quel côté se tourner... Je peux dire que j'ai énormément souffert moralement pendant cette période-là, j'ai été extrêmement malheureux. Et de plus cette vie de Paris, qui ne me plaisait pas, cette absence de personne à qui je puisse me confier, à qui je puisse donner conseil, absolument rien, la solitude la plus absolue, et la nécessité de compter uniquement sur moi : rien, personne à qui demander conseil.

J. A. — Mais pourtant vous ne vous êtes jamais plaint de cette solitude. Vous avez dit, vous avez écrit que vous éprouviez profondément le sentiment que cette solitude vous était indispensable.

P. C. — Les deux choses vont ensemble.

J. A. — En somme, vous en souffriez...

P. C. — Oui, mais j'ai senti plus tard que cette souffrance était nécessaire. Mais je dois dire que cette souffrance était presque intolérable pendant plusieurs années. Après tout, j'étais un enfant comme les autres, j'avais besoin de me former une idée sur la vie, de me former une idée sur la destinée de l'homme. Enfin ces questions-là se posent pour les enfants comme pour les hommes, et beaucoup avec un caractère d'urgence et

de cruauté, je peux dire, encore plus fort que chez les
adultes, au moins pour moi.

J. A. — Et vous n'aviez pas la tentation de recher-
cher à ce moment-là les secours de la religion?

P. C. — Non absolument pas!

J. A. — En somme, vraiment, les pratiques religieuses de votre enfance ne vous avaient pas pénétré?

P. C. — Non seulement pas mais je peux dire que
j'avais un véritable dégoût pour ces choses-là. C'était
ma sœur, à dire vrai, ma sœur Camille qui nous avait
complètement séparés de la religion. *La Vie de Jésus*
lui était tombée sous la main. J'avais lu *La Vie de
Jésus*, et je considérais la question comme absolument
réglée.

J. A. — *La Vie de Jésus* de Renan?

P. C. — Oui, *La Vie de Jésus*, c'est elle qui est à la
base de la cessation de mes idées religieuses, qui n'étaient
pas très profondément enracinées, je dois dire.

J. A. — Mais à ce moment-là étiez-vous simplement
incroyant? ou bien étiez-vous, comment dirais-je, un
incroyant militant? aviez-vous la haine des choses religieuses?

P. C. — Oui, plutôt. J'avais à ce moment-là quatorze ou quinze ans. Vous savez comme sont les enfants :
tout d'une pièce, et j'étais plutôt nettement antireli-
gieux.

J. A. — Et vos camarades?

P. C. — Sauf alors... Les camarades, la même chose,
la religion n'existait pas dans la classe de Burdeau. Ce
n'était pas comme maintenant, où il y a tout de même
un sentiment religieux ; mais, dans la classe de Burdeau,
quelqu'un qui se serait donné comme catholique, toute
la classe se serait esclaffée, et j'étais comme les autres
à ce point de vue-là.

J. A. — De sorte que non seulement la religion était
haïe mais encore elle était tournée en dérision?

P. C. — Il ne faut pas dire cela : enfin, tout ça avec une certaine bonne humeur, tout de même, pas de méchanceté. Enfin, c'était naïf. Vous savez quel était l'esprit qui dominait dans la littérature, dans les journaux, et partout à ce moment-là.

J. A. — Oui, c'était l'atmosphère naturaliste que vous avez peinte en quelque...

P. C. — ... Naturaliste et combiste. Pas combiste, mais pré-combiste.

J. A. — Scientiste.

P. C. — Scientiste. C'est à ce moment-là que l'aurore, si je peux dire, de ma conversion a paru, avec la découverte de Rimbaud. Je vois encore ce mois de mai 86, où j'ai ouvert la première livraison de *La Vogue* où commençaient à paraître *Les Illuminations*.

J. A. — Alors, si vous voulez bien, nous aborderons cela au prochain entretien.

## *Troisième entretien*

Jean Amrouche. — Je voudrais que nous nous arrêtions un peu sur Claudel adolescent et sur le drame qui animait ce garçon de quinze, seize ans, dont nous avons le sentiment qu'il vivait dans un très grand isolement et qu'il se sentait *séparé*.

Séparé de quoi ? toute votre œuvre le dira par la suite. Mais, si vous voulez bien, peut-être pourrez-vous essayer de vous rappeler l'état d'esprit, l'état d'âme dans lequel vivait celui que vous avez appelé vous-même le « sourd » et le « muet » du lycée Louis-le-Grand.

Paul Claudel. — Eh ben, mon Dieu, faut pas oublier que j'ai quatre-vingt-deux ans aujourd'hui : il y a par conséquent un laps assez long qui me sépare de cette période dont vous parlez, et je ne suis pas sûr que cette longue distance ne colore pas les souvenirs que je puis avoir aujourd'hui ; quand on se revoit à travers un laps de soixante ou soixante-dix ans, on a chance que le point de vue déforme un peu son objet.

Mais enfin, autant que je me rappelle, je dois dire que la cause en grande partie de mon dépaysement était celui, matériel, qui a accompagné mon transfert d'une petite ville de province où je me trouvais en somme parfaitement heureux avec ma famille, à Paris, où l'ambiance était complètement différente. J'ai eu à m'y adapter, et cette adaptation, qui n'a jamais été complète, a été très douloureuse.

Je n'ai jamais eu l'instinct d'agrégation à une équipe. Il m'a toujours été très difficile de m'y accommoder. A aucun moment de ma vie, il ne m'a été possible de sentir ce sentiment qu'on appelle la camaraderie. C'est un point que j'ai d'analogue avec Rimbaud, quand il dit : *La camaraderie et la société des femmes m'étaient interdites.* C'est un point par lequel je lui ressemble beaucoup. Je sentais en moi probablement le travail, la fermentation d'un être nouveau qui avait énormément à apprendre, et qui ne s'était pas encore abouché aux sources vraiment nutritives, dans lesquelles il trouverait l'alimentation pour son développement.

Alors j'étais à tâtons, surtout que, comme je vous l'ai dit, je n'avais aucun sentiment religieux, bien qu'ayant tout à fait le tempérament adapté à la nouvelle vie que j'ai trouvée plus tard. Alors il en résultait un état de gêne, un état de déséquilibre, un état de recherche infiniment désagréable et pénible. D'autre part, dans ma famille, l'accord ne régnait pas toujours : nous avions chacun des tempéraments très violents et la vie de famille n'avait rien de spécialement agréable. De sorte que — mes souvenirs les plus anciens — j'ai toujours eu en moi cette envie de m'en aller, de quitter mon milieu, et de courir le monde : ça a toujours été un de mes instincts les plus fondamentaux. J'alimentais ça par la lecture d'un journal qui paraissait à cette époque-là, qu'on appelait *Le Tour du Monde* : je passais des journées entières à lire les récits de voyage en Chine et dans l'Amérique du Sud : c'étaient les deux pays qui avaient mes préférences, et que j'ai retrouvés plus tard dans ma carrière diplomatique.

J. A. — Eh bien, ce jeune Claudel dont vous parlez, si vous le permettez, voici comment nous le voyons, nous, un peu de l'extérieur, d'après le témoignage de deux écrits que vous n'aimez sans doute plus beaucoup. L'un est cette petite pièce intitulée *L'Endormie*, écrite, je crois, entre 1882 et 1883 : vous aviez donc une quinzaine d'années.

P. C. — Oui, à peu près.

J. A. — Et puis ce *Fragment d'un Drame* qui est daté de quelques années plus tard. Déjà, dans *L'Endormie* et dans ce *Fragment d'un Drame*, nous vous voyons vous-même comme le siège d'un drame extrêmement dur, d'une division entre deux personnages opposés : l'un qui est tout donné, passif, qui semble fait pour subir et pour accepter ; l'autre, qui est toute révolte, conquête, sauvage possession. Et il semble bien que, lorsque vous avez rencontré Rimbaud, vous ayez rencontré non pas un maître, mais un frère.

P. C. — Plutôt qu'un frère, il serait plus juste de dire « un père », en ôtant à ce mot le sens vénérable et respectueux qu'il comporte : je veux dire, comme je l'ai dit d'ailleurs, que Rimbaud a exercé sur moi une influence séminale, et je ne vois pas ce que j'aurais pu être si la rencontre de Rimbaud ne m'avait pas donné une impulsion absolument essentielle.

Maintenant, puisque vous parlez de ces deux pièces assez oubliées de ma part, toutes les deux répondent à des stades très différents de mon développement : *L'En-*

*dormie* est encore une pièce d'enfant : on y trouve des éléments qui, en somme, font partie de mon répertoire, à ce point que le sujet de *L'Endormie*, on le retrouve plus tard dans mon drame satirique appelé *Protée*, et enfin dans une œuvre, la plus récente que j'ai écrite — j'appelle ça une « extravaganza radiophonique » — que j'ai écrite il y a deux ans, et qui en somme part du même sujet que *L'Endormie*, qui s'appelle *La Lune à la recherche de son endroit* [1]... parce que vous savez que la lune ne nous montre que son endroit, et son envers nous est irrémédiablement caché, et je suppose que la lune est inquiète ; somme toute, elle se dit : *J'ai un envers, je le sais, mais quel est donc cet envers ?* et alors c'est cet envers qui est à la recherche de son endroit, puisque le mot « endroit » comporte, pour ainsi dire, son opposé, qui est l'envers ; alors c'est là-dessus, sur cette idée, que j'ai refait cette pièce de *L'Endormie*, que j'en ai fait cette « extravaganza radiophonique » qui a paru dans les *Cahiers de la Pléiade* de Paulhan, il y a deux ans.

J. A. — Oui, il y a bien cette extravagance, il y a cette bouffonnerie allègre, cette abondance, la truculence du vocabulaire, une sorte de matière verbale épaisse, savoureuse, dans *L'Endormie*. Il y a aussi la présence de la lune, qu'on retrouve dans la plupart de vos livres.

Mais il n'y a pas que ça, il y a quelque chose de plus profond, et quelque chose qu'on pourrait considérer comme l'un des thèmes centraux de votre œuvre, c'est-à-dire la recherche de l'orientation, la situation du poète dans le monde et par rapport au monde, ce que vous direz à bien des reprises plus tard. Et dans *L'Endormie*, le personnage central, c'est bien le poète, c'est bien vous-même, le poète qui est d'ailleurs mystifié, bien sûr,

---

1. Il veut dire, bien entendu, *son envers*.

puisque la belle endormie qu'il va essayer de réveiller se révèle une sorte d'horrible monstre, une espèce de « sac-à-vin », comme vous l'appelez d'ailleurs dans la pièce. Mais déjà on voit bien ce poète qui est préoccupé d'orientation, qui est préoccupé de s'établir dans le monde. Et plus tard, dans *Connaissance de l'Est*, vous écrirez ceci : *Il pleut à Londres, il neige sur la Poméranie, pendant que le Paraguay n'est que rose, pendant que Melbourne grille*. Eh bien, cette petite phrase, ce vers, à certains égards, c'est tout vous-même : il porte votre marque, il y a cette préoccupation constante d'affirmer la présence de la totalité de l'univers, et, par rapport à cette totalité, la situation exacte du poète et des choses qui coexistent ensemble.

P. C. — Tout ça est très ingénieux, et je vous écoute avec le plus grand intérêt, parce que ça développe en effet un côté tout à fait plausible de cette œuvre pour laquelle j'avoue que je n'ai pas gardé une dilection particulière. Mais enfin je n'ai qu'à me ranger à votre point de vue et à m'applaudir de l'intérêt que vous y trouvez. *(Rires.)*

J. A. — Mais je ne pense pas que ce soit l'intérêt que j'y trouve seul : je crois que tous vos lecteurs y trouvent cet intérêt. Mais, si vous voulez bien, maintenant...

P. C. — Je voudrais ajouter quelque chose. Pour moi, l'intérêt principal que je trouve à *L'Endormie*, c'est que, dans l'édition qu'en a faite le libraire suisse, qui l'a livrée au public, il y a un portrait de moi au crayon par un de mes camarades de classe appelé Gabriel de Roton. Il m'a fait mon portrait justement au moment où j'écrivais *L'Endormie* à peu près. Alors on me voit... c'est le plus ancien portrait qui existe de moi justement. Vous ne le connaissez pas ?

J. A. — Je ne le connais pas. Je regrette beaucoup que mon ami Richard Heyd, qui est le libraire dont

2

vous parlez, ne m'ait pas montré ce portrait. J'aurais été très curieux de le voir.

P. C. — Demandez-le-lui.

J. A. — Je n'y manquerai pas.

P. C. — Il paraît que j'étais un jeune garçon rose et joufflu à cette époque-là. *(Rires.)*

J. A. — Eh bien, voulez-vous maintenant peut-être nous parler des conditions concrètes dans lesquelles vous avez fait la rencontre de Rimbaud ?

P. C. — Ah! c'est au mois de mai 86, au Luxembourg. Je venais d'acheter la livraison de *La Vogue* où paraissait la première série des *Illuminations*. Je ne peux pas l'appeler autrement qu'une véritable illumination. Ma vie a été complètement changée par ces quelques fragments parus dans cette petite revue, *La Vogue*, dirigée par Fénéon, je crois, à ce moment-là, et qui ont complètement ébranlé le système philosophique, absurde et rigide, sur lequel j'essayais..., auquel j'essayais de me plier à ce moment-là. Les *Illuminations* m'ont réveillé, révélé, pour ainsi dire, le surnaturel, qui est l'accompagnement continuel du naturel. *Après le Déluge, Enfances,* enfin toutes ces pièces qui ont paru dans le sixième numéro, je crois, de *La Vogue*, et ensuite dans les numéros suivants, qui ont été pour moi une véritable révélation. Et, quelques mois plus tard, révélation plus importante encore... *Une Saison en Enfer* qui a paru en octobre. Tout ça a été pour moi un événement considérable qui explique peut-être que dans l'intervalle des deux, j'ai écrit une pièce de caractère déjà en somme catholique et religieux, qui paraîtra dans mes *Œuvres complètes,* c'est encore inédit : c'est, je crois, une œuvre très médiocre à un point de vue formel, mais qui, au point de vue de mon développement moral et religieux, a de l'importance. Elle s'appelle...

J. A. — *Une Mort prématurée ?*

P. C. — Non, *La Messe des Hommes*, ça s'appelle :
c'est écrit en juillet 86 justement.

J. A. — Par conséquent antérieure à cette *Mort
prématurée* dont on a détaché...

P. C. — Antérieure. *Une Mort prématurée* date
d'après ma conversion, ça date de deux ans après ma
conversion : 1888.

J. A. — 1888. C'est bien cela. Je voudrais m'arrêter
un petit peu à votre découverte de Rimbaud. Il me
semble qu'il y avait une profonde ressemblance entre
Rimbaud, que vous veniez de découvrir, et vous-même.
En tout cas, le *Fragment d'un Drame*, si l'on prend quelques citations très courtes, le montre très bien. Il y a
d'abord un jugement sur le monde qui est un jugement
tout à fait brutal, ce monde considéré comme abject ;
et c'est l'un des personnages de votre *Fragment d'un
Drame*, Marie, qui porte ce jugement, qui sera d'ailleurs
plus tard développé et renforcé dans *Tête d'Or*. Elle
dit : *Ami, ô lieu, ô horreur de ce monde pervers.*

Et puis, corrélativement à ce jugement porté sur un
monde abject, un désespoir à peu près radical. C'est
toujours le même personnage qui dit : *Mais il y a une
chose meilleure que tout, c'est de dormir dans le sommeil
du sang et de la mort.*

P. C. — Ce *Fragment d'un Drame* est issu d'une
atmosphère fort différente de celle dont nous parlions
à propos de *L'Endormie*. A ce moment-là, j'avais déjà
derrière moi non seulement ma conversion, mais deux ans
de fréquentation avec la vie liturgique catholique, et ce
désespoir dont vous parlez serait plutôt interprété
comme un coup d'œil jeté au milieu d'un travail d'adaptation excessivement difficile, parce que ce n'est pas du
jour au lendemain qu'on apprend à faire une place à des
éléments aussi difficiles à intégrer et aussi séparés de
nous que la vérité catholique, qui est effroyablement
difficile à intégrer dans notre vie laïque, dans notre vie

ordinaire, surtout pour moi qui en avais un sentiment très intense. Et ce désespoir dont vous parlez exprime plutôt non pas une idée d'abandon, mais une idée de lutte comme celle qu'exprime Rimbaud quand il dit : *Le combat spirituel est aussi dur que la bataille d'hommes...*, etc.

J. A. — Mais ce n'est qu'une partie de vous-même.

P. C. — D'abandon et de désespoir, je ne me rappelle pas que je n'en aie jamais connus à un point de vue absolu. Il y a abandon et désespoir dans le sens que quelqu'un qui se trouve à côté d'une paroi presque à pic et qui se dit : Jamais je n'arriverai à venir au bout, et qui est en même temps excité et déprimé.

J. A. — Oui, mais aussi bien d'ailleurs ce désespoir je ne l'appliquais pas, si j'ose dire, à la totalité de vous-même, mais seulement à une partie de vous-même.

P. C. — A ce point de vue, c'est exact.

J. A. — Oui, car il y a l'autre partie, celui que vous qualifiez, en pensant à Rimbaud d'ailleurs, de mâle tout pur, il y a cette espèce de pur-sang sauvage, avec son trop-plein de forces, ce conquérant qui deviendra...

P. C. — Tout ça est dans *Le Fragment d'un Drame*?

J. A. — Tout ça est dans *Le Fragment d'un Drame*, car précisément l'héroïne, Marie, lui demande, à votre héros, que vous appelez Henry... ça n'est pas un nom très poétique, il est beaucoup moins poétique que Tête d'Or, le nom de ce personnage qui est une sorte de...

P. C. — C'était pour rimer avec Marie.

J. A. — Ah, c'est pour ça ? Eh bien, Marie lui dit : *J'accepte, et je me réclamerai d'un droit sur toi, d'un rang sur la mort.* Elle est donc celle qui accepte. Mais lui répond : *Ce n'est pas ainsi que je dirai : il refuse d'accepter... Je t'ai vue et je t'ai choisie ; c'est moi qui me jetant sur toi t'ai prise comme un loup qui charge son ouaille sur son dos.* Et, au moment où elle lui demande en quelque sorte le suprême accomplissement de leur amour dans la mort, il se détourne d'elle, il ne veut même pas l'embrasser, et il lui dit adieu de cette façon :

*Adieu ! c'est ainsi que nous nous quittons, moi pour ne plus revenir, et toi... Par quelle route longue, pénible, souterraine, nous faudra-t-il marcher ? sur quelle borne de quel chemin te retrouverai-je assise ? souviens-toi, souviens-toi du signe... Et il s'en va.*

P. C. — Eh bien, dans ces derniers mots vous devez reconnaître une citation presque textuelle de *Partage de Midi*. Ce *Morceau d'un Drame* est en somme le premier état de *Partage de Midi*, que j'ai connu avant les expériences qui en sont la source directe. C'est ce qui prouve le caractère extrêmement mystérieux de l'inspiration poétique, puisque antérieurement aux expériences redoutables que j'ai vécues plus tard, je les décrivais d'avance, avant de les avoir subies.

J. A. — Et c'est bien ce que je voulais marquer.

P. C. — C'est le *Partage de Midi* en germe. Toute la scène finale de *Partage de Midi* est en germe dans cette citation que vous venez de faire.

J. A. — Eh bien, je suis heureux de vous le faire dire, enfin de vous provoquer à le dire, puisque tout à l'heure, en commençant, vous portiez un jugement extrêmement sévère sur ces deux petits écrits de votre toute prime jeunesse, et vous voyez bien que je n'avais peut-être pas tort.

P. C. — Il faut distinguer le second, *Morceau d'un Drame* et *L'Endormie*. *L'Endormie* est en effet une œuvre enfantine. *Morceau d'un Drame* est au contraire le premier éveil de ce que j'appelle ma puberté intellectuelle. C'est à ce moment-là que, réellement, je me suis dit « *Ben, vraiment, j'ai des moyens.* » Enfin il y a la première fermentation vraiment, ah mon Dieu on peut bien appeler ça le génie, dont j'ai pris conscience à ce moment-là, et qui plus tard, alors, a pris forme dans *Tête d'Or*.

## Quatrième entretien

JEAN AMROUCHE. — Nous en étions restés, d'une part au désespoir, d'autre part à cet instinct, à cette volonté de révolte, d'affirmation, de conquête, et à cette vocation de fuite, de départ, cependant qu'une part de vous-même, une part du poète, la part que nous pourrons appeler provisoirement « féminine », demeure attachée au pays natal : elle est là, elle est assise, sur quelle borne ? on ne sait où, mais elle ne prend pas la route avec le poète qui s'en va seul.

Il y a donc l'appel, la vocation, en même temps que le refus et la fuite, et c'est dans cet appel et dans cette vocation que gît le salut possible.

PAUL CLAUDEL. — Tout ça est très bien, on retrouve en effet cette division des deux éléments dont vous parlez : on la retrouve dans *Tête d'Or*, entre Cébès et Tête d'Or, par exemple.

J. A. — Oui.

P. C. — Vous retrouvez ce même élément plus tard, dans d'autres conceptions que j'ai eues, par exemple : Animus et Anima.

Un poète ne fait guère que développer un dessein préétabli.

J. A. — Eh bien...

P. C. — De là ce côté mystérieux, prophétique si l'on peut dire, dans la vie d'un poète, un des meilleurs exemples est Baudelaire qui, encore au lycée, prévoyait toute sa vie future, écrivait ces vers étranges : *Tous les êtres aimés,  | Sont des vases de fiel qu'on boit les yeux fermés.*

Il écrivait ça étant en rhétorique, à dix-sept ans. Il n'avait certainement jamais bu de vases de fiel à ce moment-là, mais il avait déjà l'expérience de son avenir.

Et de même dans Verlaine quand il dit : *Mon âme vers d'affreux naufrages appareille,* avant qu'il ait eu cette vie mouvementée que tout le monde connaît.

J. A. — Oui, mais c'est d'ailleurs pour cela que je voulais insister un peu sur ces premiers écrits, de manière à mieux nous assurer d'un départ pour explorer une œuvre future si importante, si abondante, et si difficile.

Je voudrais vous poser une question qui est celle-ci : dans quelle mesure la parole de Cébès, qui est célèbre, dans *Tête d'Or*, celle-ci : *La parole n'est qu'un bruit et les livres ne sont que du papier,* dans quelle mesure cette parole exprimait-elle, à l'époque où vous l'écriviez, le dégoût de la matière imprimée, le dégoût des livres par exemple ?

P. C. — Oui. Y a un sentiment, plutôt l'insuffisance d'un livre comparé à la nourriture essentielle dont j'avais besoin, qu'un mépris complètement radical. J'ai toujours été un grand lecteur, un dévoreur de papier imprimé, et je suis loin actuellement de ressentir ce mépris. Je sais au contraire combien je dois à l'étude et à la lecture. Seulement, j'ai le sentiment que tout être constitue une personnalité à part, une ménade, comme dit la Bible, et que rien, absolument rien, ne peut remplacer ; et que même une influence extérieure — je ne dis pas constamment, mais à certains moments — peut être positivement nuisible et vous égarer. Il doit y avoir une espèce de sentiment farouche, d'intrépidité personnelle, qui doit guider le poète, enfin le poète en germe, et lui permettre de distinguer ce qui lui est bon et ce qui lui est mauvais, et de repousser avec une espèce d'horreur ce qui est délétère pour lui.

J. A. — Eh bien, qu'est-ce qui était bénéfique, et

qu'est-ce qui était délétère dans vos lectures d'adolescent ?

P. C. — Je peux dire d'abord que c'est en bloc toute l'éducation littéraire que j'ai reçue au lycée. Ça, je me suis hérissé, j'ai rejeté en bloc à peu près tout ce bagage qu'on essayait de m'imposer. Quand je suis sorti du lycée, je suis sorti avec un bagage complètement négatif, c'est-à-dire que je rejetais violemment tout ce qu'on avait essayé de me mettre dans la tête.

Et puis alors, quand je me suis livré à moi-même, je me suis d'abord jeté sur Shakespeare.

J. A. — Pardon, pardon... Pardonnez-moi de vous couper, mais je crois que nos auditeurs aimeraient bien savoir ce que vous avez rejeté avec tant de violence à votre sortie du lycée.

P. C. — Permettez. Je ne peux le dire qu'en complétant ce qui s'ensuivit, parce que, ce qu'on voulait m'imposer, je l'ai au contraire en grande partie accepté, et avec avidité et voracité, plus tard, dès le moment où on n'a pas essayé de me l'imposer, où je me le suis administré à moi-même comme une nécessité organique et vitale que je pouvais assimiler.

J. A. — Je m'excuse alors de vous avoir interrompu. Pardonnez-moi. *(Rires.)*

P. C. — Je voulais justement vous expliquer ce processus de mes études qui ont suivi, je puis bien dire, ma conversion : parce que, conversion, éducation morale et intellectuelle, ont marché de pair pour moi entre ces années 86, 90 et 93 où je me suis constitué en entier, où je me formais somme toute ma personnalité.

Eh bien, dans ces études préliminaires, ce qui a commencé pour moi, c'est Shakespeare. J'ai étudié de très près Shakespeare pendant un an, un an et demi ou deux ans : je l'ai lu et annoté de très près. J'en ai même plusieurs exemplaires qui ont disparu, je crois, dans le tremblement de terre de Tokio où une grande partie de mes livres ont disparu.

J. A. — Vous le lisiez dans le texte à cette époque-là ?

P. C. — J'ai appris l'anglais dans Shakespeare, je peux dire. C'est avec le dictionnaire d'une main, et une traduction de Shakespeare, que j'ai commencé à étudier l'anglais, avec une grande voracité et beaucoup de fruit. J'avais une admiration sans bornes, à ce moment-là, pour Shakespeare, admiration que j'ai conservée en partie, et ça m'a été extrêmement utile et formatif d'ailleurs. Quand on voit ma première version de *Tête d'Or*, on retrouve partout l'influence de Shakespeare, de sa stylistique, de son répertoire d'images, son mouvement, enfin ses procédés de composition : tout cela est shakespearien, on le retrouve dans ce drame de *Tête d'Or*.

Alors Shakespeare m'a amené aux tragiques grecs. J'ai lu les tragiques grecs, que j'admirais déjà dans *Les Commentaires* de Paul de Saint-Victor que je lisais au lycée. C'est une de mes admirations aussi, une admiration passée.

Je me suis mis à lire Shakespeare dans la traduction de Leconte de Lisle que j'ai trouvée détestable.

J. A. — Vous voulez dire Eschyle, je crois.

P. C. — Oui. Alors, je me suis dit : ce n'est pas possible, Eschyle doit être autre chose. Et alors je me suis mis à vouloir le lire dans le texte. Mais alors, pour le lire dans le texte, j'ai été obligé de recommencer toute une grande partie de mes études du lycée ; néanmoins je sentais que cela devenait indispensable parce que Eschyle me donnait la formation prosodique dont j'avais besoin. Le vers épique, le vers lyrique, à mon avis, appartiennent à deux systèmes différents. On ne peut pas employer le vers épique ou le vers alexandrin dans le drame : c'est une erreur complète, à mon avis. Le vers dramatique par excellence, ou le vers lyrique, c'est l'ïambe. Tous les grands poètes dramatiques ont employé l'ïambe ; que ce soient les tragiques grecs, que ce soit Shakespeare, que ce soient les grands lyriques, Pindare, etc., tous ont pour principe l'ïambe, c'est-à-dire la succession d'une brève et d'une longue : tic-tac, tic-tac, tic-tac, tic-tac ou alors l'anapestique : tic-tic-tac, tic-tic-tac, tic-tic-tac.

L'alexandrin au contraire, ou l'hexamètre, sont des éléments narratifs. Les appliquer au drame, à mon avis, c'est un non-sens, sauf alors, pour des génies exceptionnels comme Racine qui, lui, en a fait un emploi miraculeux, je trouve. Racine est une des exceptions inouïes de l'art littéraire. Ça prouve que rien d'absolu ne peut exister parce que, même avec cet instrument que je considère comme mauvais pour le drame, Racine, qui est mon prédécesseur à l'Académie comme vous le savez (puisque j'occupe son fauteuil), — tu vas bien, Racine ? — en a fait un emploi étourdissant.

J. A. — Je suppose que Racine était un de ceux que vous aviez rejetés à la sortie du lycée ?

P. C. — Complètement. Je dois dire que j'ai été très long à revenir à Racine. Je ne suis pas revenu de mon peu d'admiration pour Corneille, mais pour Racine c'est tout différent. Je crois que Racine ne peut être apprécié que par un homme d'un certain âge. Ce n'est pas pour les jeunes gens ; les pièces de Racine qui ont une telle expérience de la vie et un tel art de la forme, ne sont pas faites pour des esprits et pour des talents inexpérimentés. Il faut beaucoup d'expérience, il faut beaucoup de bouteille si je peux dire, pour les apprécier.

Puisque j'en ai l'occasion, je dois dire que dans les trois grands drames de Racine, qui sont *Britannicus*, *Phèdre* et *Athalie*, que dans aucune langue du monde, ni dans Shakespeare, ni dans les Grecs, ni nulle part, je ne trouve quelque chose d'équivalent. Je trouve que ce sont des chefs-d'œuvre extraordinaires, mais des chefs-d'œuvre qui, pour moi, me sont étrangers : on peut admirer une chose en sentant que c'est complètement en dehors de votre sphère, de votre ambiance. J'admire

Racine, mais comme quelque chose d'entièrement hors
de moi, et où je n'ai rien à chercher.

J. A. — Mais *Athalie* aussi?

P. C. — *Athalie* aussi. C'est une très grande œuvre.

J. A. — Oui. Mais je voulais demander si *Athalie* vous
paraissait une œuvre si étrangère à votre nature?...

P. C. — Oui, oui.

J. A. — ... à votre tempérament?

P. C. — Oui, oui. Je ne sens pas comme Racine, sauf
peut-être dans ce chef-d'œuvre extraordinaire qui est
*Phèdre:* néanmoins je suis capable de l'apprécier, comme
je suis capable d'apprécier André Chénier bien que je
sois très loin de lui.

J. A. — Vous disiez tout à l'heure que vous n'aviez
conservé à Shakespeare qu'une partie de votre première admiration.

P. C. — Oui. C'est-à-dire que maintenant je vois très
largement ses défauts ; tandis que mon admiration pour
Racine a augmenté, celle que j'ai pour Shakespeare a été
plutôt en diminution.

J. A. — Mais pourquoi?

P. C. — D'abord disons ce que je trouve de très beau
dans Shakespeare. Malgré tout je le classe au premier
rang, au nombre des quatre ou cinq plus grands écrivains
qui existent. D'un certain côté je le mets au-dessus de
Racine, bien que je ne sois pas sûr d'avoir raison.

Dans Shakespeare, il y a d'abord l'universalité de ses
idées. C'est un monde entier qui figure chez lui, et y a
cette violence de l'inspiration, ce mouvement dramatique, cette imagination à la fois familière et sublime,
les deux choses mélangées : tout ça m'excitait au plus
haut degré, et peut-être, à ce moment-là, même les
œuvres que j'aime moins, comme les premiers drames
historiques ou les *Roméo et Juliette,* où règne un langage
d'un mauvais goût effroyable, qui ressemble beaucoup
à du galimatias ou à du charabia. Mais tout de même

il y a une jeunesse, une violence d'inspiration, une intrépidité de sentiment, qui m'exaltaient au plus haut degré et qui continuent d'ailleurs à m'exalter. Shakespeare est tout de même un très grand bonhomme!

Et puis alors, à travers les œuvres de la maturité qui sont des œuvres magnifiques, nous arrivons à ces drames qui sont presque le sommet de l'esprit humain, les cinq derniers drames de Shakespeare qui sont une œuvre étonnante de poésie presque surnaturelle : *Cymbeline*, *Le Conte d'Hiver*, *La Tempête*... enfin il y en a cinq je crois, les dernières œuvres.

Shakespeare a commencé par la comédie, a passé par le drame, et est arrivé finalement à une espèce de vision béatifique, un peu celle de Beethoven ; on la voit dans ses dernières œuvres, elle correspond à une prosodie très particulière, qui m'a aussi énormément intéressé, qui est basée sur l'enjambement. A partir du *Conte d'Hiver* Shakespeare coupe son vers, non pas suivant l'inspiration, mais pour ainsi dire une rupture qui cause une espèce d'hémorragie du sens : il brise le vers à des endroits tout à fait inattendus. A ce point de vue, on n'a jamais fait l'étude de la prosodie de ses cinq derniers drames, qui est extrêmement curieuse et qui est toute nouvelle chez lui, qui commence à se développer après les drames antiques. Ça marque un stade dans le développement de Shakespeare. Ça m'intéressait énormément à ce moment-là, et je m'en suis souvenu plus tard dans les poèmes japonais ou chinois que j'ai essayé de faire un moment donné, où j'essayais de pratiquer moi-même cette rupture brusque, qui casse le mot.

J. A. — Mais vous l'avez pratiquée très souvent. Vous avez non seulement pratiqué l'enjambement pour provoquer cette espèce d'hémorragie du vers, mais même il vous est arrivé de couper les mots.

P. C. — J'ai commencé par une espèce d'instinct non raisonné, dans *Tête d'Or* : et puis j'ai abandonné ce procédé : et c'est plus tard seulement, au moment où j'ai écrit mes poèmes chinois ou japonais, que je me suis amusé justement à faire des essais de ce genre-là, au bout de trente ou quarante ans de séparation. *(Rires.)*

J. A. — Je pense que nous aurons l'occasion d'y revenir. Mais vous venez de parler donc de Shakespeare et des tragiques grecs. Vous avez une très grande admiration pour Eschyle, que vous avez d'ailleurs traduit plus tard. Mais, et les Espagnols ?...

P. C. — Nous y arriverons. Pas seulement pour Eschyle, mais pour tous les Grecs qui étaient à sa suite. J'admire énormément et Sophocle et Euripide, Euripide en particulier où il y a un sentiment très baudelairien : j'ai beaucoup de peine à les mettre même un peu en dessous d'Eschyle : ce sont toujours, tous les deux, de très grands bonshommes.

Et alors, cette admiration des Grecs m'a conduit à Dante, que j'ai lu également avec beaucoup d'intérêt. Et Dante alors m'a amené à la grande admiration de ma vie, à l'homme que je mets peut-être au centre de tout, qui est Virgile. Virgile m'a enthousiasmé. J'en sais encore des fragments entiers par cœur et que je pourrais vous réciter si vous voulez.

J. A. — Mais c'est un enthousiasme qui date de votre jeunesse et qui ne s'est pas démenti ?

P. C. — Qui date de ma succession du lycée, parce que Virgile, au lycée, je ne l'admirais pas du tout, Virgile.

J. A. — Mais savez-vous que c'est une admiration que vous avez en commun avec André Gide qui, tous les jours, tous les soirs, lit toujours du Virgile ?

P. C. — Ah ben, voilà !...

J. A. — C'est un premier point de rencontre.

P. C. — Comme il le dit lui-même, les extrêmes se touchent. *(Rires.)*

J. A. — Non. Il dit : les extrêmes me touchent.

*(Rires.)* Mais enfin, poursuivons le cycle de vos découvertes littéraires.

P. C. — Alors en même temps, alors m'ayant exercé une grande influence sur moi je découvrais Dostoïevski qui, alors, a eu beaucoup d'influence sur ma vision des caractères. Dostoïevski est l'inventeur du caractère polymorphe. C'est-à-dire Molière ou Racine, ou les grands classiques, ont des caractères tout d'un seul tenant, tandis que Dostoïevski fait une découverte en psychologie qui est l'équivalent de celle de De Vries dans le monde de l'Histoire naturelle qui est la mutation spontanée. Un caractère arrive tout à coup à une mutation, c'est-à-dire qu'il trouve en lui des choses qui n'y étaient absolument pas, de même qu'une fleur jaune dont De Vries donne le nom — je ne me le rappelle plus — produit tout à coup, après des siècles qu'elle a persévéré dans le jaune, elle invente une fleur blanche. Personne ne sait pourquoi. Eh ben de même, dans Dostoïevski, vous voyez une crapule, comme dans *Crime et Châtiment*, je me rappelle le bonhomme qui persécute Raskolnikov, qui est une crapule épouvantable et qui tout à coup devient une espèce d'ange : *dans la brute assoupie un ange se révèle*. C'est cet imprévisible, cet inconnu de la nature humaine qui est le grand intérêt de Dostoïevski. L'homme est un inconnu pour lui-même et il ne sait jamais ce qu'il est capable de produire sous une provocation neuve.

Ça, ç'a été une des grandes découvertes de Dostoïevski qui m'a beaucoup servi, soit dans mon art dramatique, soit dans les réflexions que j'ai eu à faire sur l'existence, et en particulier de ne jamais désespérer, d'être toujours dans un certain état de disponibilité. Personne ne sait au monde ce qu'il contient en lui-même.

C'est pour ça que les procédés d'introspection recommandés par les anciens philosophes grecs : *Connais-toi toi-même*, et les procédés d'introspection de Proust, etc.,

me semblent absolument faux, parce que, si on se met
à se contempler soi-même, on n'arrive à rien, n'est-ce
pas... à rien! Notre vie est basée sur le néant, comme dit
le psaume.

Mais au contraire, c'est la vie, ce sont les contacts
avec l'existence, ce sont tels êtres que nous rencontrons
qui, tout à coup, produisent en nous des choses que nous
étions loin d'attendre ; choses qu'on voit par exemple
dans mon drame le *Partage de Midi*, où Mesa ne serait
rien s'il ne rencontrait pas cette femme qui seule connaît
son véritable nom ; et le secret de son âme, de sa propre
existence, n'est pas chez lui, il est chez cette femme qu'il
a rencontrée sur le bateau. Et c'est ça qui manifeste
son intérêt : *Dis-moi ton secret, dis-moi le nom que j'ai,
que toi seule connais*, et qu'elle-même ne connaîtra que
par le contact avec les gens.

J. A. — Cela fait partie de votre système qui est un
système tout à fait complet et cohérent. Et je crois que
nous aurons lieu d'y revenir et que, peut-être, vous nous
aiderez à y pénétrer plus profondément, en suivant pour
ainsi dire pas à pas la façon dont il s'est constitué.

P. C. — Tout se tient, tout est homogène ; et alors
pour vous faire comprendre ce que j'aurai à développer
plus tard il faut bien faire connaître que les commence-
ments de ma technique dramatique, enfin de ma vision
du monde, sont dans cette rencontre de Dostoïevski, que
je ne saurai jamais trop reconnaître. Dostoïevski a été un
de ces grands esprits formateurs dont j'ai reçu les leçons.

## Cinquième entretien

Jean Amrouche. — Vous parliez de Dostoïevski
et de la profonde influence qu'il a exercée sur vous.

Vous avez d'ailleurs écrit à propos de Dostoïevski une admirable lettre toujours à André Gide, qui partage avec vous cette admiration pour le grand romancier russe.

Paul Claudel. — Oui, mais lui ne voit pas dans Dostoïevski ce qu'il y a pourtant : il considère un peu Dostoïevski comme un malade et un barbare. Et ce n'est pas vrai du tout : Dostoïevski n'était ni un malade ni un barbare. Il savait très bien ce qu'il voulait et ses romans sont un modèle de composition dans leurs procédés particuliers. Il n'y a pas de plus belle composition, dans un verbe que j'appellerai beethovénien, que le début de *L'Idiot* : les deux cents premières pages de *L'Idiot* sont un véritable chef-d'œuvre de composition qui rappelle les crescendos de Beethoven.

J. A. — Vous placeriez *L'Idiot* au-dessus des *Karamazov* ?

P. C. — *Karamazov* c'est un livre fragmentaire, c'est une juxtaposition de fragments. Il a fait une somme, comme on arrive souvent à la fin de son existence, des différents versants, si je peux dire, qui ne vont pas très bien ensemble, mais enfin il y avait différents machins, si je peux dire, dans l'œuvre de Dostoïevski qu'il a réunis dans les *Karamazov*, et ça manque de l'unité et du mouvement intégral, du mouvement uniforme qu'il y a dans *L'Idiot*.

Naturellement, dans *Karamazov*, il est arrivé à des découvertes psychologiques encore plus profondes, justement par ce qui constitue son bagage sentimental et intellectuel; il en jaillit beaucoup de nouveauté. Je considère *Les Frères Karamazov* comme une œuvre immense. Je parle à un point de vue purement formel. Et, à ce point de vue formel, j'ai appris beaucoup de Dostoïevski, comme je dirai que j'ai appris beaucoup de Beethoven, que j'épelais avec un doigt à ce moment-là. Je trouvais beaucoup d'analogie entre leurs systèmes de composition, systèmes très copieux. Ils n'oublient rien.

Il y a peut-être pour nous, Français, un peu trop d'abondance, mais en même temps un art et une unité de propos tout à fait remarquables.

J. A. — Et après Dostoïevski, ou en même temps que Dostoïevski, puisque vous sembliez être atteint d'une véritable boulimie de lecture...

P. C. — Rien n'est plus vrai. Mais en dehors de ça, ça c'était une des strates de ma formation : il y avait aussi une strate personnelle, puisqu'il fallait que je gagne ma vie, et avec ça je potassais ma licence en droit, les Sciences politiques et les Affaires étrangères.

J. A. — Vous fûtes reçu brillamment au concours.

P. C. — Dieu sait comment et pourquoi !

J. A. — Mais enfin c'est un fait.

P. C. — C'est un fait irréfutable. (*Rires.*)

J. A. — Il n'y a pas lieu d'en rougir.

P. C. — Je n'en rougis pas mais pour moi il est inexplicable, mais enfin je l'admets. Mais, en dehors de ça, alors il y avait encore plus profond, plus important, parce qu'il tenait encore plus à moi-même, c'était ma formation dogmatique, religieuse. J'avais à introduire le monde catholique dans un milieu qui n'était pas fait du tout pour lui ; j'avais par conséquent un travail extrêmement rude, extrêmement difficile : introduire le dogme catholique dans le monde rationnel et dans le monde sensible qui était le mien comme artiste, et comme, mon Dieu ! disons... comme penseur, à ce moment-là, ce n'était pas commode.

Et alors j'ai eu un travail très long, un travail philosophique, métaphysique à poursuivre en ce temps-là. Ça a commencé par la *Métaphysique* d'Aristote, qui m'a débarrassé du kantisme. La *Métaphysique* d'Aristote est restée une base pour moi, que j'ai développée plus tard en lisant la *Somme* de saint Thomas. Et puis alors j'ai lu les grandes œuvres de Bossuet, les *Élévations sur les Mystères*, les *Méditations sur l'Évangile* et surtout les

*Variations des Églises protestantes* que je considère comme un grand chef-d'œuvre, plus les *Critiques philosophiques*. Je n'ai jamais beaucoup lu ni les *Sermons* ni les *Oraisons funèbres*.

J'ai gardé de Bossuet une grande admiration. C'est peut-être le seul écrivain français qui ait eu une action sur moi et que j'admire complètement, en dehors de Racine ; mais Racine m'est étranger, comme je le disais, tandis que Bossuet a beaucoup influé sur ma phrase.

Nous parlions tout à l'heure de Rimbaud. Il y a un côté de Rimbaud, qui a eu une influence sur moi : c'est sa phrase : *Et par une route de dangers ma faiblesse me menait aux confins du monde et de la Cimmérie, patrie de l'ombre et des tourbillons...* Il y a une modulation, dans cette phrase... Je n'ai jamais rien fait que d'imiter ce canon, somme toute, c'est dans cet amour de Rimbaud que vous trouvez à peu près le modèle sonore, le modèle mélodique, si vous voulez, de tout ce que j'ai écrit ; tout vient plus ou moins se greffer sur cette phrase.

Et alors Bossuet y a ajouté quelque chose qui n'est pas dans Rimbaud et qui est extrêmement utile pour la prose française : c'est l'emploi des incidentes. Des gens comme Flaubert ou comme Voltaire, leur phrase consiste dans une proposition principale, il n'y a pas d'incidentes. Par exemple, vous avez dans Flaubert : *C'était à Mégara, faubourg de Carthage, dans les jardins d'Hamilcar.* Eh ben, c'est une mauvaise phrase. Il prétendait avoir de l'oreille, mais ces trois syllabes terminant par une masculine sont très dures pour l'oreille ; c'est très désagréable.

Alors Bossuet m'a appris l'emploi de l'incidente. Au lieu que la phrase tombe directement sur la tête, pour ainsi dire, par un coup d'assommoir, comme chez Voltaire ou comme chez des gens qui ont suivi sa coupe de phrase, l'incidente élargit ses ailes : ce sont des grandes ailes éployées, de sorte que, quand la phrase arrive à son terme, après tout l'usage des incidentes, des subjonctifs, etc., elle ne fait que se poser avec une légèreté extraordinaire sur le sol. Vous comprenez? L'incidente a épuisé pour ainsi dire la phrase logique avant que la phrase sonore ne soit arrivée à terme. Alors, au lieu qu'elle tombe sur la tête, avec un balancement majestueux et un certain équilibre elle se pose, ce qui lui donne beaucoup de grandeur.

J. A. — J'aurais aimé peut-être essayer de défendre cette phrase de Flaubert que vous citiez tout à l'heure. Ne croyez-vous pas précisément que, ce qui vous paraît peu euphonique, ce qui vous paraît désagréable, dans ces trois syllabes masculines a été voulu par Flaubert, pour imposer dès le départ une impression d'étrangeté et de barbarie?

P. C. — Sans doute. Flaubert, dans la première partie de son existence, avait l'oreille beaucoup plus exercée. Les phrases de *La Tentation de saint Antoine*, qui est sa première œuvre, sont beaucoup meilleures et indiquent une oreille beaucoup plus fine que celles de *Salammbô*. Il s'est transformé, mais pas pour le mieux. *Et moi sur la seconde branche j'éclairais avec ma figure les nuits d'été.* Là, vous avez des interventions de féminines ; la phrase est beaucoup plus euphonique et plus savante, que dans les phrases de *Salammbô*. Il y a très longtemps que je n'ai lu *Salammbô*, mais on ne me fera jamais admettre qu'il soit beau dans une phrase d'avoir trois homophonies aussi dures et aussi peu agréables que c'*était à Mégara, faubourg de Carthage... dans les jardins d'Hamilcar.* Les trois *a* sont exactement pareils, et ça produit une impression blessante, n'est-ce pas, contondante.

J. A. — N'y a-t-il pas d'autres lectures qui aient exercé sur vous une grande influence?

P. C. — Il me semblait que je vous les avais indiquées dans notre dernière séance... Les grandes lectures que j'ai faites, en dehors de Bossuet, au point de vue français, il n'y en a pas beaucoup d'autres qui aient eu de l'importance : un peu Montesquieu, un peu Maurice de Guérin, et puis...

J. A. — Et Pascal ?

P. C. — Et Pascal aussi, mais ça remonte à une époque antérieure, c'était à ce moment où je cherchais ma voie, tandis qu'au moment de Bossuet je l'avais trouvée. Mais Pascal ne m'a jamais beaucoup impressionné, parce que j'avais déjà une idée assez précise du catholicisme, et je ne trouvais pas dans Pascal ce que je cherchais. Pascal était pour les gens qui n'ont aucune espèce de notion de la religion, qui ne croient même pas en Dieu, alors Pascal pouvait avoir de l'influence sur eux. Mais ce n'était pas mon cas. Je croyais en Dieu, je croyais même en l'Église, et je ne trouvais pas de réponse à des questions beaucoup plus précises, plus théologiques, si je peux dire que Pascal n'était fait pour y répondre. Dans Pascal, par exemple, je ne trouve aucun développement sur des points spécialement catholiques, qui sont la Sainte Vierge et l'Eucharistie. On ne voit rien dans Pascal à ce sujet-là. C'est même assez curieux qu'il puisse faire une apologie de la religion chrétienne sans toucher des points aussi importants. De sorte que j'ai abandonné Pascal assez tôt.

Je préférais de beaucoup Bossuet, où je sentais beaucoup plus de théologie. J'ai une disposition d'esprit je tiens ça peut-être de mon grand-oncle : la théologie joue un très grand rôle dans mon esprit, et plus tard, à un moment où nous ne sommes pas encore parvenus, j'ai fait mon étude presque [1]... de la *Somme théologique* de saint Thomas ; mais ça c'était déjà après mon départ de Paris et pendant les cinq ans que j'ai vécu en Chine, où j'ai lu les deux *Sommes* de saint Thomas, et j'y ai trouvé beaucoup de profit.

1. Mot incompréhensible.

Mais dans Pascal ce côté pessimiste et sceptique qui forme la base de son Apologétique ne m'intéressait pas spécialement. Il semble que j'avais dépassé ce stade-là.

J. A. — Mais devons-nous comprendre que l'angoisse de Pascal, qui point si fortement beaucoup de ses lecteurs, et particulièrement peut-être les incroyants, vous ait été tellement étrangère ?

P. C. — Je peux dire que oui. Comme je vous l'ai indiqué la dernière fois, je me suis en somme converti essentiellement tout d'un coup, de sorte que cette phase par laquelle passent beaucoup d'esprits et pour lesquels Pascal joue un rôle très utile, m'a été épargnée. J'ai bien lu Pascal, je l'ai lu avec beaucoup d'intérêt, mais il n'a répandu en moi rien d'essentiel.

J. A. — On trouve dans votre correspondance avec Gide une phrase assez curieuse, qui est datée de 1910. Vous dites à propos de Pascal : *Il ne suffit pas d'être géomètre pour savoir raisonner.* Et dans la même lettre vous portez un jugement extrêmement sévère sur Montaigne, que vous traitez d'esprit médiocre.

P. C. — Ça, c'est mon avis.

J. A. — C'est encore votre avis aujourd'hui ?

P. C. — Je ne fréquente pas Montaigne, il y a très longtemps que je ne l'ai lu. Cependant, je me rappelle tout de même qu'à cette époque-là quand je lisais Montaigne ses raisons de douter me semblaient extrêmement faibles, des raisons d'*homme du monde*, qui n'a jamais beaucoup réfléchi. Je m'étonne qu'un esprit comme Pascal ait attaché une telle importance à Montaigne.

J. A. — Mais il est un aspect de Pascal dont vous ne parlez pas du tout, c'est la qualité de son art, de cet art qu'il affectait lui-même de mépriser. Il ne s'agit pas tant de sa pensée, de la qualité, de la rigueur de son raisonnement ou la valeur de sa théologie, il s'agit, mettons si vous voulez, de sa poésie. Est-ce que vous y avez été sensible ?

P. C. — Certainement. Mais cette poésie est encore
à l'état latent. On trouve dans Pascal beaucoup des
principes de sonorité que Bossuet a développés, mais,
à mon avis, développés avec beaucoup moins de force
et moins de splendeur et de richesse, que ne l'a fait
Bossuet.

Par exemple, c'est dans Pascal qu'on trouve pour
ainsi dire les principes de la phrase ïambique ou anapestique qui a servi plus tard de base à mon art, qu'on
retrouve également dans Bossuet. Mais on la trouve aussi
dans Pascal, mais à l'état presque rudimentaire. Il ne
fait que donner, si je peux dire, le canon. Par exemple,
cette phrase de Pascal : *Que de royaumes nous ignorent...*
on y trouve le principe des rapports de sons, au lieu du
principe d'arïmie que j'ai développé plus tard dans ma
prose et dans ma poésie. Toute cette phrase de Pascal
est basée sur le rapport d'un *o* long et d'un *o* bref :
*Que de royaumes nous ignorent.*

Il y a une autre phrase un peu plus développée : *Le
silence éternel de ces espaces infinis m'effraie.* La phrase
est basée, après une modulation très harmonieuse, sur
le rapport de l'*i* aigu et de l'*e* ouvert : *Le silence éternel
de ces espaces « infinis » m'effraie.* Voyez la modulation,
et le rapport ïambique des « infinis » et d' « effraie ».

C'est en somme ce que le vers alexandrin applique,
d'une manière à mon avis trop scolastique et trop rudimentaire, par le principe de la césure et de la rime ;
de même, en musique, la dominante et la tonique. Au
fond mon vers comporte de même que l'alexandrin une
césure et une rime, ou, si vous aimez mieux, une dominante et une tonique mais il ne se croit pas obligé
à un rapport arithmétique qu'on appelle l'alexandrin,
qui le rend à mon avis odieux : cette énumération de
douze pieds purement comptés sur les doigts est une
monstruosité au point de vue musical.

Ce sont des principes qu'un très grand musicien,

M. Joseph Sanson, maître de chapelle à la cathédrale de Dijon et un excellent musicien spécialement au point de vue de la musique grégorienne, a développés dans un livre sur moi qui s'appelle : *Claudel musicien*. Et alors, il a consacré une moitié de son livre à justifier la forme de vers et la forme de modulation rythmique que j'ai adoptée, en montrant que l'élément purement arithmétique a été aussi appliqué par les premiers musiciens, qui y ont bien vite renoncé en faveur d'une technique beaucoup plus libre et beaucoup plus riche. C'est également ce que j'ai fait et il a fallu beaucoup plus de temps pour libérer la poésie française qu'il n'en a fallu pour libérer la musique. La musique appliquait depuis long-temps cette forme libre de modulation avant que les poètes français se soient libérés de l'accoutrement arithmétique de l'alexandrin.

J. A. — En fait, c'est à cette époque-là que les poètes français se sont libérés de cet accoutrement arithmétique auquel vous avez sacrifié, ne l'oublions pas : vous y avez sacrifié dans la *Dédicace* de votre théâtre, que vous avez écrite deux fois, et vous y avez sacrifié dans les *Vers d'Exil*, sur lesquels nous aurons à revenir.

P. C. — A ce moment-là, ce n'était pas encore complètement fixé, et d'ailleurs je ne suis nullement tyrannique, et je crois que toutes les formes de vers sont absolument justifiables, à condition qu'elles répondent au besoin de l'expression. Je crois que le vers est fait pour l'expression, et non pas l'expression pour le vers.

## Sixième entretien

JEAN AMROUCHE. — Vous signaliez, à la fin de notre dernière conversation, que l'alexandrin vous a paru, dès le début de votre carrière, comme un instrument rudimentaire et artificiel.

Que pensez-vous, à ce propos, de l'art d'un Valéry par exemple, et des conventions traditionnelles sur lesquelles il prétend que le poète doit prendre appui?

PAUL CLAUDEL. — Il s'est trouvé au bout d'un certain temps que le vers alexandrin ne répondait plus du tout à mes besoins d'expression, et alors je l'ai abandonné.

Il est arrivé à plusieurs reprises que je me suis rapproché plus ou moins de l'alexandrin, parce qu'à ce moment-là ça répondait à mes besoins d'expression, mais je n'en ai jamais eu la superstition. De même que je trouve parfaitement normal que des poètes comme Valéry, ou comme d'autres, chez qui l'alexandrin répondait à un besoin naturel, l'aient employé. Ça m'est égal, je ne suis pas un apôtre du vers libre pour le vers libre, n'est-ce pas?

J. A. — Oui, d'accord.

P. C. — A ces nécessités d'expression, le vers alexandrin ne répondait pas aux miennes, voilà tout ce que je peux dire.

J. A. — Vous me permettrez de noter que la position que vous venez de définir me paraît exactement l'inverse de la position de Valéry.

P. C. — Ce n'est pas la seule.

J. A. — C'est Valéry, qui, semble-t-il, l'a élevée à la clarté la plus grande, et qui en a fait une sorte de système de composition.

P. C. — Je ne suis pas sûr qu'il l'ait allié à une clarté particulièrement grande, parce que les arguments de Valéry à propos du vers libre, du vers alexandrin, sont les mêmes qui sont courants et qui me semblent pas absolument topiques.

Il parle de la beauté de la contrainte, par exemple. Eh ben, je réponds à cela : puisque vous trouvez que la contrainte est un tel élément de beauté, pourquoi vous limitez-vous simplement à ce nombre arithmétique ? et pourquoi ne faites-vous pas par exemple des acrostiches ou des bouts rimés, ou bien... de ces formes de vers qu'ont pratiquées les rhétoriqueurs du xv^e siècle : la ballade, le chant royal, etc. ?

J. A. — Oui.

P. C. — La contrainte par elle-même ne me semble pas un élément de beauté. Vous voyez un acrobate, par exemple, qui fait des tours pour passer à travers les barreaux de sa chaise, qui fait des contorsions effroyables pour arriver à passer entre les montants, les barreaux de sa chaise. Évidemment, la contrainte un élément gymnastique pour lui. Est-ce que c'est un élément de plaisir pour celui qui les regarde ? Je trouve ça fort douteux.

J. A. — C'est peut-être alors que ce n'est pas le culte de la contrainte pour la contrainte, et que l'objet même de cette contrainte est en quelque sorte d'endiguer, dans une certaine mesure...

P. C. — Valéry ne disait pas ça, et Gide non plus. Ils ont l'air de dire que la contrainte par elle-même oblige à une surveillance plus sévère sur soi-même, oblige à ne se pas contenter de la première expression qui vient à l'esprit, et que ça oblige à une forme beaucoup plus ferme, beaucoup plus dure et beaucoup plus artistique, et c'est là ce que je nie complètement parce que la contrainte de la rime telle que la pratiquent les Parnassiens, la contrainte de la rime appauvrit énormément au contraire les recherches du langage. On est obligé à prendre des formes stéréotypées, à prendre, à se contenter du tout-venant et de formules à adopter, parce que c'est beaucoup plus facile : par exemple, les rimes sont extrêmement abondantes dans des sons qui ne sont pas spécialement beaux au point de vue de l'oreille. Les sons nasals en « an » en « on », en « in », en « eu », vous trouvez des rimes innombrables, tandis que des très belles terminaisons comme « humble », comme « pourpre », comme « simple », n'ont pas de rimes, et alors vous êtes comme un paria, vous avez un vers qui se termine par « pourpre » et vous n'avez absolument pas le moyen de trouver la rime.

Alors, supposez un malheureux surnuméraire de l'Enregistrement, qui n'est pas très riche, qui n'a pas pu s'acheter un dictionnaire des rimes, il lui est arrivé de faire un vers qui se termine par « pourpre », ... *dans l'or et dans la pourpre,* impossible de trouver le second vers : comme il ne peut pas acheter le dictionnaire des rimes, le voilà pour le reste de sa vie condamné au silence. Il ne peut plus faire de poésie. *(Rires.)*

J. A. — A moins qu'il ne trouve une rime très éloignée de « pourpre ».

P. C. — Valéry le lui défendrait avec sévérité ! *(Rires.)*

J. A. — Mais je crois que nous nous éloignons un petit peu du sujet de cet entretien. Excusez-moi, mais je voudrais vous y ramener.

Nous sommes encore à cette époque de votre vie où vous procédiez à cet énorme effort de conversion totale, parce que le coup de la grâce que vous avez reçu en 1886, le 25 décembre, à Notre-Dame à l'heure des Vêpres, vous avait en quelque sorte illuminé, mais il vous restait à vous convertir, c'est-à-dire à plier, à ordonner toute votre pensée à la foi que vous veniez de recevoir.

P. C. — C'est ça. Vous avez très bien compris. Quatre ans. C'est à cela que j'ai employé non pas quatre ans, six ans.

J. A. — En fait, c'est quatre ans, semble-t-il, puisque c'est en 1890 et le 25 décembre, que vous avez communié pour la première fois, à Notre-Dame, c'est-à-dire quatre ans après le jour où vous avez reçu la grâce de croire.

Est-ce que la lecture de Dante, pendant cette période,

vous a été d'un secours particulier ? ce Dante à qui vous avez consacré un de vos plus beaux poèmes, cette *Ode jubilaire pour le 600ᵉ anniversaire de la mort de Dante.*

P. C. — J'ai eu beaucoup d'admiration pour Dante. Il m'a énormément, je ne dirai pas « instruit » mais délecté. La délectation, le plaisir qu'on trouve à une forme d'art extrêmement suave, est évidemment un grand bonheur pour l'esprit. Mais je n'y ai guère puisé d'enseignement. Simplement, il m'a ouvert une des portes du paradis, comme Virgile l'a fait également.

D'enseignement direct, je ne peux pas dire qu'il m'en ait donné un.

Shakespeare, qui à mon avis est tout de même un petit peu inférieur à Dante au point de vue de la forme, m'a beaucoup plus instruit au point de vue dramatique, de même les tragiques grecs.

J. A. — Mais n'est-ce pas que la lecture de Dante suivait pour vous la découverte et la pratique de Shakespeare ?

P. C. — Ah non. Elle l'a suivie, de beaucoup.

J. A. — C'est cela.

P. C. — Et c'est Shakespeare qui a été le premier.

J. A. — C'est peut-être pour cela que vous avez puisé dans Shakespeare un enseignement plus riche.

P. C.— C'est possible.

J. A. — Mais cependant, ne croyez-vous pas que cette délectation dont vous parlez soit par elle-même un enseignement en quelque sorte essentiel, et plus essentiel que l'enseignement que reçoit l'intelligence ?

P. C. — C'est bien possible.

Il en reste une espèce de paradis intérieur, si vous voulez, où le poète ne recourt jamais sans utilité — et de même pour Virgile — sans que ça ait une vertu formative directe : il en reste certainement un climat, une ambiance, qui n'est pas inutile pour le reste de l'existence.

J. A. — En somme, pour prendre votre terminologie, si vous me le permettez, l'enseignement serait la nourriture d'Animus, et la délectation serait la nourriture d'Anima.

P. C. — Si vous voulez. C'est assez fin ce que vous dites là. *(Rires.)*

J. A. — Je vous en remercie beaucoup. Mais enfin c'est à vous que je le rends puisque c'est à vous que je l'ai pris.

Eh bien, maintenant nous allons aborder une autre forme d'enseignement, c'est, si vous voulez bien, la façon dont cette période de votre conversion a pu se traduire dans vos premiers ouvrages. Car, pendant que vous faisiez ces immenses lectures qui devaient vous rendre catholique, faire de vous véritablement le catholique que vous n'avez pas cessé d'être, vous n'avez pas cessé non plus d'écrire, et quelques-unes des œuvres pour lesquelles nous avons gardé le plus profond attachement. Tant pis si cela vous surprend un peu, car la dernière fois vous m'aviez dit que vous éprouviez quelque crainte à l'idée que j'allais vous interroger sur *Tête d'Or*. Mais avant de vous interroger sur *Tête d'Or*, je voulais vous rappeler que c'est en 1887 que vous avez envoyé à Stéphane Mallarmé vos premiers essais poétiques. Ce sont deux petits poèmes que je vous rappelle : *Le Sombre Mai* et la *Chanson d'automne*, qui figurent dans votre *Corona*.

P. C. — Ces deux poèmes sont en quelque sorte des hors-d'œuvre, que j'ai d'ailleurs refaits un peu plus tard. Ça ne représente pas la forme initiale sous laquelle je les ai conçus. Les poèmes que j'ai envoyés à Mallarmé c'était, disons des fragments épiques, sans grande valeur d'ailleurs mais que Mallarmé, avec sa grande indulgence, avait bien voulu approuver.

Depuis, je les ai détruits, parce que je n'y ai pas trouvé beaucoup d'intérêt. Il ne reste guère de cette période

que ces deux petits poèmes que j'ai écrits à Compiègne.
À ce moment-là mon père y était conservateur des hypothèques, je faisais de grandes promenades dans la forêt.
Ce sont deux de ces petites impressions de forêt que j'ai
gardées dans les deux poèmes dont vous parlez.

J. A. — Permettez-moi de vous faire un reproche
au nom de tous vos lecteurs, c'est d'avoir détruit la
première forme de ces deux poèmes.

P. C. — Je n'ai qu'un regret : c'est de n'avoir pas
assez détruit. Quand je relis mes premières œuvres, je
me dis : comment ai-je pu garder tout ça ? J'aurais dû
en détruire beaucoup plus. *(Rires.)*

J. A. — Eh bien maintenant je voudrais vous parler
de *Tête d'Or*, et, dût votre modestie en être un peu cho-
quée, je vous dirai que quel que soit l'accomplissement
que vous deviez donner à votre œuvre, beaucoup de vos
lecteurs, et surtout ceux qui ont rencontré votre œuvre
au sortir de leur adolescence, ont gardé pour ce drame
de *Tête d'Or* un attachement dont vous n'imaginez pas
la force.

Je voudrais d'abord que vous nous éclairiez un peu
sur les conditions dans lesquelles vous avez écrit cette
première version de *Tête d'Or*, en 1889.

P. C. — *Tête d'Or* est l'expression d'une crise qui
existe, je crois, chez beaucoup de jeunes gens, peut-être
même chez la plupart.

L'enfant arrivé à la conscience, arrivé à l'âge où ses
forces sont développées, étouffe chez lui et veut absolument reconquérir son indépendance, son autonomie.
De là un besoin de violence, de liberté, qui se traduit de
manières différentes. C'est le moment où les enfants se
sauvent de chez eux, s'embarquent sur des navires,
essaient enfin, de toutes les manières, d'affirmer leur
personnalité. Chez moi ce désir était particulièrement
violent puisqu'il coïncidait avec cette prodigieuse découverte qu'était somme toute la seconde partie du

monde, le monde surnaturel, qui pour moi n'existait pas jusqu'à présent et tout à coup il se révélait. La découverte de l'Amérique par Christophe Colomb est peu de chose comparée à celle-là, puisqu'il ne s'agit pas seulement d'un pays, somme toute, comme le nôtre, mais d'un monde entièrement différent et avec lequel il faut arriver à arranger celui-ci.

L'entreprise d'arranger ensemble les deux mondes, de faire coïncider ce monde-ci avec l'autre, a été celle de toute ma vie, et c'est au moment où j'ai sorti, je suis sorti de Notre-Dame que l'immensité de cette entreprise m'a sauté aux yeux.

*Tête d'Or* est un peu le résultat de cet éblouissement et en même temps de cette lutte. Au moment où j'ai écrit *Tête d'Or* je n'avais pas encore fait — je l'ai écrit en 1889 — je n'avais pas encore fait ma capitulation définitive entre les mains de l'Église, et *Tête d'Or* représente l'espèce de fureur avec laquelle je me défendais contre la voix qui m'appelait et qui est symbolisée par la Princesse dans *Tête d'Or*. Le rôle de la Princesse est excessivement important.

Je vous ai raconté qu'en revenant de Notre-Dame j'avais ouvert une Bible que ma sœur avait reçue d'une amie allemande. Je l'avais ouvert à deux endroits qui ont une importance en quelque sorte prophétique. Le premier était Emmaüs, qui est en somme le récit d'une rencontre avec le Christ, par lequel le Christ expliquait toute la Bible au point de vue allégorique, au point de vue des rapports qu'elle a avec son Incarnation, sa Rédemption, enfin tous les mystères catholiques.

Le second point où je l'avais ouvert était ce magnifique chapitre viii des Proverbes, où la Sagesse de Dieu est symbolisée sous la forme d'une femme. La Sagesse, le chapitre viii, *c'est moi qui me trouvais en présence de Dieu quand il équilibrait les sources des eaux, quand il traçait d'un compas un cercle sur l'abîme...* Enfin toute

cette magnifique prosopopée des Proverbes m'avait énormément frappé, et toutes les figures de femmes dans mon
œuvre ultérieure se rapportent plus ou moins à cette
découverte. Il n'y a guère de figures de femmes dans toute
mon œuvre où il n'y ait quelque trait de la Sagesse.

Pour moi, la femme représente toujours quatre choses :
soit l'âme humaine, soit l'Église, soit la Sainte Vierge,
soit la Sagesse sacrée. On retrouve toujours cette idée-là
plus ou moins latente. Et alors c'est dans *Tête d'Or* que
de cette force aveugle, sauvage, cette force instinctive si
fréquente chez tous les jeunes gens, trouve plus fort
qu'elle en présence de la Princesse ; qu'elle est obligée de
s'y soumettre, en grinçant des dents plus ou moins.

J. A. — Ah, oui, bien sûr. Mais, dans sa première
version, tout au moins, Tête d'Or s'y soumet mais il s'y
soumet au moment de mourir.

P. C. — Toute conversion est une mort plus ou
moins.

J. A. — Oui, mais pendant toute la pièce Tête d'Or ne
cesse pas de proclamer, de clamer sa révolte. Et je voulais vous dire ceci : c'est que si pour beaucoup de jeunes
gens, Simon Agnel est un exemple et un frère, un frère
magnifique, doué non seulement de la force mais doué
du courage et doué de la faculté d'expression, d'une
faculté d'expression d'une richesse et d'une beauté que
je crois, après tout, que vous n'avez pas dépassée dans
le reste de vos œuvres. Bref, Simon Agnel est pour eux
l'incarnation de leur condition, l'incarnation de la condition humaine et de la condition humaine de la jeunesse.

Et les problèmes que Simon Agnel pose, ceux qui lui
sont posés, demeurent des problèmes posés constamment à toutes les générations.

La solution que Simon Agnel donnera à ces problèmes
ou, plutôt, la solution que le père de Simon Agnel donnera
à ces problèmes, plus tard, si j'ose dire, pour le moment
n'a pas beaucoup d'importance : ce qui a surtout de

l'importance c'est la façon dont Simon Agnel vit ces problèmes, les souffre et essaie non tant de leur trouver une solution que de sortir de ces problèmes mêmes.

P. C. — Je ne sais pas s'il en sort. Vous voyez même dans la première version que, somme toute, il est vaincu.

La position où se trouve Simon Agnel c'est celle de Rimbaud, à la fin de la *Saison en Enfer*, quand ayant épuisé sa Saison en Enfer, comme on dit, sa Saison au Purgatoire comme on pourrait plutôt dire de Tête d'Or, il se demande : « Qu'est-ce que je vais faire bientôt de l'existence? »

Il ne veut pas être vaincu, pas plus que moi je ne voulais non plus être vaincu. Et alors, il s'agit maintenant de savoir ce que je vais faire de cette force, qui est en moi. Et Rimbaud répond, à peu près comme moi j'ai répondu :

*Et le matin, armés d'une ardente patience, nous entrerons aux splendides villes.*

C'est la conclusion, je peux dire également, de *Tête d'Or*. Seulement, cette ardente patience, c'est la Princesse, c'est la femme, qui le lui apprend. Il s'agit de ne pas être vaincu. Il s'agit de ne pas être ce que j'ai vu être ce malheureux Verlaine et ce malheureux Villiers de L'Isle-Adam, que j'avais rencontré chez Mallarmé, c'est-à-dire un vaincu. Je veux être un vainqueur.

*J'ai beaucoup de choses à dire... sachant mon délai...*, vous vous rappelez cette phrase qui termine ma dédicace?

J. A. — *Voyant ma destinée et sachant mon délai, | Je marchais en riant sous la route horrible | Des astres que traverse une route de lait.*

P. C. — C'est ça. Eh ben, les mêmes réflexions qui ont poussé Rimbaud sur la route de l'exploration, de la découverte sont les mêmes qui m'ont fait entrer aux Affaires étrangères et qui m'ont fait adopter une carrière où j'avais beaucoup à souffrir évidemment, mais où j'avais des chances de beaucoup me développer aussi.

## Septième entretien

Jean Amrouche. — Je voudrais vous ramener à *Tête d'Or*. Excusez-moi, mais aujourd'hui je suis peut-être un peu comme lui, je suis insatiable.

Tête d'Or dit ceci, vers la fin justement de cette première version : *Je ne suis pas un Dieu ; en quoi ai-je manqué, où est ma faute ?*

Et il ne répond pas à cette question, et personne ne répond à cette question. Et c'est poser avec une très grande force, je crois, le drame de l'adolescent ou plus généralement de l'homme qui se sent innocent, non pas justifié, qui se sent innocent, qui ne sent pas en lui la trace, la marque du péché originel. En somme, c'est cette espèce de fils du Soleil, dont parle quelque part Rimbaud, et ce fils du Soleil se retrouve face à face avec le Soleil à la fin du drame lorsque, dans la dernière scène, qui est si belle, avec la Princesse, Tête d'Or avant de mourir ouvre les bras et étreint le Soleil couchant.

Eh bien, Tête d'Or n'était pas chrétien à cette époque-là ?

Paul Claudel. — Il n'était pas chrétien explicitement, mais il l'était peut-être implicitement : parce que les questions de Tête d'Or, telles que vous me les indiquez là, il y avait pas mal de siècles et même de millénaires qu'un certain Job les avait posées à Dieu. On trouve dans le *Livre de Job* des accusations, des blasphèmes infiniment plus forts encore que ceux de Tête d'Or, des : *Maudit soit le jour où j'ai été créé. Qu'est-ce que j'ai fait ? Pourquoi me persécutes-tu, toi, qui es beaucoup plus fort que moi ?* est-ce que c'est une manière de faire de se

*conduire de cette manière avec un homme qui a si peu de*
*temps à faire sur la vie ? Si tu étais juste, si j'avais une*
*position de me faire entendre, ah ! tu n'as pas fini avec*
*moi, j'en aurais des choses à dire, je pourrais défendre ma*
*cause infiniment mieux que je ne le fais.*

Et ça continue comme ça pendant des chapitres et
des chapitres. Et alors les amis de Job, Bildad, Eliphaz,
le troisième je ne me rappelle plus le nom sont tout à fait
scandalisés de ce qu'il dit et essaient de le faire taire, de
lui dire : *Mais le Tout-Puissant sait mieux que toi ce qu'il*
*a à faire*. Et à la fin, le Tout-Puissant intervient et il se
met pour ainsi dire, comme le Soleil, entre les bras de
Job et lui dit : *Je ne viens pas résoudre mais remplir*,
comme dit l'Évangile maintenant, c'est-à-dire je
viens substituer la possession à la réponse analytique ou
dialectique.

J. A. — Oui, cette possession que Tête d'Or a
cherchée en vain, lui qui dit : *O Terre, ô Terre que je ne*
*puis saisir*, alors que précisément...

P. C. — ...Il saisit la cause qui est le Soleil.

J. A. — Il saisit la cause qui est le Soleil. Je voudrais
revenir un ｜    arrière. Vous parliez, il y a un instant,
de l'importance du rôle de la Princesse, et je crois en effet
que la Princesse joue un rôle très important. Si j'ose dire,
elle joue plusieurs rôles : elle est elle-même la femme,
certes : elle est aussi l'héritière : elle est une préfiguration
de Violaine, elle est une préfiguration de Sygne surtout.

Mais il y a eu une femme avant la Princesse, celle
que Tête d'Or, au début de la pièce, enterre avec l'aide
de Cébès. Et cette première femme, celle...

P. C. — Ça touche à des choses très mystérieuses
dans l'esprit d'un poète, puisque je crois qu'un poète
porte en germe tous les événements de sa vie.

Cette femme est la femme fausse par rapport à la vraie.
La vraie femme, pour moi, c'était l'Église : et la fausse

femme, ben disons que c'est celle du *Partage de Midi*, c'est Lâla, c'est tout ce que vous voudrez, n'est-ce pas.

J. A. — De sorte que la première...

P. C. — De même, Marthe était à la fois les deux femmes en même temps.

J. A. — Mais Marthe a, en quelque sorte, une existence dans la Bible même.

P. C. — Oui. Mais elle a aussi une existence future si je peux dire. Je sentais en Marthe certaine femme que j'ai rencontrée plus tard.

J. A. — Eh bien, ceci éclair...

P. C. — C'est assez curieux mais c'est incontestable que j'avais vécu par avance des expériences qui m'étaient réservées bien des années après.

De même cette figure de la Princesse vous la trouvez dans *La Ville*, dans Lâla qui est la première figure... Lâla ben c'est à la fois la Princesse et c'est à la fois aussi Léchy Elbernon.

J. A. — Oui, bien sûr. D'ailleurs nous séparons peut-être un peu arbitrairement cette première version de *Tête d'Or* de la première version de *La Ville* : elles sont presque contemporaines

P. C. — A peu près...

J. A. — ... A quelques mois de distance, mais je les sépare parce que, en ce qui concerne *La Ville*, il y a d'autres problèmes : il y a le problème de la ville elle-même, le problème par conséquent de la situation de vos héros dans une société déterminée, alors que Simon Agnel est seul, et il se veut seul. Et c'est un autre point assez particulier en ce qui le concerne.

Simon Agnel tue l'Empereur. Simon Agnel enterre la première femme. Simon Agnel pose à Cébès quelques questions, comment dirai-je? assez négligentes à propos de sa maison, de ses parents : ils sont morts, il a prétendu tuer son passé. Son passé ne compte plus, et il prétend qu'à partir d'une seconde naissance il commence, lui, et le monde commence avec lui, que tout le reste n'existait pas.

Il y a là quelque chose d'assez singulier dans ce départ pour la vie et pour la conquête, d'un homme qui se refuse à endosser la responsabilité d'un héritage.

P. C. — Oui.

Eh bien, cet état d'esprit, cette situation-là, on peut dire que bien des années après, la caricature en a été faite par les totalitaires, par les gens comme Mussolini, comme Hitler qui eux-mêmes ont commencé à partir d'eux-mêmes. Somme toute, les prises de position du fascisme ou du nazisme, ressemblent beaucoup à la position de *Tête d'Or*. Ils en font, en quelque sorte, la caricature.

D'ailleurs, au moment de l'occupation, ça avait frappé sans doute pas mal les occupants qui m'ont demandé à plusieurs reprises de faire jouer *Tête d'Or*, et je n'ai jamais voulu justement parce que cela ressemblait beaucoup trop aux entreprises de Hitler, qui en sont en somme une caricature : mais il y avait évidemment beaucoup de ressemblance dans les idées de *Tête d'Or* et dans celles de Hitler ou du nazisme.

J. A. — Mais permettez. C'est une ressemblance de pure écorce. Car en fait, pour Tête d'Or c'est quelque chose d'autre, quelque chose de beaucoup plus profond quand il dit à Cébès : *Je sentis cette vie à moi, cette chose non mariée, non née, la fonction qui est au-dedans de moi-même*, c'est quelque chose de tout autre.

P. C. — C'est pour ça que je dis que c'est une caricature.

J. A. — Oui, c'est une caricature et par conséquent le rapprochement qu'on en a pu faire, et qu'on en pourrait faire, est tout de même un rapprochement abusif, alors que ce qui me paraît de vérité, de portée tout à fait générale, c'est cette prise de conscience de soi, cette prise de conscience de soi comme existant, et l'idée, non seulement l'idée mais la sensation profonde et vécue que cette existence même dont on vient de découvrir pour la première fois le goût, la saveur, impose un certain nombre de devoirs. Et Tête d'Or fonce alors avec une force absolument extraordinaire vers la conquête de son destin.

P. C. — Eh ben, après tout, ça se trouve dans l'Évangile. Il y a que *le royaume des cieux appartient aux violents*, et les violents s'en sont emparés : c'est une parole de l'Évangile. Et de même saint Paul, qui était un violent, est foudroyé sur le chemin de Damas et la première chose qu'il dit : *Que voulez-vous que je fasse ?* Il ne va pas demander autre chose, il demande de l'action.

Il est encore aveugle, il est encore terrassé, il est encore carbonisé si je peux dire par le coup de foudre qu'il a reçu et déjà il se lève en disant : *Que voulez-vous que je fasse ?*

Eh ben, c'est la question que posait Tête d'Or tout à l'heure. Eh ben, la voilà la réponse. Le bon Dieu lui répond : *Eh ben, je vais te l'indiquer, et tu verras tout ce que tu auras à souffrir pour moi.*

L'un demande : *Que veux-tu que je fasse ?*

Et l'autre dit : *Ben, apprends d'abord à souffrir.*

J. A. — Et pourtant Tête d'Or, quand il se tourne vers ses officiers, à l'instant même où on va le déposer sur son lit de feuilles, à l'instant où il va mourir, et avant le moment tout à fait solennel où vont se célébrer en quelque sorte ses noces sanglantes et funèbres avec la Princesse, Tête d'Or parle à ses officiers, et ce qu'il leur dit c'est ceci : c'est de ne jamais renoncer, quoi qu'il advienne et sous quelque prétexte que ce soit, de ne pas renoncer à leur volonté de conquête terrestre.

P. C. — Oui, mais il y a beaucoup de terres. Parmi ces terres il y a la Terre promise. La religion chrétienne vient apporter ce qu'il y a de plus précieux, c'est un élément d'insatisfaction justement. C'est ce qu'exprime l'Hymne du Saint Sacrement *Quantum potes, tantum aude,* que j'ai répété dans Turelure :

La religion vient apporter justement une faim et une soif insatiables. *Heureux ceux qui ont faim et soif de la justice, non pas seulement parce qu'ils seront rassasiés mais parce qu'ils ne seront jamais rassasiés.* C'est un besoin inextinguible. *Celui qui me mange aura encore faim, et celui qui me boit aura encore soif.* C'est ce que dit l'Évangile.

J. A. — Bref, c'est en ce sens justement que la volonté de conquête de Tête d'Or, cette soif inextinguible qui est en lui — que nous retrouverons d'ailleurs plus tard dans d'autres de vos personnages, par exemple dans Rodrigue, du *Soulier de Satin* — fait de Tête d'Or un personnage chrétien à son insu.

P. C. — C'est ça. C'est la leçon que pour moi, j'ai toujours trouvée dans le christianisme. C'est-à-dire que la morale ne consiste pas dans une espèce de gymnastique plastique, dans chercher la beauté, chercher l'équilibre, mais avant tout répondre à un besoin, à un appétit, à un désir, qui aspire tout ce qu'il y a en nous de force, non seulement ce qu'il y a en nous de force mais ce qu'il n'y a pas dans nos propres forces. L'homme est un inconnu qui recèle des forces immenses, un peu comme le noyau atomique, et il faut un appel extérieur pour les réaliser.

J. A. — Entre la première version de *Tête d'Or* et la seconde, parmi toutes les différences qu'on pourrait énumérer, soit différences de détail, soit différences plus importantes, il y a celle-ci qui me paraît très singulière : c'est, dans la première partie, la prière sous l'arbre, la prière à l'arbre, qui n'existe pas dans la première version.

Pourquoi l'avez-vous introduite ?

P. C. — Cela suppose qu'à ce moment-là je réfléchissais sur mon passé. Des arbres, j'en avais vu beaucoup dans la forêt de Compiègne, dans mes longues promenades que je faisais dans la forêt, et j'ai senti qu'elles avaient une espèce de tirage, d'appel dont l'arbre était le symbole, et qui évoquait pour ainsi dire, qui inspirait le héros qui est Tête d'Or. C'est de là probablement la forme qu'a prise cette idée dans la seconde version.

Et ce qu'il y a d'amusant c'est que tous ces temps derniers, pour répondre à la demande de Barrault, j'ai essayé de refaire à ma manière *Tête d'Or*. J'ai abouti à un échec d'ailleurs. Je l'ai fait sous la forme de gens qui répètent *Tête d'Or* dans un stalag pour s'amuser : et alors je rejoins mes idées actuelles au passé. Et comme il n'y a pas d'arbre dans le stalag, il y a un tuyau de poêle, alors c'est le tuyau de poêle qui joue le rôle de l'arbre, et au lieu d'embrasser l'arbre il embrasse le tuyau de poêle qui est la forme combustible, si je peux dire, de l'arbre. *(Rires.)*

J. A. — Oui, mais est-ce que vous n'aviez pas été à cette époque-là particulièrement sensible à la valeur de symbole de l'arbre ?

P. C. — Si.

J. A. — A la valeur de symbole, de symbole d'une vie totale ? Car c'est ce que vous dites si admirablement, ou du moins ce que Simon Agnel dit si admirablement à l'arbre :

*Pour toi tu n'es qu'un effort continuel, le tirement assidu de ton corps hors de la matière inanimée.*

*Comme tu têtes, vieillard, la terre*

*Enfonçant, écartant de tous côtés tes racines fortes et subtiles ! Et le ciel, comme tu y tiens ! Comme tu te bandes tout entier*

*A son aspiration dans une feuille immense, Forme de Feu !*

*La terre inépuisable dans l'étreinte de toutes les racines de ton être*

*Et le ciel infini avec le soleil, avec les astres dans le mouvement de l'Année,*

*Où tu t'attaches avec cette bouche, faite de tous tes bras,
avec le bouquet de ton corps, le saisissant de tout cela en
toi qui respire,
La terre et le ciel tout entiers, il les faut pour que tu te
tiennes droit !*

Eh bien, Tête d'Or, c'est précisément ce qu'il voudrait. Mais c'est là qu'il accomplit l'erreur et le refus, car au lieu de se tourner vers le ciel, il se tourne seulement vers la terre, et dit à la fin de son cantique : *Mais je veux vous interroger, profondes racines, et ce secret de tristesse et de mort de la terre, où vous vous nourrissez.*

P. C. — Vous avez parfaitement répondu vous-même à votre question. Mais cette figure de l'arbre, elle m'a suivi dans toute mon existence, et encore dernièrement je relisais le long essai que j'ai écrit sur l'Apocalypse dans laquelle il y a un long commentaire sur la figure de l'arbre de vie qui figure au chapitre xxii de l'Apocalypse, et alors je reprends et j'analyse complètement cette idée de l'arbre, qu'on retrouve également dans *Connaissance de l'Est*, dans le Banyan, vous vous rappelez ; là j'en donne une analyse et un développement très complet, qu'on verra quand cet ouvrage sur l'Apocalypse pourra paraître.

J. A. — Est-ce que le mouvement de l'action de *Tête d'Or*, si l'on peut parler d'une action de *Tête d'Or* — il y a une action, peut-être pas une action au sens d'une composition dramatique, je ne vois pas ce que *Tête d'Or* donnerait à la scène, encore que je serais, comme beaucoup d'autres, extrêmement curieux de voir monter cette œuvre à la scène — cette action qui porte l'armée, avec Simon Agnel à sa tête, vers l'Est, vers le Caucase, après quoi, Tête d'Or étant mort, étant défait en quelque sorte intérieurement, car en fait ce n'est pas son armée qui est défaite, Tête d'Or meurt mais son armée est victorieuse, et bien que victorieuse elle reflue vers l'Ouest, et celui qui tire la leçon du drame dit ceci : *Trois*

*rois morts, des événements étranges, les lois de l'usage
brisées, la faiblesse humaine surmontée, l'obstacle des
choses dissipé, et notre effort arrivé à une limite vaine se
défait lui-même comme un pli.* Et il achève : *En avant !
Chez nous, vers l'Ouest.* Est-ce que ce reflux vers l'Ouest
avait un sens symbolique dans votre drame ?

P. C. — Tête d'Or avait fini son effort, et ils n'avaient
plus qu'à rentrer à la maison. Ce passage que vous lisez
a une couleur très shakespearienne. Ça doit vous rappeler bien des passages des *Henri VI* et de ces passages-là :
on sent l'influence shakespearienne là-dedans. Il fallait
bien finir le drame avec la mort de Tête d'Or : comme
vous l'avez dit, la poussée initiale était terminée, il
n'y avait plus qu'à rentrer.

J. A. — Bien sûr, il n'y avait plus qu'à rentrer comme
Rimbaud n'avait plus qu'à renoncer à écrire des poèmes,
et à s'en aller. Mais vous-même, justement vous vous
préparez à aller à la conquête de cet Orient, que vous
opposez ici, au moins implicitement, et peut-être même
sans le savoir au moment où vous écriviez votre drame,
à l'Occident, à l'Ouest. Remarquez que d'ailleurs l'Ouest,
vous y êtes allé aussi, ayant séjourné longtemps dans
les deux Amériques. Mais je voulais savoir si à ce
moment-là vous éprouviez profondément l'appel de cet
Extrême-Orient ?

P. C. — Je pensais certainement à la Chine, parce que,
quand j'ai reçu le télégramme des Affaires étrangères
m'appelant à la Chine, j'étais à ce moment-là à l'Ouest
justement, en Amérique, eh ben, j'ai été excessivement
content : il n'y avait pas de pays que je désirais autant
voir que la Chine. Mais enfin, une idée directe de l'Orient
à ce moment-là... je n'en ai pas un souvenir précis. Ce
que je désirais c'était m'en aller. C'est ça que je désirais.
Quitter Paris, quitter ma famille, quitter enfin tout ce
qui m'entourait, ça j'en avais un désir extrêmement
violent, et il s'est trouvé qu'on m'a désigné pour New

York mais évidemment j'aurais autant aimé aller tout
de suite vers la Chine, et j'ai été très content quand on
m'y a envoyé.

## Huitième entretien

Jean Amrouche. — Je voudrais vous demander de
rappeler quelques souvenirs de cette période qui a
immédiatement précédé votre départ pour les États-Unis.

A cette époque-là vous étiez véritablement converti,
puisque vous aviez fait soumission complète à l'Église
et vous aviez communié le 25 décembre 1890 à
Notre-Dame. Et, dans les quelques recherches que j'ai
pu faire sur votre biographie, je me suis aperçu que vous
aviez eu quelques fréquentations littéraires, notamment
Schwob, Jules Renard, et surtout, ce qui est plus important, Mallarmé et son entourage.

Paul Claudel. — Ma fréquentation de Mallarmé
date de 87, c'est-à-dire un peu avant la date dont vous
parlez. J'allais chez Mallarmé, mon Dieu, à peu près
une fois par mois, et là je rencontrais tout ce petit
groupe de jeunes gens qui l'entouraient : de Régnier,
Francis Viélé-Griffin, Saint-Pol [1], Desjardins, enfin tout
ce petit groupe, René Ghil, qui a constitué ce qu'on a
appelé le groupe symboliste décadent, et de plus les
amis de Mallarmé comme Whistler, comme Villiers
de L'Isle-Adam, comme, voyons... tous ces amis de
Mallarmé, et j'en ai gardé un très bon souvenir.

Mais je n'ai jamais fréquenté spécialement ni de Régnier, ni les jeunes gens qui l'entouraient et qui écri-

---

1. Saint-Pol Roux.

vaient à ce moment dans des petites revues comme *L'Ecrit pour l'Art*, etc.

J'ai eu des relations avec d'autres jeunes gens de mon âge mais c'était autrement.

Quand j'ai écrit *Tête d'Or* j'ai reçu une lettre enthousiaste qui m'a beaucoup étonné, de Maurice Maeterlinck, qui à ce moment-là venait d'être mis en lumière par Mirbeau. Alors, il m'a écrit une lettre tout à fait extraordinaire, qui m'a beaucoup étonné. A la suite de cette lettre, j'ai commencé à me croire quelque chose. *(Rire.)* Et j'ai reçu une autre lettre, à peu près au même moment, de mon ami Marcel Schwob, que j'avais connu au lycée ; également il a été très gentil pour moi.

Alors, par Schwob, je suis entré en relations avec d'autres amis, avec Maurice Pottecher, avec Léon Daudet, avec Jules Renard, avec peut-être, avec Barbusse, et nous avions organisé même un petit déjeuner au café d'Harcourt qui se trouve à côté de la Sorbonne.

C'était le moment où je commençais à traduire l'*Agamemnon* d'Eschyle, ce qui étonnait beaucoup Jules Renard. Je leur lisais de temps en temps des passages de ma traduction. Jules Renard en a parlé dans son *Journal*. Il paraît que quand je récite des vers mes lèvres se mettent en mouvement d'une manière qui amusait énormément Jules Renard. *(Rires.)*

J. A. — Oui, il fait cette remarque à diverses reprises dans son *Journal*. Et dès ce moment-là, un petit groupe d'amis, dont Jules Renard d'ailleurs, à propos de vous et de *Tête d'Or*, tranchait purement et simplement du génie.

P. C. — Oui.

J. A. — Et je suppose que je devaient être...

P. C. — Pas Jules Renard mais Marcel Schwob, enfin, les autres.

J. A. — Mais Renard en parle dans son *Journal* même, tout à fait au début.

P. C. — Ah oui ?

J. A. — Oui, vers 1891. Et il parle de génie à votre propos.

P. C. — Marcel Schwob m'a fait faire la connaissance d'un Hollandais nommé Byvanck, et c'est à lui, qui était à Paris à ce moment-là, c'est à lui que je dois le premier article écrit sur moi, qui a été écrit dans une revue hollandaise qui s'appelle *De Gids*. Et je me rappelle que j'ai essayé d'apprendre le hollandais à cette occasion pour lire l'opinion de M. Byvanck, mais j'avoue que je n'en ai retiré que peu de profit : on n'apprend pas le hollandais d'un jour à l'autre comme ça ! *(Rires.)*

J. A. — Oui, mais je voulais vous demander si ces appréciations extrêmement laudatives sur vos premiers écrits, ne vous avaient pas un peu monté à la tête. Vous disiez tout à l'heure que vous commenciez à vous croire quelqu'un.

P. C. — Oui.

Eh ben non, parce que j'étais engagé à ce moment-là dans une recherche que je peux appeler tellement poignante, tellement passionnante, qu'en somme tout ce qu'on pouvait dire sur mon compte ne m'influençait pas autrement. Et la meilleure preuve est que quand j'ai écrit *La Ville*, n'est-ce pas, qui a été imprimée à un très petit nombre d'exemplaires, je n'ai même pas mis mon nom dessus, pas plus que pour *Tête d'Or*. Et entre *La Ville* et la première publication de *L'Arbre*, il s'est passé, mon Dieu, pas loin de dix ans.

J. A. — Oui, dix ans.

P. C. — Oui, alors j'étais entièrement occupé par mes propres recherches et je trouvais ça beaucoup plus intéressant que d'avoir des fréquentations littéraires ou de me faire connaître. Je sentais que j'avais beaucoup à apprendre à ce moment-là, et c'était cette instruction qui me passionnait beaucoup plus que de m'évaporer en conversations, etc. Je sentais que ça m'aurait plutôt affaibli et dérouté.

J. A. — De sorte que votre effort intérieur, votre effort d'élucidation de vous-même et de votre œuvre, l'emportait sur l'ambition tout externe de la gloire, de la notoriété...

P. C. — ... Et de la camaraderie...

J. A. — Et de la camaraderie ?

P. C. — Je sentais qu'il y avait un danger là pour moi. D'ailleurs ce danger n'était pas bien grand puisqu'en 93 on m'a envoyé en Amérique, de là en Chine, et j'avais autre chose à faire que de m'occuper de littérature à ce moment-là.

J. A. — Pourtant, vous m'excuserez de vous tourmenter encore un peu à ce propos. J'ai noté que vous aviez tout de même eu quelques fréquentations de salons : le salon de M^me Adam, le salon Muhlfeld, de M^me de Loynes.

P. C. — Non, non.

J. A. — C'est beaucoup plus tard ?

P. C. — Beaucoup plus tard. Je vous ai dit à peu près toutes mes relations littéraires à ce moment-là. Mais des salons — si vous saviez quel rustre j'étais à ce moment-là *(rires)* — j'en avais une sainte peur.

J. A. — C'est bien pourquoi j'étais assez surpris et j'avais pris cela en note et je me promettais de vous interroger à ce sujet.

P. C. — Vous pourriez... Si ce n'est... j'ai tout de même été chez Léon Daudet quand il s'est marié, j'ai vu une fois Alphonse Daudet qui m'a reçu très gentiment. A peu près en dehors de ça je ne vois pas... — je ne les ai vus qu'une fois d'ailleurs l'un et l'autre — je n'ai pas eu d'autres relations littéraires.

J. A. — En somme, vous ne faisiez pas votre cour aux célébrités du jour.

P. C. — Non, non.

J. A. — Eh bien, nous avons plaisir à le savoir parce
que c'eût été quand même assez surprenant. Mais bref,
rien de ce qui peut vous humaniser aux yeux de vos
lecteurs ou de vos auditeurs n'est inutile, et je suis là
pour vous poser des questions, même saugrenues, je vous
prie de m'en excuser. Je ne vous tiendrai pas quitte
cependant, à propos de Mallarmé, car enfin, de Mallarmé, vous avez reçu plus qu'une impression : vous
avez, de l'homme lui-même et de son œuvre, reçu un
véritable enseignement, et je pense que vous pourriez
peut-être vous étendre un peu plus sur la physionomie
de Stéphane Mallarmé.

P. C. — Eh ben, j'admirais beaucoup Mallarmé
parce qu'il possédait des qualités que je n'ai pas. C'était
un homme extrêmement distingué, un causeur brillant,
avec une manière de s'exprimer tout à fait charmante.
Tout ça, dans le fond, n'a pas influencé énormément sur
moi. Mais il y a une parole de lui, qui, au contraire, a
profondément marqué mon intelligence, et qui est à peu
près le seul enseignement que je reçus de lui, et c'est
un enseignement capital : je me rappelle toujours un
certain soir où Mallarmé, à propos des naturalistes, de
Loti ou de Zola, ou de Goncourt, disait :

« Tous ces gens-là, après tout, qu'est-ce qu'ils font ?
Des devoirs de français, des narrations françaises. Ils
décrivent le Trocadéro, les Halles, le Japon, enfin tout
ce que vous voudrez. Tout ça, ce sont des narrations,
ce sont des devoirs. »

Je crois que c'est intéressant de voir cette remarque
dans la bouche d'un homme qui était lui-même professeur. Il était professeur d'anglais. Et alors, c'est là où
la remarque est importante. Moi, il m'a dit : « Ce que
j'apporte dans la littérature, c'est que je ne me place
pas devant un spectacle en disant : " Quel est ce spectacle ? Qu'est-ce que c'est ? ", en essayant de le décrire
autant que je peux, mais en disant : *Qu'est-ce que ça*

*veut dire ?* Cette remarque m'a profondément influé et depuis, dans la vie, je me suis toujours placé devant une chose non pas en essayant de la décrire telle quelle, par l'impression qu'elle faisait sur mes sens ou sur mes dispositions momentanées, mes dispositions sentimentales, mais en essayant de comprendre, de la comprendre, de savoir ce qu'elle *veut dire*. Ce mot de « veut dire » est extrêmement frappant en français, parce que « veut dire » ça exprime une certaine volonté. Cet arbre comme le banyan ou ce spectacle tel que je vois a une espèce de volonté secrète, de volonté latente qui nous pose une question somme toute — et à cette question nous sommes sommés de répondre : « Qu'est-ce que ça veut dire ? »

Et alors, j'ai retrouvé plus tard, dans un texte de l'apôtre saint Jacques, un passage qui répond exactement à cette question de Mallarmé. Il dit que *les choses sont soumises à la vanité, ne le voulant pas*, n'est-ce pas ? Ça prouve qu'elles veulent par conséquent autre chose, et ce mot français « qu'est-ce que ça *veut dire* » prend par conséquent une extrême importance : les choses sont soumises à la volonté, à la vanité, ne le voulant pas : ça veut dire qu'elles veulent autre chose, qu'elles ont un sens, elles ont une signification, pour le contemplateur somme toute de l'idée. Et alors, pour répondre à cette question, j'ai trouvé plus tard un grand appui dans la philosophie de saint Thomas d'Aquin qui a en effet en somme une espèce de grammaire, elle m'a permis d'écouter les choses qui me parlent, et de comprendre en détail les questions qu'elles me posent et auxquelles je suis invité à répondre.

Par conséquent, c'est à peu près le fruit essentiel que j'ai retiré de ma fréquentation avec Mallarmé, c'est cette question : qu'est-ce que ça veut dire ?

Après cette question, tout le profit que je pouvais tirer de la fréquentation de Mallarmé était inutile. J'en avais fini somme toute avec lui.

J. A. — Mais n'y avait-il pas quelque lien d'admiration, lien purement sentimental?

P. C. — Et surtout l'admiration d'un rustre, si vous
voulez, d'un homme ignorant et maladroit, en face d'un
prodigieux virtuose. J'étais là « comme deux ronds de
flan » si je peux dire, à l'écouter parler, s'exprimer d'une
manière aussi distinguée et aussi élégante qu'il faisait.
Alors j'étais dans l'admiration d'un petit bonhomme
qui fait ses gammes et qui entend un virtuose. J'étais
complètement saisi d'admiration, mais l'admiration ou
l'envie de faire la même chose sont deux choses complètement différentes.

J. A. — Mais il ne s'agit pas de cela non plus dans
ma pensée. Je voulais dire : n'étiez-vous pas sensible à
ce qu'il pouvait y avoir de profondément tragique dans
la recherche et dans la destinée même de Mallarmé au
moment où vous le fréquentiez ; car plus tard, dans ce
texte extrêmement précieux que vous avez publié dans
le premier volume de *Positions et Propositions*, sur *La
Catastrophe d'Igitur*, vous dites sur Mallarmé, cette
chose, vous parlez d'un thème fondamental dont on
trouve déjà la préfiguration dans Euripide mais qui,
selon vous, n'a trouvé son développement complet qu'au
cours du xixe siècle, et ce thème, dites-vous, *je l'appellerai la sympathie avec la nuit, la complaisance au malheur, l'amère communion entre les ténèbres, et cette infor-
tune d'être un homme.*

Et les trois exemples que vous citez, de poètes, qui
ont été particulièrement habités par ce thème, ce sont
Edgar Poe, Baudelaire et Mallarmé lui-même. De sorte
que je voudrais savoir si au moment où vous fréquentiez
Mallarmé, le caractère exemplaire de ce mage — en
donnant au mot son sens fort — vous avait déjà frappé?

P. C. — Eh bien, déjà à ce moment-là, le Mallarmé
que je trouvais devant moi était un Mallarmé qui avait
trouvé sa voie, qui était en somme pacifié, pacifié dans

l'acceptation d'une destinée, humainement parlant, médiocre. Le Mallarmé qui m'avait touché et qui m'avait porté à lui écrire, c'était le Mallarmé des premiers vers, celui qui a fait ce vers qui est un des plus beaux de la langue française, adressé à une prostituée : *Toi qui sur le néant en sais plus que les morts.*

Mallarmé a beaucoup changé entre ces vers-là et le moment où il est allé à Paris. Il est devenu, somme toute, un technicien, un analyste, beaucoup plus qu'un poète.

Mallarmé poète s'arrête, à mon avis, à peu près avec le *Toast funèbre* à Théophile Gautier. A partir de ce moment-là il devient un théoricien, un théoricien d'ailleurs éblouissant, où ses dons de poète restent intacts, mais on ne peut pas dire qu'il ait jamais fait aucune œuvre poétique vraiment frappante, saisissante depuis ce *Toast funèbre* dont je vous parle. Et la meilleure preuve c'est que quand Mondor a réussi à entrer en possession des vers qu'il avait écrits çà et là, pour donner une suite à *Hérodiade*, ce poème d'*Hérodiade* qu'il a essayé vingt fois de reprendre sans jamais y réussir, je dois bien avouer que ces vers sont des plus médiocres, ne répondant nullement aux très beaux vers de la poésie, du poème d'*Hérodiade*.

J. A. — Mais je me demande si, après tout, le plus exemplaire chez Mallarmé, ce ne serait pas cet échec que vous dénoncez ?

P. C. — Ah, vous savez ce qu'on appelle « la nuit de Tournon », qui a marqué, à mon avis, un tournant — un Tournon tournant — un tournant dans la vie de Mallarmé, qui l'a détourné, somme toute, des recherches on peut dire spirituelles ou des recherches de l'âme. Il a pris sa décision à ce moment-là et il est devenu surtout un théoricien, un virtuose. Il a donné, somme toute, comme il le dit lui-même, l'initiative aux mots. Paroles extrêmement graves.

J. A. — L'initiative aux mots.

Tout à l'heure lorsque vous répétiez cette question que Mallarmé se posait : « Qu'est-ce que ça veut dire ? », cette ouverture sur une interrogation à laquelle il n'est pas possible, dans un certain sens, de donner une réponse, n'est-ce pas autre chose après tout que ce que vous avez poursuivi vous-même ?

P. C. — Y a pas de doute, c'est certainement cette question-là qui m'a guidé dans toute la vie et qui m'a placé devant tous les êtres et tous les spectacles que j'ai vus avec la passion de comprendre, d'essayer de comprendre ce que ça veut dire.

Je sens qu'il y a dans tous les spectacles auxquels je suis invité, une question ; et une question, avant de savoir quoi y répondre, il faut commencer par la comprendre, ce qui nécessite un grand effort d'analyse pour lequel justement la formation que j'ai reçue dans saint Thomas d'Aquin m'a été extrêmement utile. Disons de saint Thomas d'Aquin, et en réalité d'Aristote, parce que c'est Aristote qui a posé, pour ainsi dire, les principes de cette interrogation qui est le principe de la science aussi bien que de l'art.

Les choses ne répondent juste que si on leur pose des questions justes.

C'est cette question juste qu'il n'est pas toujours facile de poser. Il faut pour ça énormément d'attention et aussi une certaine formation dialectique.


## Neuvième entretien


JEAN AMROUCHE. — Vous évoquiez, à la fin de notre dernière conversation, le destin de Stéphane Mallarmé.

Vous nous avez dit que, pour vous, le plus clair de son enseignement tient dans une question : « Qu'est-ce que cela veut dire ? » Question posée devant chaque chose et le monde même, qu'il s'agit de comprendre.

Mais pour comprendre le monde, encore faut-il le vouloir et en éprouver le besoin, y être porté par une disposition intérieure ?

PAUL CLAUDEL. — Le monde, pour moi, a été extrêmement intéressant et je cherchais justement à le comprendre.

C'est toujours la question de Tête d'Or : *Me voici, imbécile, ignorant, devant les choses inconnues.*

Mallarmé m'a fait faire un pas. Il m'a appris devant les choses inconnues, mais qui ne sont pas des Sphinx incapables de répondre, que ces choses inconnues sont parfaitement capables de vous donner une réponse ; mais il faut encore savoir la poser, cette question.

J. A. — Oui. Je crois que nous entrerions là dans une discussion extrêmement difficile où, malheureusement, je ne me sens pas apte à vous suivre.

Je voulais simplement vous faire remarquer ceci : je ne sais si vous avez lu ces petits écrits de Valéry, qui ont été publiés il y a quelques années sous le titre de *Cahier B 1910.* Dans le *Cahier B 1910,* Valéry note que la poésie c'est l'effort que fait le poète pour exprimer ce que veulent dire *ou ce qu'il semble que veuillent dire les choses.*

P. C. — Eh bien, vous voyez c'est à peu près la même chose. Seulement, Valéry lui-même a suivi l'exemple de son patron, Mallarmé, parce qu'il semble que plutôt d'écouter les choses et de les interroger, il a laissé l'initiative aux mots, comme Mallarmé.

J. A. — Oui, je crois que toute la distance entre Valéry et vous est en ceci que Valéry ne dit pas : *ce que veulent dire les choses ;* — il se reprend tout aussitôt en disant : *ce qu'il semble qu'elles veuillent dire,* et par conséquent il n'affirme pas, il se contente de supposer.

La poésie est en quelque sorte une réponse à une possibilité de question,

P. C. — La différence, c'est qu'il ne prenait pas les êtres et les choses au sérieux. Il se figurait qu'il était devant un spectacle qui n'a pas beaucoup de sens, tandis que moi je suis persuadé qu'elles ont un sens, un sens comme celui du Sphinx : « Devine, ou je te dévore », enfin...

J. A. — Eh bien, ceci nous amène assez directement, je crois, à l'une des œuvres que vous écriviez précisément à cette époque et qui est ce grand drame de *La Ville*, qui suit immédiatement la composition de *Tête d'Or*. Et c'est à propos de *La Ville* que je voudrais maintenant poser quelques questions.

J'aimerais d'abord savoir, si vous voulez bien, quel lien intime il y avait entre celui qui écrivait *La Ville* et vous-même, dans quelle mesure *La Ville* répondait à une angoisse déterminée dans votre esprit et dans votre cœur ?

P. C. — *La Ville* a été écrite, à la différence de *Tête d'Or*, en plein dans mon travail de conversion, et elle fait une allusion beaucoup plus nette que *Tête d'Or* à cette conversion. La ville représentait pour moi une espèce comment dirais-je, de Sodome ou de Gomorrhe dans laquelle je me trouvais plongé et dont il fallait à tout prix me débarrasser. Je faisais à ce moment-là d'immenses promenades dans Paris, un peu comme les héros de Jules Romains, et la ville était pour moi un ennemi dont j'essayais de me débarrasser...

J'ai retrouvé plus tard, dans Jérémie, cette sensation-là. Jérémie dit à son serviteur d'écrire des malédictions qu'il a écrites contre Babylone et de les jeter dans l'Euphrate. *(Rire.)*

A ce moment-là, j'avais à peu près cette disposition biblique. L'Euphrate c'était pour moi la Seine, la ville m'écrasait et représentait pour moi un ennemi dont je voulais me délivrer. De là le troisième acte où l'on voit la ville réduite à peu près à l'état où sont maintenant les villes allemandes, ou Varsovie, cette ville démantelée, en ruine. En 90, c'était le présage de toutes ces villes détruites dont nous avons été les témoins contemporains il n'y a pas bien longtemps.

J. A. — Oui. Il y a peut-être encore autre chose, en effet, dans *La Ville.*

Si on se place un peu dans la situation de Tête d'Or, à la fin du drame de *Tête d'Or*, on s'aperçoit que le drame exprime l'échec de l'effort de possession du monde par l'homme, dans la mesure où l'homme se fonde sur sa propre existence et sur sa propre force. L'homme par lui-même n'est donc que l'illusion de la force, il n'a pas la force véritable, la force authentique. Mais ce Tête d'Or qui est tout à fait solitaire et irréductiblement solitaire, puisqu'il ne parvient à s'unir à l'amour de la Princesse qu'au moment de sa mort, est néanmoins inséré dans un contexte social. Et, *La Ville*, c'est le drame de l'existence des hommes en société et des relations sur lesquelles cette existence est établie.

P. C. — Eh bien tout ça est parfaitement juste, je n'ai qu'à me ranger à cette manière de voir.

J. A. — Oui, mais dans l'état de ce monde dont vous dressez dans une immense composition un tableau et un inventaire, il y a différents personnages et ce qui m'intéresserait ce serait de savoir la relation entre ces personnages et vous-même.

C'est à peu près l'époque où vous vous orientez d'une façon décidée vers la diplomatie. Pourquoi avez-vous choisi cette fonction alors que votre fonction essentielle, on le verra bien dans toute votre œuvre, c'est tout de même d'être un poète ?

P. C. — Ma fonction essentielle était surtout de voir l'univers, n'est-ce pas, ce que j'ai appelé dans plusieurs de mes livres : « la passion de l'univers ». Paris

m'étouffait. La vie de famille m'étouffait. Je désirais
avant tout me donner de l'air. Il fallait absolument que
je sorte et que je voie le monde. Or, je n'avais pas envie
de me sauver comme faisait Rimbaud, je savais que ça ne
me mènerait à pas grand-chose : mes jambes n'auraient
pas suffi à connaître le monde et ne m'auraient pas mis
d'ailleurs dans la situation nécessaire pour bien le voir
et bien le comprendre.

Il fallait par conséquent que je trouve un métier qui
soit une ouverture pour moi et qui me donne de l'air.
Alors ce métier-là tout naturellement, c'était la diplomatie, une carrière consulaire ou diplomatique.

Je voulais d'abord avoir une position d'interprète.
Je me disais : comme interprète je pourrais peut-être
avoir tout ce qui me faut. Je pensais déjà à la Chine.
Et alors je me suis présenté à l'École des Langues orientales, et alors j'ai trouvé là le directeur qui m'a dit :
« Vous avez l'âge voulu, vous êtes tout jeune, vous avez
vingt et un ans, pourquoi ne vous présentez-vous pas
au Grand Concours ? »

Je me suis dit : Tiens, c'est une idée à voir ! J'avais
trois ans de Sciences politiques à ce moment-là. J'avais
préparé le Conseil d'État, mais le Conseil d'État m'as-
sommait à mort. Je me suis dit : présentons-nous au
Concours ! J'avais un professeur particulier qui en quelques semaines m'a donné une formation, mon Dieu,
assez rudimentaire et, à ma profonde stupéfaction, j'ai
été reçu et même reçu  l' premier. J'en suis encore à
me demander comment et pourquoi.

J. A. — De sorte que ce qui vous attirait, semble-t-il,
surtout dans la diplomatie, c'était le caractère itinérant
de cette profession ?

P. C. — Oui, c'est comme la parole de Dieu à Abraham : *Sors de chez toi ! (Rire.)*

J. A. — Les personnages de *La Ville*, vous paraissait-
il qu'ils eussent une existence par eux-mêmes, ou bien

vous paraissait-il, au moment où vous écriviez la pièce, que chacun d'entre eux était en quelque sorte une figure de vous-même ?

P. C. — C'était en somme un chœur.

Je lisais beaucoup les auteurs grecs à ce moment-là, et j'ai été frappé d'un drame d'Eschyle qu'on ne lit pas beaucoup, dont on ne parle pas énormément mais qui m'avait beaucoup frappé. C'est ce drame, quand la tragédie grecque commence à peine à se détacher du dithyrambe. *Les Suppliantes* sont une espèce de dialogue entre un personnage dont je ne me rappelle même plus le nom à l'heure qu'il est, et un chœur, un chœur de voix anonymes.

Eh bien, dans *La Ville*, autant que je me rappelle, parce qu'il y a très longtemps que je n'ai relu ce vieux drame, c'est la même chose : le personnage essentiel qui est Cœuvre, qui est le poète, si vous voulez, dialogue avec un chœur de voix anonymes, d'où se détache seulement une figure qui joue un peu le rôle de la Princesse, c'est Lâla, le personnage de Lâla.

J. A. — J'ai l'impression que vous avez un peu perdu la mémoire de votre drame.

P. C. — Oui.

J. A. — Entre la première version et la seconde, qui sont séparées par quelques années, il y a des différences essentielles. La première fourmille d'indications de personnages... enfin, il y en a des vingtaines..., de personnages tout à fait épisodiques qui apparaissent, qui s'en vont. Et dans la deuxième version, que vous avez écrite en Chine, on ne trouve plus qu'un petit nombre de personnages.

P. C. — Oui.

J. A. — Il y a bien un chœur, il y a bien une foule, mais il n'y a plus qu'un petit nombre de personnages. Et je crois malgré tout qu'il est intéressant de fixer assez brièvement la nature et le caractère de ces personnages.

Permettez-moi de vous les rappeler.

Dans la première partie, nous voyons les deux frères Besme, Lambert de Besme, l'homme d'État, et Isidore de Besme qui est l'ingénieur.

Puis, nous voyons Avare, qui est en quelque sorte le Révolutionnaire et qui m'apparaît comme un avatar de Tête d'Or lui même. Il en parle assez souvent le langage puisqu'il se définit lui-même par rapport aux deux frères de Besme de la façon suivante : *Je suis l'homme de l'étonnement. Je porte une force en moi telle que la roideur de l'amour.*

Ainsi, Avare, qui détruira la ville, est un frère de Tête d'Or, ou en somme une réincarnation de Tête d'Or lui-même.

Puis nous avons le personnage de la femme. Il n'y en a qu'une dans tout le drame, du moins dans la deuxième version, et qui est Lâla, sur laquelle nous reviendrons tout à l'heure. Et le poète Cœuvre.

Après la destruction de la ville, les deux frères Besme disparaissent. Il ne reste plus qu'Avare qui, immédiatement après son triomphe, se retire à son tour. Et nous nous retrouvons avec Cœuvre, le fils de Cœuvre et de Lâla, Ivors, et la foule des héritiers d'une bourgeoisie détruite.

Est-ce que vous étiez sensible au caractère presque prophétique de votre drame? Car en somme, c'est le drame d'une bourgeoisie pourrie, d'une bourgeoisie déclinante, qui est submergée par la révolte du prolétariat, d'un prolétariat sans Dieu, qui ne sait que faire de sa force, et qui réclame la justice, et qui voudrait simplement fonder une ville nouvelle sur la justice.

P. C. — Eh bien, vous avez rajeuni mes souvenirs.

Autant que je me souviens, j'étais à ce moment-là sous l'impression du mouvement anarchiste de Ravachol, de Henry, enfin tous ces attentats anarchistes que vous vous rappelez. Je dois avouer, à ma grande confusion, que je leur étais très sympathique ainsi que la plupart de mes amis. Je trouvais dans l'anarchie un geste presque instinctif contre ce monde congestionné, étouffant, qui était autour de nous, et pour lesquels, à l'égard duquel ils faisaient un geste, presque celui d'un noyé qui cherche de l'air, qui jette des bombes au hasard, sans presque savoir où.

De là, ce personnage d'Avare dont vous parlez, qui n'est pas sans ressemblance avec Tête d'Or, mais qui aussi exprime cette espèce d'énergie instinctive d'un être qui se débat contre l'ambiance et qui veut à tout prix respirer, se donner de l'air.

J. A. — Vous aviez bien le sentiment, à cette époque, que le monde où vous viviez était un monde de rapports formels, où les rapports entre hommes avaient un caractère quasi mécanique et administratif.

P. C. — C'était surtout un monde étouffant, un monde où les gens se dilataient autant que possible et ne laissaient absolument aucun interstice. On n'avait pas d'air somme toute. Les gens étaient pressés l'un contre l'autre. Regardez la situation politique ou la situation littéraire, cela, ça donne toujours la même impression : des gens dilatés, dilatés d'une mauvaise bouffissure, des gens qui se gênaient et qui se faisaient mal les uns aux autres en se dilatant d'une manière égoïste : aucun sentiment de charité ni de patience et de support de l'un de l'autre, mais une espèce de hargne réciproque et de tension continuelle, de guerre secrète de tous contre tous, que j'ai retrouvée plus tard en étudiant les documents diplomatiques, les *Livres jaunes* de cette époque-là. On voit bien cette espèce de défiance, de haine et de terreur en même temps, qui régnaient dans les différentes chancelleries à l'égard l'une de l'autre.

J. A. — Mais il me semble que l'accusation que vous portez dans la personne de personnages comme Lambert de Besme et comme Isidore de Besme, est beaucoup plus profonde.

Ce n'est pas une accusation qui porte simplement sur le comportement social des gens, mais si j'ose dire sur leur comportement métaphysique, car l'un et l'autre, l'homme d'État comme l'ingénieur qui est souverain maître des forces matérielles, sont désespérés, totalement désespérés, dans votre drame. L'un d'eux, Lambert, espère échapper au désespoir par l'amour, car il voudrait épouser sa fille adoptive, Lâla, qui accepte d'abord puis se refuse à lui. Et l'autre, Isidore de Besme, meurt complètement désespéré après avoir fait une découverte dont il ne pourra pas profiter lui-même, et qui est celle-ci : il dit à Cœuvre, avant de mourir, qu'il a découvert enfin qu'il existait une science sous la science et qu'il fallait l'appeler *ignorance.*

P. C. — Eh bien, c'est l'écho un peu de ma disposition d'esprit avant que je ne me sois converti. En effet, j'ai connu les mêmes mouvements de désespoir profond qui sont traduits par Lambert de Besme, par Isidore de Besme ; et somme toute cette disposition-là n'a pas complètement disparu puisque je la retrouve dans pas mal de lettres de jeunes gens et de livres qui paraissent encore actuellement. A ce point de vue, ce livre comporte une actualité. C'est ce que me disait d'ailleurs Hugo de Hofmannsthal. C'est le livre qui est de moi qu'il préférait, c'est curieux.

J. A. — Pourquoi pensez-vous que ce soit curieux ? Est-ce que ce drame serait si loin de vous maintenant ? Il me semble au contraire qu'il a gardé un caractère d'actualité extraordinaire ?

P. C. — Il est actuel pour d'autres, il ne l'est plus pour moi. Ces sentiments-là me sont devenus... J'ai dépassé cette période-là.

J. A. — Mais je veux dire qu'il est objectivement actuel, car ce tableau du monde, ce tableau du monde sans Dieu, où deux seules forces se trouvent affrontées, l'une avec pour pôle Moscou, l'autre avec pour pôle

Rome, eh bien, l'état du monde dans lequel nous vivons est la polarisation de ce monde entre ces deux capitales, l'une matérielle et l'autre spirituelle.

P. C. — La différence est qu'à ce moment-là, autant que je me rappelle, j'étais dans les deux mondes à la fois. Je n'étais pas complètement dégagé du premier et je n'étais pas encore complètement agrégé au second. Tandis que maintenant le premier est depuis longtemps quitté, et oublié.

## Dixième entretien

Jean Amrouche. — Il m'a paru, en relisant *La Ville*, que je n'avais pas relue depuis une vingtaine d'années, qu'il y avait encore en vous, même au moment où vous étiez déjà converti, comme la nécessité de brûler en effigie certaines figures de vous-même, ou certaines possibilités de vous-même.

Paul Claudel. — Et de même il y a certains traits de mon professeur de philosophie, Burdeau.

J. A. — Le personnage central de *La Ville*, c'est tout de même le poète, c'est Cœuvre que l'on retrouve dans un certain nombre de scènes capitales, dont celle-ci, tout au début de la pièce, quand il est confronté à Isidore de Besme, où chacun d'entre eux explique la façon dont il considère, la façon dont il voit le monde. L'un interprète le monde dans un ordre, pour ainsi dire mathématique, c'est celui qui maîtrise les forces, c'est l'homme du calcul et c'est l'homme de la philosophie pragmatique, dont l'action est le but suprême, c'est l'ingénieur, c'est Besme. L'autre, le poète, est attentif à tout autre chose.

P. C. — C'est Lambert, celui-là ?

J. A. — Non, c'est Isidore. L'autre, Lambert, c'est simplement l'homme d'État. Besme, placé devant Cœuvre, se trouve dans la situation de quelqu'un qui comprend sans comprendre un langage que d'ailleurs il définit admirablement puisqu'il lui dit :

*O toi, qui comme la langue, résides dans un lieu obscur !*
*S'il est vrai, comme jaillit l'eau de la terre,*
*Que la nature pareillement entre les lèvres du poète nous*
*ait ouvert une source de paroles,*
*Explique-moi d'où vient ce souffle par ta bouche façonné*
*en mots.*
*Car, quand tu parles, comme un arbre qui de toute sa*
*feuille*
*S'émeut dans le silence de Midi, la paix en nous peu à*
*peu succède à la pensée.*
*Par le moyen de ce chant sans musique et de cette parole*
*sans voix, nous sommes accordés à la mélodie de ce monde.*
*Tu n'expliques rien, ô poète, mais toutes choses par toi*
*nous deviennent explicables.*

Ainsi, Besme comprend la poésie. Il la comprend de l'extérieur.

Et Cœuvre va lui répondre que la fonction du poète est précisément non pas tant d'expliquer le monde au regard de l'intelligence, que de le transmuer en une parole intelligible et en une parole délectable.

P. C. — En quoi on reconnaît un peu les théories de Mallarmé, n'est-ce pas...

J. A. — Cependant, il y a une autre question qui n'est pas simplement la question de la situation du poète dans le monde, qui est abordée ici, c'est le problème de l'amour qui est abordé déjà de front. Et il est entièrement posé par ce personnage tout à fait singulier de la femme avec un grand « F » qui est Lâla, ce personnage qui est quelqu'un de très mystérieux, qui n'a pour ainsi dire pas d'existence par lui-même. On sent bien qu'elle a tout juste conscience qu'une sorte de passage, de transmission s'accomplit par elle, à travers elle, que les choses s'accomplissent en elle et par elle : en somme elle n'a qu'une fonction médiatrice.

Nous retrouverons ce caractère médiateur dans d'autres figures de votre œuvre. Mais là, le double aspect de porte-lumière et de porteuse de mort se trouve réuni dans un seul personnage.

A quelle expérience personnelle la création d'un tel caractère pouvait correspondre au moment où vous écriviez *La Ville ?*

P. C. — Comme je vous l'ai dit, elle répond à ce personnage de l'Écriture qui a exercé tellement de fascination sur moi, qui est la Sagesse, du chapitre VIII des Proverbes. L'Écriture représente la Sagesse sous la forme d'une femme qui était là quand Dieu a créé le monde, c'est elle que Dieu regardait si on peut dire pour s'encourager à créer le monde. Et elle représente cet élément élusif, cet élément insaisissable qui est la Grâce.

Et à mon avis, dans toute figure de femme il y a ça. Il y a Anima. Il y a la Grâce, tout ce qui est un élément qui échappe au raisonnement, qui est imprévu, qui est la fantaisie si vous voulez, qui peut aussi bien avoir un sens mauvais qu'un bon sens. Cette femme qui est la Grâce peut devenir aussi la femme qui est la perdition mais elle ne perd pas pour ça le même caractère de l'une et la contrepartie de l'autre.

Il y a Lâla, et il y a aussi dans *L'Échange...* il y a ce personnage de Lèchy Elbernon, n'est-ce pas ?

J. A. — Oui.

P. C. — Il y a également dans mes autres drames cet élément, mais toujours cet élément élusif : *la promesse qui ne peut pas être tenue.* Je ne sais pas si c'est là que je replace l'expression ou dans un autre drame, mais Lâla c'est ça : c'est la vérité avec le visage de l'erreur, comme je le disais également, je crois...

J. A. — Oui, et elle a bien ce caractère ambigu.

Mais la question que je vous posais était une question plus indiscrète. J'aurais voulu savoir dans quelle mesure c'est une création purement littéraire de votre imagination, qui correspond à une certaine idée que vous pouviez vous faire de la femme, ou si, au contraire, ce personnage de Lâla avait quelques racines dans votre existence d'homme.

P. C. — Elle n'était que trop réelle puisqu'elle s'est trouvée réalisée une vingtaine d'années après ou une dizaine d'années après. C'était la femme que j'ai eu l'occasion de rencontrer un peu plus tard n'est-ce pas, et dont Lâla constitue le portrait.

J. A. — C'est son portrait et sa préfiguration.

P. C. — Elle se dessinait par son « vide », comme disait Mallarmé.

J. A. — Mais c'est une expression de vous-même aussi puisque pour vous chaque chose se dessine précisément par son néant. Et c'est ce néant qui constitue l'appel de la grâce qui la remplira et lui donnera sa réalité.

P. C. — Sûrement. Alors là, c'est une idée chinoise, c'est l'idée du Tao : que chaque chose n'a de valeur que par son vide.

J. A. — Vous m'avez dit qu'au moment où vous écriviez *La Ville* et même *La Jeune Fille Violaine* qui est presque contemporaine de ce drame, la question de la femme ne vous préoccupait pas beaucoup.

Et cependant, il est curieux de voir combien certains des personnages de ces drames sont, eux, au contraire, obsédés par le problème de l'amour et par le problème des relations entre l'homme et la femme.

C'est ainsi que le personnage de Lambert de Besme, l'homme d'État, qui arrive à la fin de son existence, découvre qu'une vie tout entière consacrée à l'exercice d'une profession, si satisfaisante fût-elle, eh bien, qu'une telle vie est frappée de stérilité, qu'il lui manque quelque chose et quelque chose d'essentiel, qui lui donne non seulement de l'intérêt, mais quelque chose d'autre, très exactement sa réalité substantielle, qu'il n'y a pas de vie sans le couronnement que lui donne l'amour. Et, s'adressant à Lâla, il s'exprime ainsi :

*Viens avec moi! par un mariage mystérieux tel que celui du violoncelle et de l'orgue, par un accord savamment développé,*

*J'ai eu jadis cette pensée que le bonheur était possible entre un homme et une femme.*

*Habitons incontinent cette grande et vieille maison*

*Que je connais au flanc de la vallée, entre l'orme et le mélèze ; Toujours caressés par le soleil le plus doux, ses murs ont la sécheresse et la solidité du roc.*

*Au-dedans, serait le mystère, quelque chose de profond et de mûr,*

*Et par les corridors emplis d'une lumière tempérée, et les chambres*

*Tu sentirais une faible odeur de cire et de rose.*

*A droite, derrière les marronniers, serait la ferme*

*Avec ses animaux et ses instruments, et les étables et la laiterie, et les nefs remplies de paille et de foin, des granges et des greniers.*

*A gauche, il y a un grand jardin avec toutes sortes de plantes et d'arbres rares*

*Dont nous expliquerions l'un à l'autre la nature et les propriétés ;*

*Et autour de nous, toute la création.*

Dans quelle mesure, lorsque Lambert de Besme parle ainsi, n'était-ce pas vous, Paul Claudel, qui parliez par sa voix ?

P. C. — Il est probable qu'en effet, au moment où je l'ai écrit, n'est-ce pas, que c'était une idée qui habitait ma cervelle à ce moment-là. Je reconnais dans la description que vous faites, certains des châteaux que j'ai connus dans mon enfance... Mes parents qui habitaient

près de Soissons. Alors, c'est peut-être un souvenir de
ce château près de Soissons, justement, qui fait le sujet
du passage que vous venez de citer.

J. A. — Mais ne pensez-vous pas aussi que nous puissions déjà voir là, dans cette description de la maison,
comme une préfiguration de cette fameuse Maison fermée dont il sera question dans les *Cinq Grandes Odes* ?

P. C. — Je n'en suis pas sûr, la Maison fermée était
plutôt une idée d'un genre métaphysique. Dans quel
sens les idées se suggèrent-elles, s'enchaînent-elles les
unes aux autres ? C'est ce qu'il est très difficile de savoir.
Vous en savez autant que moi, et peut-être plus à ce
sujet que moi-même. *(Rire.)*

J. A. — Je ne sais pas. Vous êtes ici, en tout cas, pour
nous éclairer sur le sens des différents symboles.

P. C. — Très franchement je ne vois pas très bien le
lien. Il peut exister, mais c'est dans mon subconscient.

J. A. — Le personnage d'Isidore de Besme, le frère de
Lambert, est peut-être celui qui exprime le mieux l'état
d'esprit de tous ces représentants d'une bourgeoisie
finissante, d'une bourgeoisie qui sent qu'elle est perdue,
qu'elle sera emportée par la tempête de la Révolution, et
qui, au fond, y consent, comme le dira quelque part
Avare. Et Isidore de Besme résume toute son existence
par un mot vraiment terrible, un mot très noir. Il dit :
*Rien n'est.* Et à ceux qui se révoltent contre cette espèce
d'imprécation que profère Isidore de Besme, voici ce
qu'il répond :

*Écoutez, je répéterai cette parole que j'ai dite : rien n'est.*
*J'ai vu et j'ai touché*
*L'horreur de l'inutilité. A ce qui n'est pas ajoutant la*
*preuve de mes mains.*
*Il ne manque pas au Néant de se proclamer par une*
*bouche qui puisse dire : Je suis.*
*Voici ma proie et telle est la découverte que j'ai faite.*

Et Cœuvre, le poète, répond en prétendant dresser

devant ce désespéré pour qui le monde n'existe qu'à
l'état de simulacre, le monde dans sa réalité concrète,
dans sa réalité vivante et indubitable :

*Et que ne suis-je la Terre*, dit Cœuvre,

*Pour initier à mon Orgie! Et regarde le ciel quand il
s'ouvre,*

*Quand la pluie d'or descend dans la lumière de la foudre!*

*Et l'hiver, quand on peut sortir,*

*Fermant les yeux, tiens-toi debout dans la campagne à
midi,*

*Ou pense à la forêt en Juin, ô paix profonde! entends le
coucou qui chante.*

*Attends ensuite, et tu verras de tes yeux si c'est le Prin-
temps,*

*Quand ce fils rugissant de la neige emplit de lumière la
belle France,*

*Faisant ruisseler les eaux brillantes sous ses pieds, par
qui*

*La vigne s'échauffe, l'herbe abonde, et les fleurs, et les
nourrissantes citrouilles.*

*Et la rose trempée d'eau se*

*Tourne odorante vers l'astre chaud; et toi, tourne ton
cœur vers la Joie,*

*Tourne, Besme, tourne ta face vers la Joie!*

P. C. — Eh ben c'est un écho de mes années de recherche philosophique, et le sentiment que j'avais avant
d'être converti, n'est-ce pas. En effet, le monde me paraissait manquer de solidité. C'était ce que les bouddhistes
appellent le monde de la couleur, le monde de la surface.
Et je sentais que sous cette surface il y avait quelque
chose de réel, de même qu'en moi-même il y avait
quelque chose d'irrécusable qui était le sentiment de
la personnalité.

C'est l'écho de ces années de lutte que je traversais,
ou que je venais de traverser précisément au moment
où j'écrivais *La Ville*.

4

J. A. — Bref, Cœuvre correspond ici à ce que l'on pourrait appeler une partie positive de vous-même?

P. C. — Partie positive...? La partie positive représente la partie négative au contraire, la négation de la réalité du monde ou plutôt la mise en question, ça serait plutôt le mot juste, la mise en question de la réalité du monde. Du moment où le principe, où la cause est mise en question, de même l'effet et le résultat est coupé de sa base et flotte, si on peut dire, en l'air. Alors, il suffit d'un simple doute pour que cette mise en question aboutisse à une véritable négation.

C'est ce qui est arrivé, par exemple, pour Mallarmé qui exprime tout par la négation : au lieu de mettre « dire », il emploie le mot « taire », au lieu d'imprésence il met le mot absence. Et c'est là le doute essentiel qui se rapporte à un monde qui est séparé de sa cause.

Saint Paul dit que c'est en Dieu que nous vivons, que nous nous mouvons et que nous sommes. C'est un mot très fort. Alors, du moment où l'idée de Dieu disparaît, de même l'idée de l'existence est également mise en question.

J. A. — C'est précisément ce que Besme répond à Cœuvre qui affirme devant lui la réalité du monde :
*Allons, mets une balance entre nous, accroche les plateaux,*
   *Et prends l'Univers, et tu le mettras dans le premier et je poserai dans l'autre*
   *Mon doute, et celui-ci descendra.*
Mais j'aurais voulu vous demander si la façon dont Cœuvre, précisément parce qu'il est poète, appréhende, comment dirais-je, supporte, souffre, et célèbre l'existence du monde, exprime une manière d'être propre au poète, et une manière propre au poète d'exprimer la réalité du monde, et de la saisir?

P. C. — Je peux pas parler du poète en général parce que je ne sais pas ce que c'est, n'est-ce pas? Mais je parle de moi-même, à ce moment-là, de la crise et du litige que je traversais au moment où j'ai écrit *La Ville*, et je sentais en moi quelque chose d'absolument irréductible à tous les doutes.

Alors, à ce point de vue je m'opposais à une idée qui était celle de Comte, celle qui existait, qui florissait partout au moment où j'écrivais, et que moi, de toutes mes forces, je repoussais.

## Onzième entretien

JEAN AMROUCHE. — Revenons-en maintenant, non pas à cette idée de l'existence ou de la non-existence du monde et de la façon de les prouver, mais à la notion de l'amour telle qu'elle est conçue dans *La Ville*, par différents personnages, car nous trouvons déjà ici très nettement exprimée la notion des deux amours, celui qu'il faut récuser, contre lequel il importe de se défendre, parce qu'il nous mène à la perdition, et le seul amour. C'est Cœuvre qui l'exprime :

*Ce n'est pas le conseil que la nature m'a donné*, répond-il à un personnage qui lui dit qu'il importe que l'homme ne soit pas seul, et qu'il s'unisse à la femme pour ne plus être seul.

*Le Printemps avec gloire et quand dans le soleil victorieux éclatent ensemble,*
*L'herbe, la fleur et la feuille*
*Que j'aille vers une jeune fille et aucune femme;*
*Et que je l'épouse et me saisisse d'elle,*
*Car tel est ce qu'on appelle l'amour : le corps vivant de la femme et l'homme trouvera en elle la paix.*
*Mais l'amour que j'ai conçu*
*Ne se repose point dans le repos et il n'en connaît aucun.*

*Ce n'est point le conseil qui m'a été donné !*

*Mais comme un animal dans le milieu de la terre,
comme un cheval lâché qui pousse vers le soleil un cri
d'homme,*

*Quand, ouvrant les yeux pour la première fois, je vis le
monde dans la fraîcheur de sa feuille,*

*Paraître dans une proportion sublime, avec l'ordre de
ses lois et la composition de son branle, et dans la profondeur de sa fondation,*

*Comme un homme qui adore et comme une femme qui
admire, je tendis les mains,*

*Et comme un Miroir d'or pur qui renvoie l'image du
feu tout entier qui le frappe,*

*Je brûlai d'un désir égal à ma vision, et, tirant vers le
principe et la cause, je voulus voir et avoir !*

*Et pour cet autre fol amour, si quelqu'un se voit rejeté
ou trahi,*

*Il se va cacher et, pensant toujours une même chose,*

*Il ne sait ce qu'on lui dit, et il est silencieux hors de
propos :*

*Et moi de même, c'est ainsi que, seul comme un homme
désolé, j'erre par les routes,*

*Ramassant des pierres et des morceaux de bois, mar-
chant, pensant ; entrant dans la forêt, je n'en sortirai pas
avant le soir.*

*Et si quelqu'un est mon ami, je ne suis qu'un ami
ambigu.*

*Mais pour l'homme marié, il ne lit pas, et s'il a du
temps, il parlera de ses voisins : et partageant le pain aux
siens, il mange sa part et la mâche avec satisfaction.*

Étiez-vous comme Cœuvre à cette époque et pensiez-
vous précisément qu'un tel amour, cet amour de l'homme
marié avec femme, enfants, maison, obligations, devait
faire barrage à votre vocation d'aventure et de conquête ?

Paul Claudel. — Tout ça est difficile à savoir. Il

m'est difficile de me remettre dans les dispositions où j'étais à ce moment-là. Mais, en effet, le texte que vous lisez semble pouvoir être interprété de cette manière-là. Ce qui m'a frappé dans le texte que vous venez de lire, c'est le passage où vous dites que je ramassais des pierres et ces espèces de curiosités naturelles, ces débris de toutes sortes qu'on trouve sur le chemin. Ça me rappelle un passage de Jean-Paul Richter.

Justement, Jean-Paul Richter est un poète allemand qui avait l'habitude de ramasser tous ces détritus qui, pour lui, avaient une espèce de sens cabalistique : fers à cheval, cailloux particuliers, etc. Il en avait rempli des coffres. Et j'ai trouvé la même manie, si vous voulez, dans un poème de Saint-John Perse, que j'ai commenté cette année dans un article de la *Revue de Paris*. Ces espèces de pantacles et de talismans naturels qui ont une espèce de valeur d'intersignes d'interprétation. C'est très difficile à expliquer. Mais j'ai retrouvé dans Jean-Paul Richter et dans Saint-John Perse justement la même manie que j'avais à ce moment-là, et que j'ai encore d'ailleurs !

J. A. — Nous avons dit quelques mots d'une période de votre vie où vous avez avoué vous-même que vous étiez, pour ainsi dire, comment dirai-je, anarchiste, et que c'était précisément à l'époque où vous écriviez *La Ville*. Nous n'avons pas insisté sur cette période pour ainsi dire politique de votre pensée, encore que *La Ville* soit un drame social, ainsi que je l'ai très sommairement indiqué.

Mais je voudrais parler de quelque chose qui est presque prophétique dans la façon dont Avare, qui est l'un des personnages dans lesquels vous vous reconnaissez le mieux, Avare qui détruit la ville sans Dieu, non pas pour construire une ville avec Dieu, mais pour permettre à cette cité de Dieu de s'édifier sur la ruine de la fallacieuse cité de l'homme. Et Avare dénonce, avec une très grande vigueur, la déshumanisation du travail humain dans le monde mécanisé qui est le nôtre, qui n'a cessé de se mécaniser de jour en jour :

*Jadis l'ouvrier*, dit Avare, *tenait son ouvrage tout entier entre ses mains ;*

*Et comme le cœur s'égaie à la vue de la couleur,*

*Trouvant de la beauté à son œuvre, il se complaisait dans son travail même ;*

*Et connaissant l'acheteur, il l'avait dans une vue particulière. Mais aujourd'hui toute grâce du travail, et tout honneur, et tout génie, lui a été retiré.*

*Et l'homme n'a plus pour but de satisfaire à un autre homme, mais de fournir à des besoins généraux,*

*Et son œuvre n'a plus pour mérite que son utilité, et les machines la font pour lui.*

*De ce fait déjà deux libertés sont retirées, du choix dans les moyens, de l'ordre dans le travail,*

*Et en outre je dis qu'un double consentement est refusé :*

*De l'intelligence qui, envisageant la fin, résout de l'atteindre,*

*Et de la volonté qui, s'attachant à l'œuvre, oublie le travail.*

*Et ainsi, quel que soit le salaire, l'ouvrier fait un ouvrier servile,*

*Et, étant esclave, il désire la liberté.*

Cette façon d'Avare de considérer l'ordre social et la relation entre le travailleur et l'employeur, est-ce que vous la feriez vôtre encore aujourd'hui ?

P. C. — Évidemment elle aurait besoin d'être qualifiée. J'ai beaucoup vécu depuis. J'ai vécu en Amérique, et je continue à croire malgré tout que la machine n'emploie pas toutes les ressources que peut avoir l'individu. C'est une nécessité à ce qu'on prétend, n'est-ce pas, à laquelle il faut bien se plier, mais évidemment jamais un poète ou un artiste ne pourra accepter les notions de besoins satisfaits par le travail de la mécanique.

Le travail a quelque chose d'humain et c'est un don, comme je le dis dans ce passage, d'un être particulier à un autre être particulier. Ce travail servile, mécanique, presque déshumanisé, ne représente pas, en effet, quelque chose, à mon avis, un progrès spirituel bien précis. Mais enfin, c'est une nécessité à laquelle on est bien obligé de se soumettre.

J. A. — De sorte que vous ne justifieriez pas la révolte contre cette nécessité ?

P. C. — A quoi bon !

J. A. — Ah quoi bon... Mais enfin je pensais qu'il fallait quand même signaler cet aspect particulier de *La Ville*. D'ailleurs, nous allons maintenant finir par quelques rapprochements entre *La Ville* et des œuvres à peu près contemporaines. Vers la fin de la pièce, Lâla, qui est un personnage qui joue un rôle très considérable et qui est souvent votre porte-parole, après s'être définie elle-même et avoir défini dans sa personne la fonction de la femme dans le monde, et non seulement de la femme compagnon féminin, mais en quelque sorte de la femme transcendante à la femme, celle qui deviendra plus tard la *Muse qui est la Grâce*, Lâla, dis-je, va définir comment il semblait que vous ayez conçu le monde et les relations des hommes entre eux à cette époque :

*... l'alliance et l'hymen qu'un homme conclut avec une femme*

*Est insuffisant, et l'amour s'épuise comme l'amitié.*

*Comme une note comporte la série sans fin de ses harmoniques jusqu'aux deux termes de l'ouïe,*

*Chaque homme, pour vivre toute son âme, appelle de multiples accords. Et*

*S'il n'est ordure ou boue dont la science ne sache tirer profit,*

*Je pense qu'il n'est point d'être si vil et si infime*
*Qu'il ne soit nécessaire à notre unanimité.*

*Que rien d'humain ne soit soustrait à notre jouissance*
*et que la loi soit trouvée par où*

*Nul homme ne puisse se dérober à une harmonie invin-*
*cible,*

*Et que rien en lui ne soit perdu en vain.*

*Et telle est la ville que nous construirons.*

P. C. — C'est bien, ce passage. En effet, je continue à penser de la même manière. Seulement ce n'est pas dans les solutions fragmentaires ni par un retour inutile au passé que cela pourra être réglé, n'est-ce pas, ces choses-là. Ça, c'est le secret de l'avenir. Je pense qu'en effet il faudra trouver moyen, comme on dit, d'exploiter l'homme par l'homme. Parce qu'on se révolte contre cette idée de l'exploitation de l'homme par l'homme, mais je trouve ça absolument une très belle chose et une très belle idée. L'homme est une matière première à qui il faut poser les questions nécessaires pour en tirer tout ce qu'il peut donner. Par conséquent, c'est une ineptie de blâmer l'exploitation de l'homme par l'homme. Au contraire, l'homme est une chose qui demande à être exploitée. De même que l'or, de même que toutes les richesses de la nature doivent être exploitées, eh ben, l'homme n'est qu'une matière première dont il faut tirer tout ce qu'il peut donner.

J. A. — Oui, mais il y a deux idées, semble-t-il, dans ce que dit ici votre porte-parole.

P. C. — Qu'est-ce qui parle comme ça ?

J. A. — C'est Lâla.

P. C. — C'est Lâla, tiens.

J. A. — Oui. L'une est que l'homme a en quelque sorte non pas plusieurs âmes, mais qu'il y a en lui, dans la même âme, plusieurs hommes et qu'aucune de ses possibilités ne doit être limitée. Et que l'homme...

P. C. — On doit dire « ne devrait ».

J. A. — Ne devrait être limitée. Il y a là comme un appétit de vie extraordinaire dans tous les sens, et qui paraît bien représenter tout ce qu'il pouvait y avoir de violent et d'absolu dans votre exigence vitale à l'époque où vous écriviez ce drame.

Quant à l'idée d'exploiter l'homme et de lui faire rendre précisément tout ce qu'il peut rendre, c'est une idée complémentaire. Et d'ailleurs, dans *La Ville*, vous esquissez assez sommairement l'idée d'une société qu'on pourrait appeler une société communiste, puisque c'est en somme ce que veulent construire les destructeurs de l'ancienne société, une société où l'homme recevrait en fonction de ses besoins, mais où il fournirait exactement en quantité la même chose que ce qu'il a consommé. Et c'est ainsi que se fonderait, sur la solidarité dans la liberté, une nouvelle société. Est-ce que vous en aviez gardé le souvenir ?

P. C. — Eh bien, ces questions-là sont plus ou moins subjacentes à une grande partie de mon œuvre ; mais en tout cas il y a une chose que j'ai toujours maintenue, et qui est à la base de mes idées anarchistes de l'époque, c'est la primauté de l'individu sur tout, dans tout ce qui l'entoure, et je n'accepterai jamais l'idée d'une personnalité vivante, d'une image de Dieu, soumise à une abstraction, à une idée sociale quelle qu'elle soit. La société existe pour l'individu, et non pas l'individu pour la société. C'est ça qui me sépare de toutes les idées socialistes ou communistes quelles qu'elles soient. L'individu avant tout, et la société n'existe que précisément pour tirer de l'individu tout ce qu'il peut donner.

L'individu à lui seul est un être pauvre, un être facilement vaincu, et il a besoin d'un milieu favorable pour développer ses possibilités. Mais la société n'existe que pour l'individu et non pas l'inverse. C'est mon idée que j'avais dès ce moment-là, et que j'ai encore bien plus fortement maintenant.

J. A. — Vous l'avez d'ailleurs exprimée avec beaucoup de force déjà dans *La Ville*, en fondant votre pensée sur une loi que vous développerez dans toute votre œuvre, et qui est cette mystérieuse loi d'analogie, dont Cœuvre, à la fin de la pièce, donne une expression métaphorique, car il dit :

*L'ensemble de tous les hommes est comparable à un homme unique.*

*Et comme le chrétien dédie à son Créateur cette portion du monde dont il vit, c'est ainsi que l'Univers tout entier fut remis entre les mains*

*De l'Homme pour qu'il en fît hommage.*

Et il reprend cette idée d'analogie qui est établie ici entre l'homme et la société, pour la développer sous une autre forme, qui est plus propre à sa nature de poète. Il s'adresse à Ivors :

*O mon fils, lorsque j'étais un poète entre les hommes,*
*J'inventai ce vers qui n'avait ni rime ni mètre,*
*Et je le définissais dans le secret de mon cœur cette fonction double et réciproque*
*Par laquelle l'homme absorbe la vie, et restitue dans l'acte suprême de l'expiration,*
*Une parole intelligible.*
*Et de même la vie sociale n'est que le verset double de l'action de grâce ou hymne,*
*Par lequel l'humanité absorbe son principe et en restitue l'image.*

Ainsi, tout homme, dans le monde, tout homme qui vit et qui se comprend lui-même, et qui s'efforce de comprendre le monde, est semblable à Cœuvre dans son acte de poète qui se rapprocherait assez, toutes proportions gardées, de l'acte du prêtre qui offre le sacrifice.

P. C. — C'est tout à fait mon idée.

J. A. — Eh bien, avez-vous pensé quelquefois que cette préoccupation qui marque si fortement ce drame,

sur lequel je m'excuse d'avoir insisté, parce qu'il est
assez loin de vous maintenant, mais auquel j'attribue
dans votre œuvre une place considérable, avez-vous
remarqué combien certaines des préoccupations de ce
drame peuvent être rapprochées des préoccupations
de quelques-uns de vos contemporains ?

Ainsi, cette idée que l'homme doit s'accomplir dans
sa totalité, et qu'il doit aller jusqu'au bout de lui-même
et de ses possibilités, n'est-ce pas celle que l'on trouvera
dans l'œuvre de Gide un peu plus tard, notamment
dans *L'Immoraliste*, par exemple, et dans *Les Nourritures
terrestres*, la fameuse formule de Gide : *Assumer le plus
possible d'humanité, voilà la bonne formule ?*

P. C. — Humanité est un mot général, tandis que
moi je ne songe pas à l'humanité : je songe, au contraire,
à ce qui est particulier, à chaque individu, en quoi
chaque individu est irremplaçable. Ces individus sont
complémentaires les uns des autres. C'est en fournissant,
au contraire, ce qui est particulier à chaque individu
et ce qui manque à d'autres qui peut leur rendre le plus
de services. Si vous avez les mêmes dons et les mêmes
qualités, vous êtes incapable de rendre service aux
autres, parce que vous leur fournissez ce qu'ils ont déjà ;
tandis que, si vous leur fournissez ce qui leur manque,
c'est alors que vous êtes nécessaire, et c'est par ce que
vous avez de plus particulier que vous avez le plus de
chances de rendre des services, n'est-ce pas ?

Par conséquent, il ne s'agit pas de réaliser l'humanité
en général, il s'agit de réaliser l'individu. Et c'est cette
idée de l'individu qui, grâce à Dieu, redevient maintenant au premier rang des préoccupations philosophiques.
On arrive à comprendre que l'individu n'est pas une
expression particulière de choses générales, mais qu'il
est au contraire quelque chose, une unité absolument
irremplaçable, particulière, et dont l'utilité provient
justement de ce côté irremplaçable.

J. A. — Mais, vous m'excuserez, je n'ai pas l'impression que vous ayez répondu exactement à ma question — c'est sans doute que je l'avais mal posée. Car, dans ce drame de *La Ville*, en ce qui concerne vos personnages, ce n'est pas tant le problème de leurs relations avec autrui, ce n'est pas le problème des services à rendre ou à ne pas rendre qui se pose, c'est le problème de leur propre existence et de leur propre définition, si j'ose dire. C'était le même qui était posé autrement, qui s'est développé dans sa carrière d'une façon, comment dirai-je, opposée au développement que vous avez pu lui donner vous-même dans votre œuvre, que l'on trouvait dans ces premiers livres de Gide, que je m'excuse de rapprocher.

P. C. — Je ne me rappelle pas assez ces passages de Gide pour pouvoir vous donner une opinion quelconque à ce sujet. Je n'en ai pas gardé le souvenir.

J. A. — Parce qu'il s'agissait bien d'exalter ce qui fait l'individu irremplaçable. Et quelque part il dit que chacun d'entre nous doit travailler à devenir le plus irremplaçable des êtres et, par conséquent, développer en lui ce qui fonde sa singularité la plus irréductible à toute autre.

P. C. — Oui, souvent les mêmes termes déguisent des choses très différentes. Enfin, je ne peux pas vous répondre à ce sujet-là, parce que je vous dis que je ne me rappelle plus du tout ces passages de Gide dont vous me faites souvenir.

## Douzième entretien

Jean Amrouche. — Il y a, dans vos premiers drames, notamment dans *Tête d'Or* et dans *La Ville*, des personnages violents, tout d'une pièce, que la condition humaine moyenne ne satisfait pas. Ils ne se demandent pas seulement : « Qu'est-ce que l'homme ? » mais surtout peut-être « que peut l'homme » d'où le brûlant désir de *changer la vie*, comme dit Rimbaud. Leur appétit de conquête et d'appropriation, leur soif de découverte les apparentent au surhomme dont Nietzsche est le héraut.

Aviez-vous lu Nietzsche à l'époque et l'avez-vous lu depuis, et qu'en pensez-vous ?

Paul Claudel. — J'ai essayé plusieurs fois de le lire et le livre m'est toujours tombé des mains, parce que ça me choquait, non seulement dans mes idées chrétiennes, mais dans mes idées que j'appellerai philosophiques. J'ai toujours eu le dégoût des fous et des passionnés, et des excités. Alors, ce bonhomme qui, certainement, n'était pas en possession de ses idées ou de son jugement, me remplissait de dégoût. J'ai laissé toujours tomber ce livre, il était illisible pour moi.

J. A. — Il est tout de même curieux de voir combien certains des personnages de vos premiers drames paraissent être vraiment des créatures de Nietzsche.

P. C. — Je le regrette pour eux. *(Rire.)*

J. A. — Cette puissance qui les habite, c'est peut-être pour cela que, parfois, vous donnez l'impression qu'ils sont tellement éloignés de vous et que, maintenant, vous avez tant de peine à essayer de vous remettre dans *Tête d'Or ?*

P. C. — Dès ce moment-là où j'écrivais *La Ville*, je crois que Nietzsche commençait à être connu. J'ai essayé de le lire et je vous dis que j'y suis jamais parvenu, parce que je commençais à avoir des idées philosophiques très nettes, qui se tenaient. J'avais lu Aristote, j'allais lire bientôt saint Thomas, et ce bonhomme qui ne définit jamais rien, qui est guidé par une passion presque de fou, me remplissait de dégoût.

J. A. — Pourtant cet homme qui ne définit jamais rien, qui s'opposerait à celui que vous vouliez être et qui avait la prétention de définir et de construire un monde complet et cohérent, cette construction même à la fin de votre drame, vous la détruisez. Il suffit du souffle de la femme. C'est Lâla qui tire la conclusion et qui dit :

*Il est vrai que mes cheveux sont gris et que bientôt la nuit et l'or seront remplacés par la mystérieuse couleur de la neige.*

*Mais ma beauté reste la même.*

*Et la vieillesse qui m'atteint dissipe entre qui me suit et moi le malentendu.*

*Crois-tu que je n'aie pas de place parmi vous ?*

*Je suis la promesse qui ne peut être tenue, et ma grâce consiste en cela même. Je suis la douceur de ce qui est, avec le regret de ce qui n'est pas.*

*Je suis la vérité avec le visage de l'erreur, et qui m'aime n'a point souci de démêler l'une et l'autre.*

*Qui m'entend est guéri du repos pour toujours et de la pensée qu'il l'a trouvé.*

*Qui voit mes yeux ne chérira plus un autre visage, et que fera-t-il si je souris ?*

*Qui a commencé de me suivre ne saurait plus s'arrêter.*

*Mais je sens que la mort est proche !*

*Vienne l'automne, advienne l'instant de profond silence.*

*Alors que la feuille morte au haut*

*De l'arbre semble retentir si elle frémit,*

*Et, comme un mort, à l'ébranlement d'un coup de canon, s'élève délivrée, vers la surface de l'étang,*

*C'est ainsi, m'étant recueillie, que ce bruit léger*

*Suffira à dégager mon âme.*

Ainsi, il suffit que le visage de la beauté apparaisse, et d'une beauté autre qu'humaine, pour que toute cette construction logique, métaphysique et même théologique à laquelle se sont livrés vos personnages, s'évanouisse devant une autre réalité.

P. C. — Je fais une réserve sur le mot « théologique », parce que, précisément, Lâla, pour moi, est mêlée toujours à cette idée dont je vous ai parlé qui résulte toujours de ce chapitre VIII des Proverbes. Pour moi, Lâla, c'est tout de même en même temps que la Grâce, c'est en même temps l'Église. C'est toujours ce symbole multiple que mes différentes figures de femmes sont chargées d'interpréter. Lâla ne veut pas détruire les deux mondes à la fois. Elle écarte pour un moment celui-ci, qui était un monde encombrant, et qui gênait son développement.

J. A. — Oui, je ne crois pas du tout avoir contredit ce que vous dites. Je pense simplement ceci : C'est que Lâla découvre, parce qu'elle est la Grâce, même sans le savoir, qu'il y a une autre réalité que logique, qu'il y a un autre ordre que celui de la justice, qui est supérieur à celui-là et qui est précisément l'ordre de la charité.

P. C. — C'est ça.

J. A. — Je ne pense pas trahir votre pensée en tirant cette conclusion.

P. C. — Non, non, c'est parfaitement exact.

J. A. — Eh bien nous laisserons là *La Ville* dont nous avons peut-être trop parlé à votre gré, pour aborder un peu rapidement, parce que nous aurons à y revenir, un drame qui a habité votre pensée pendant près de vingt ans, et c'est celui de *La Jeune Fille Violaine*. Je voudrais seulement vous demander, pour commencer, à quelle nécessité profonde, à quelle racine en vous-même correspondait la composition de ce drame ?

P. C. — Très difficile. C'est évidemment relié de très près à mes accointances avec mon pays natal, avec le pays de Villeneuve, d'autre part avec toutes ces histoires de familles, de villages, dans l'ambiance desquelles je vivais ; de mes lectures aussi, à l'époque. Comment toutes ces idées se sont-elles cristallisées dans ma tête et ont-elles fini par prendre la forme, non seulement d'un drame, mais de plusieurs drames superposés ? Ce sont de ces mystères de la composition sur lesquels je ne suis guère plus avancé que vous.

J. A. — Il n'y a pas eu autour de vous un incident quelconque qui ait pu vous donner l'idée de cette rivalité entre les deux sœurs, l'une qui s'appelle Bibiane d'abord, et qui deviendra Mara dans la deuxième version et, plus tard, dans *L'Annonce faite à Marie*, et Violaine dont vous avez livré le nom tout de suite, dès la première version ?

P. C. — C'est possible, mais c'est tellement éloigné et différent des réalités qui lui servent de germe que, vraiment, je suis moi-même incapable de décrire cette filiation.

J. A. — Que pensez-vous maintenant de cette première version que vous n'avez pas annulée, que vous avez continué d'insérer dans l'ensemble de votre théâtre ?

P. C. — Eh bien cette version, la version de 92, je n'en ai jamais été satisfait à aucun moment. Si je l'ai laissé publier c'est parce que M. Royère, je crois, l'avait retrouvée je ne sais où et qu'il m'a demandé la permission de la publier. Alors, il m'a paru que cela pouvait avoir un intérêt, comment dirais-je, documentaire ; mais je ne l'ai jamais relue et je ne sais même plus du tout ce qu'il y a dedans.

J. A. — Cette première version n'a pas été imprimée dans le recueil collectif publié en 1901, *L'Arbre* ?

P. C. — Je ne crois pas.

J. A. — Il y avait la première version de *Tête d'Or* et la première version de *La Ville*.

P. C. — Ça prouve que j'en étais très peu satisfait.

J. A. — L'édition originale daterait donc de 1927, au moment où Jean Royère l'a publiée en effet ?

P. C. — C'est ça. Je ne me rappelle même plus où il a retrouvé le manuscrit.

J. A. — Entre la première et la deuxième version de *La Jeune Fille Violaine* (la deuxième version, je vous rappelle que vous l'avez écrite à Fou-Tchéou et à Shanghaï en 1898), ces deux versions sont séparées par des expériences très importantes, votre premier voyage en Amérique et votre premier séjour en Chine. Par conséquent...

P. C. — Après *L'Échange*, n'est-ce pas. *L'Échange* s'intercale avant cette dernière version.

J. A. — C'est ce que je voulais dire. Par conséquent, si vous voulez, nous allons abandonner *La Jeune Fille Violaine* et nous allons aborder quelques-unes des questions qui peuvent être posées à propos de *L'Échange*. Et je voudrais vous demander quelles ont été vos premières impressions d'Amérique, puisque *L'Échange* y a été entièrement composé en 1894 et 93.

P. C. — C'est une impression certainement peu agréable. J'étais comme un poisson hors de l'eau. L'Europe était beaucoup plus l'Europe, ou la France beaucoup plus la France, et l'Amérique beaucoup plus l'Amérique, à ce moment-là, qu'elles ne le sont maintenant. Les relations sont devenues maintenant beaucoup plus rapprochées ; il y a beaucoup plus de contacts entre les deux pays, tandis qu'à ce moment-là l'impression de dépaysement, à tous les points de vue, aussi bien celui de la famille où je vivais et de la complète solitude où j'étais maintenant réduit, de la nourriture, des relations, de la langue même qui n'était pas la mienne, de la religion qui était différente, l'impression a été extrêmement cruelle, surtout que j'avais très peu d'argent à ce moment-là et que la vie d'un homme qui n'a pas beaucoup d'argent en Amérique n'a rien de précisément agréable.

J. A. — De sorte que, si je vous comprends bien, vos premières impressions d'Amérique, on les retrouverait avec assez d'exactitude dans les propos que tient Anne Vercors, à la fin de *La Jeune Fille Violaine*.

P. C. — Je ne me rappelle plus très bien, mais en effet ça doit être ça.

J. A. — Voici ses propos, je me permets de vous les rappeler.

*Je n'aime pas ces gens-là*, dit Anne Vercors, des Américains. — *Je ne les aime point, non plus*, répond Pierre de Craon qui est allé, lui aussi, en Amérique.

*Bonne ?* (dit-il de la terre américaine) *Mais est-ce qu'on peut dire qu'une terre est bonne, qui donne son fruit sans travail ? Avec leurs machines ?*

*Cela est mou*

*Comme une femme flétrie dans le lien de son ventre.*

*On a mal conjuré l'ancien désert, la terre sent toujours son goût de punaise.*

*Ils n'aiment point le travail. Leurs fruits sont aqueux; ils recueillent une richesse suspecte.*

*Et comme ils ne savent point travailler, ils ne savent point jouir de ce qu'ils gagnent. Rien ne devient mûr comme il faut.*

*Comme des vieillards décrépits, ils aiment les choses sucrées, ils mangent des bonbons, ils boivent de la limonade.*

*Tout est fait à la mécanique, la garniture du corps et celle de l'esprit.*

Tel est le jugement un peu sommaire d'Anne Vercors et déjà il avait remarqué combien les Américains faisaient consommation d'ice-cream et de coca-cola. *(Rires.)*

P. C. — Oui, oui, c'est une impression un peu naïve, mais, ma foi, sincère et dont j'ai gardé certainement quelque chose. Mais il y a autre chose tout de même en Amérique que ces impressions superficielles, un peu puériles. Ces impressions ne sont pas uniquement les miennes, mais celles d'autres voyageurs, comme un Stevenson, Lenau [1], qui ont eu la même réaction vis-

1. Poète autrichien (1802-1850) qui fit un séjour rapide aux États-Unis (1832-1833).

à-vis de l'Amérique que moi-même, cette impression de mélancolie en particulier qui règne sur tout le continent américain. Je ne sais pas si j'en ai parlé là, mais on la retrouve également dans le poème de Saint-John Perse dont je vous parlais.

J. A. — Cette impression de mélancolie, oui, on la retrouve dans vos œuvres de cette époque et elle est exprimée surtout par Marthe à la fin de *L'Échange.*

*Je vous salue, Océan!*

*... O mélancolie!*

*Je te salue, solitude, avec tous les navires qui sur la plaine mouvante promènent lentement leur petit feu!*

*Je te salue, distance!*

*Je me tiens, pieds nus, sur cette plage, sur le sable solide où la vague a sculpté des figures étranges.*

*Je me tiens debout sur cette terre de l'Occident. O terre qui a été trouvée au-delà de la pluie!*

*Comme un bien qu'un certain homme acquiert alors que sa barbe grisonne et dont il faut qu'il retire bientôt son profit.*

*O terre d'exil, tes campagnes me sont ennuyeuses et tes fleuves me paraissent insipides!*

*Je me souviendrai de toi, pays d'où je suis venue! ô terre qui produit le blé et la grappe mystique! et l'alouette s'élève de tes champs, glorifiant Dieu,*

*O soleil de dix heures, et coquelicots qui brillez dans les seigles verts! O maison de mon père, porte, four!*

*O doux mal! O odeur des premières violettes qu'on cueille après la neige! O vieux jardin où dans l'herbe mêlée de feuilles mortes*

*Les paons picorent des graines de tournesol!*

*Je me souviendrai de toi ici.*

P. C. — Oui, je retrouve là cette impression de nostalgie et de mélancolie qui a été mon premier voyage. Ce qui m'en a guéri, c'est qu'en rentrant en France, je me suis aperçu que déjà, comme on dit en anglais, *I did not belong*, je n'appartenais plus à ce monde-là, à l'ancien monde ; on m'avait assez facilement oublié. Alors, je suis entré carrément dans ma carrière de voyageur et je n'ai plus, ou rarement, retrouvé ces impressions de nostalgie dont Marthe se fait l'écho.

J. A. — Vous venez de dire justement une parole fort émouvante ; vous dites : « Quand je suis revenu en France, je me suis aperçu qu'on m'avait oublié, et alors je me suis enfoncé dans ma carrière de voyageur. » Qu'entendez-vous par là : on m'avait oublié ?

P. C. — Il y a tout un poème de *Connaissance de l'Est* qui vous renseignera à ce sujet-là, où justement est dépeint l'état, le sentiment d'un voyageur qui rentre en France et qui s'aperçoit qu'on l'a parfaitement oublié et qu'on se passe très bien de lui, qu'il y a une cassure qui s'est faite, que jamais plus il ne reviendra l'homme ancien, ce qu'il était devenu, que le lien entre le passé et le présent, il y a une fissure qui s'est faite ; de sorte que quand je suis parti une seconde fois pour un exil beaucoup plus long, je n'ai plus jamais retrouvé cette impression de nostalgie ; peut-être parce que la Chine me plaisait infiniment plus et répondait beaucoup plus à mes goûts que ne faisait l'Amérique à cette époque-là.

J. A. — Je vous remercie d'avoir ainsi répondu. Et pourtant je m'excuse et me permettrai d'insister parce que vous me répondez d'une façon un peu générale, en exprimant l'un des thèmes qui courent dans toute votre œuvre, ce thème de la séparation, ce thème d'un exil qui n'est pas simplement un exil concret, mais qui est, si j'ose dire, l'exil métaphysique qui est inhérent à notre condition d'homme. Mais, je me demandais s'il ne vous serait pas possible de — comment dirais-je — de monnayer cette expression d'oubli dont vous parliez tout à l'heure.

P. C. — Eh bien, en somme, le contrecoup de mon impression d'Amérique s'est produit quand je suis rentré en France deux ans après ; de même que l'Amérique me produisait l'effet d'un milieu étranger auquel je me trouvais réfractaire, de même ce séjour d'un an et demi, deux ans même que j'ai fait en Amérique m'a rendu étranger à l'ancien pays où j'étais. Mes parents, mes amis ne connaissaient pas ce monde d'où je venais de sortir, et moi-même je me trouvais en désaccord avec eux. Nous ne sentions plus de la même manière ; je n'appartenais plus, somme toute, à ce milieu où j'avais vécu, de sorte que, comme je le dis dans ce poème de *Connaissance de l'Est*, *l'exil où je suis entré me suit.* C'est la meilleure réponse que je puisse faire à votre question.

J. A. — Humainement, et même sur le plan des amitiés et sur le plan des liens de famille, vous vous sentiez séparé et exilé en France même ?

P. C. — Quelque chose s'était produit d'irréparable ; c'étaient les dernières traces de l'attachement au passé. Toute ma vie, j'ai essayé de vivre en avant et de me dégager de cette mélancolie, de ce regret des choses passées en arrière qui ne mène à rien qu'à affaiblir le caractère et l'imagination. Alors, ce poème de *Connaissance de l'Est* est très important à ce point de vue, parce qu'il marque l'adieu que je fais à ce sentiment de nostalgie qu'il y a chez Pierre Loti, chez Chateaubriand, enfin tous ces gens qui vivent sur ce que j'appelle la « banquette arrière ».

Dans un wagon, il y a la banquette avant et la banquette arrière ; il y a des gens qui regardent le passé qui s'éloigne, les autres qui regardent le futur qui arrive ; eh ben, ce drame marque la séparation. A ce moment-là, j'ai changé de banquette si vous voulez ; de la banquette arrière, j'ai passé à la banquette avant.

## *Treizième entretien*

Jean Amrouche. — Le drame de *L'Échange* même
me semble avoir été défini par vous, très clairement
maintenant : il s'agit, dans ce drame, d'en finir avec le
passé et en même temps, peut-être aussi, de définir ce
que vous avez cru comprendre de l'Amérique, de l'ordre
américain que vous rejetez, que vous rejetez avec violence.

Paul Claudel. — Dire que je le rejette avec violence... J'essaie surtout de le comprendre. Il y a des
choses que je n'admets pas, mais évidemment ça m'intéresse beaucoup, n'est-ce pas ? Dans les choses qu'on
rejette c'est tout de même un travail de compréhension ;
si on le rejette c'est parce que tout de même on a essayé
de comprendre pourquoi il vous rejette ou il répond
pas à vos sentiments du moment.

J. A. — Bien sûr.

P. C. — Mais j'ai toujours eu, dans ma carrière, soit
littéraire, soit diplomatique ou positive, l'intérêt à tout
ce qui arrive. Je me suis essayé de plus en plus, à mesure
que je vivais, de me dégager de ce sentiment de tristesse
ou de mécontentement qui ne mène à rien et qui n'est
pas viril ; j'ai essayé, au contraire, de comprendre dans
tous les pays qui m'étaient amenés, pour ainsi dire du
fond du futur, ce qu'ils pouvaient avoir de nouveau, la
leçon qu'ils me donnaient, les connaissances nouvelles
qu'ils me procuraient ; ce côté-là est devenu de plus en
plus important à mesure que je vivais, tandis que
*L'Échange* me montre encore sensible à cette nostalgie,
à ce regret du passé qui ne mènent à rien.

J. A. — Vous avez parlé de votre exil en Amérique, et vous avez parlé aussi de l'état de pauvreté, du manque d'argent dont vous souffriez. En avez-vous souffert vraiment ?

P. C. — Eh ben! Mon Dieu, ça n'a rien d'agréable, quand on a vécu en famille, en somme assez largement, de se trouver dans un *boarding-house* à douze dollars par mois et de ne pas pouvoir déjeuner tous les jours, n'est-ce pas ? Ça n'a rien de spécialement agréable, surtout dans un pays comme l'Amérique. (*Rire.*)

J. A. — La condition d'un consul de France à New York ou à Boston était-elle vraiment cette condition misérable ?

P. C. — A ce moment-là, oui. Je gagnais, je crois, sept ou huit mille francs par an, et à vivre, même à ce moment-là vivre avec sept ou huit mille francs en Amérique, avec le pays que c'était, ce n'était pas commode ; aussi il m'arrivait souvent de ne pas déjeuner. (*Rire.*)

J. A. — Pensez-vous que la condition du pauvre fût plus dure aux États-Unis que dans le vieux monde ?

P. C. — Elle est plus dure dans un pays étranger dont je parlais à peine la langue, où je ne connaissais personne, où, en plus, j'arrivais avec une formation religieuse très ardente, très ascétique, de sorte que j'avais un double exil, soit au point de vue des idées qui déjà me séparaient de mes compatriotes français et encore plus de mes amis américains, de sorte que ma solitude était à tous les points de vue extrêmement profonde.

J. A. — La religion vous séparait de vos compatriotes français aux États-Unis ?

P. C. — Non, en France, quand j'étais en France, parce qu'à ce moment-là surtout, le côté catholique était absolument ignoré, faisait de vous une espèce de curiosité ou de phénomène, beaucoup plus à ce moment-là que maintenant.

J. A. — Aux États-Unis, le milieu protestant, le milieu puritain... ?

P. C. — Le catholicisme a toujours été respecté là-bas. C'était un catholicisme très différent du mien où tout le côté extérieur du catholicisme avait disparu ; au contraire, il y a un certain côté pratique et sentimental qui ne m'inspirait pas beaucoup, de sorte qu'extérieurement, la religion catholique telle qu'on la pratiquait aux États-Unis était très éloignée de ce qui faisait ma voie en France ; je vivais beaucoup dans le chant grégorien, dans la liturgie, dans le latin. Tout ça n'existait pas en Amérique, où, au contraire, on essayait de donner à la religion un côté aussi moderne que possible.

J. A. — Et ce caractère moderne de la religion aux États-Unis était très éloigné de la façon dont vous la viviez ?

P. C. — La religion est toujours la religion. Je continuais à communier, mais enfin, je ne me sentais pas soutenu par une ambiance favorable. Surtout à ce moment-là ces choses-là m'étaient beaucoup plus sensibles que ça n'est devenu plus tard ; plus tard je me suis passé parfaitement de ce côté extérieur.

J. A. — L'idée d'Échange, le mot même apparaît, me semble-t-il, pour la première fois dans *La Ville* quand Lâla dit à Besme : *Comme l'or est le signe de la marchandise, la marchandise aussi est un signe du besoin qui l'appelle, de l'effort qui la crée. Et ce que tu nommes échange je le nomme communion.* « Ce que tu nommes échange, je le nomme communion. »

Il s'agit donc d'une notion très générale, d'une loi susceptible de régir les rapports humains ; mais sans doute est-il des choses qui ne peuvent pas être échangées, que nous n'avons pas le droit d'échanger, et peut-être ces choses sont-elles les plus précieuses, les seules précieuses, car elles ont une manière de valeur absolue, pour celui à qui elles sont confiées ou données, comme le montre, par exemple, la parabole des Vierges sages et des Vierges folles. Je voudrais vous demander pourquoi cette proposition générale que j'exprime ici d'une manière abstraite et assez plate s'est imposée à vous jusqu'à devenir la matière d'un drame ?

P. C. — La notion d'Échange, telle que vous me la dites, il me semble en connaître le sens précis. Échange signifie, en général, se priver d'une certaine chose pour en obtenir une autre ; par exemple nous avons une valeur, nous la vendons pour en acheter une autre. Mais dans ce drame, je ne vois pas qu'aucun des personnages se prive de quelque chose qui lui appartient, afin d'en obtenir une autre qu'il ne possédait pas. Plutôt qu'un échange, il semble qu'il s'agit d'un concert. Des âmes très différentes par leurs points de vue, par le but qu'elles poursuivent, trouvent cependant qu'elles ont, dans leur possession, dans ce que les scolastiques appellent un habitus, une chose qu'elles possèdent le moyen de concerter avec d'autres et de provoquer leur possession, leur habitude, à une richesse qu'ils ne possédaient pas, de sorte que sans se priver de quoi que ce soit, sans se priver d'un bien qu'ils possèdent, ils acquièrent, ils mettent cependant en exploitation, si l'on peut dire, ce bien qu'ils avaient, de manière à lui faire donner des conséquences plus riches ; chacun acquiert une valeur en somme de provocation. De même que dans un concerto la valeur du violon ou de l'alto est provoquée, poussée à son plein exercice, par le dialogue de l'autre violon et du violoncelle. Et le mot Échange aurait plutôt dans ce drame une valeur musicale.

J. A. — Une valeur musicale et non pas une valeur proprement spirituelle ou métaphysique, comme celle que j'ai essayé d'expliquer tout à l'heure ?

P. C. — Ben, ça serait dans le rapport qu'elles ont avec tout de même une valeur musicale ; il n'y a pas d'échange en ce sens que, dans le sens qu'on emploie en général pour ce mot, on se prive d'une chose pour en obtenir une autre ; là, aucun des protagonistes ne se prive de quoi que ce soit.

J. A. — Mais j'ai l'impression que je suis obligé de vous contredire, car il me semble bien que Laine — et nous reviendrons tout à l'heure sur la psychologie, si j'ose dire, de ce personnage —, il me semble bien que Laine, lorsqu'il accepte mille dollars de Thomas Pollock Nageoire, pour abandonner sa femme que convoite Thomas Pollock Nageoire, fait vraiment abandon de quelque chose qui lui appartient et qu'il se prive définitivement de sa femme ?

P. C. — C'est exact dans un certain sens, les mille dollars pour lui ne sont qu'une occasion, qu'un prétexte de continuer dans la ligne qui est la sienne, et pour laquelle la compagnie qu'il avait vouée pendant quelque temps à l'un des instruments, lui paraît moins intéressante que celle que lui proposent les deux autres. Les mille dollars ne sont qu'un moyen pour lui d'enrichir, si vous voulez, sa conception de la vie.

Dans cette idée, dans l'idée que vous me proposez qui est en effet un peu juste, si l'on substituait aux mille dollars, celle de Léchy Elbernon, par exemple : en effet, Laine prend Léchy Elbernon, non seulement pour elle-même, mais parce que c'est un moyen pour lui de fausser compagnie à Marthe dont il a assez.

A ce point de vue-là, vous avez complètement raison, et de même l'occasion que lui offre Thomas Pollock, il la saisit également, toujours pour la même raison.

J. A. — Oui, vous mettez l'accent sur le drame dans son ensemble, et implicitement vous faites intervenir un personnage essentiel qui serait soit celui de l'auteur, soit encore plus profondément celui du destin qui est le meneur de jeu, lequel tient la clé des quatre personnages.

P. C. — C'est ça.

J. A. — Mais, de mon point de vue, j'essayais plus exactement de me couler dans le destin de chacun des personnages, qui ne voit pas l'ensemble de la partie, mais qui ne peut voir, et à peine, que la partie qu'il joue lui-même.

P. C. — C'est là l'erreur, parce que ce drame les quatre personnages sont inséparables l'un de l'autre, aucun des personnages n'a été conçu séparément, il a été conçu en fonction des autres personnages ; par lui-même il serait difficile de savoir ce qu'il est et ce qu'il vaut. Il ne vaut et il n'existe que par comparaison aux trois autres.

J. A. — Je crois que c'est vrai non seulement de ces personnages, mais c'est vrai de tout votre art, de quelque proposition que ce soit et je dirai même de quelque note que l'on trouve dans votre œuvre.

P. C. — C'est moins vrai par exemple dans *Tête d'Or*. Tête d'Or a son destin particulier, il a son vœu d'exister qui est, en somme, indépendant des autres personnages qu'il rencontre. Ou il est dépendant d'une manière beaucoup moins serrée, beaucoup moins implicite qu'il ne l'est dans *L'Échange*, avec les trois autres personnages. Il y a l'accentuation de la volonté concertante, si vous voulez, dans *L'Échange* qui ne se trouvait pas dans *La Ville* ou dans *Tête d'Or*.

J. A. — Oui, cette accentuation produit d'ailleurs un resserrement extrême de l'action qui me semble se rapprocher beaucoup de la façon dont Racine, par exemple, concevait l'action tragique, c'est-à-dire que votre action est réduite à l'éclatement d'une crise ; toute toute la pièce tient dans une seule journée, d'ailleurs.

P. C. — Ce que vous dites est vrai, parce qu'il y a eu un moment de ma vie, ça semble curieux, c'est très très ancien, ça remonte à mes années de lycée, où j'ai été impressionné par Marivaux, non pas par Racine, mais par Marivaux, au point de vue de la composition. Dieu sait que je n'aime pas spécialement Marivaux actuellement, mais les pièces de Marivaux m'avaient spécialement intéressé par leur construction, par leur composition, qui est encore plus serrée, je crois, que celle de Racine. Tout l'intérêt même, à mon avis, réside dans cette composition très serrée de Marivaux.

J. A. — Oui, mais cette composition est particulièrement serrée dans *L'Échange* : nous voyons bien que dès le début, dès ce qu'on pourrait appeler le prologue, les dés sont jetés et que Louis Laine ira fatalement à la mort ; car Louis Laine a, dans sa nature même, d'être l'homme de la fuite, par conséquent, il ne peut pas accepter d'être enfermé dans les limites étroites de l'amour de Marthe, de l'amour sacramentel de Marthe, donc il fuira Marthe à la première occasion. Mais comme Marthe ne peut pas retenir Laine, de même Léchy Elbernon ne pourra pas le retenir.

P. C. — C'est ça.

J. A. — Mais tandis que Marthe est vraiment la femme du sacrement, Léchy Elbernon qui est, en quelque sorte, la liberté incarnée, qui est la femme obéissant absolument et comme aveuglément à la force de son instinct, ne pourra pas accepter ce déni, elle ne pourra pas accepter l'abandon de Laine et, par conséquent, elle provoquera sa mort.

P. C. — Seulement, ce que chacun des personnages est impuissant à l'égard de l'autre, si l'on considère isolément, les quatre personnages à eux tous le peuvent, c'est-à-dire Léchy Elbernon, à elle toute seule, ne pourra pas retenir Laine, pas plus que Marthe, mais à eux quatre ils y parviennent, dans l'étroite enceinte du drame, dans ce moment dramatique des vingt-quatre heures, parce que *L'Échange* — ce qu'on n'a pas assez remarqué —, observe la règle des trois unités, n'est-ce pas ?

J. A. — Oui.

P. C. — Alors, dans ce temps artificiel que constitue l'unité classique, les quatre personnages sont ensemble et quoi qu'ils fassent, ils ne peuvent pas éviter d'être ensemble pendant la courte durée du lever du soleil à son coucher, où ils sont réunis. Ce que leur tempérament les obligerait à faire, ils sont emprisonnés, pour ainsi dire, dans la nécessité dramatique, c'est là l'intérêt de la pièce justement. C'est une idée que j'ai développée plus tard, c'est que dans l'histoire, et spécialement aussi bien dans l'histoire réelle que dans l'histoire fictive, les personnages sont provoqués par la situation ; ce n'est pas une situation qu'il s'agit de développer au moyen de personnages, ce n'est pas des personnages qui trouvent leur illustration dans une situation, comme c'est le cas, je crois, quelquefois dans Shakespeare, c'est une situation donnée comme dans nos classiques qui provoque les personnages eux-mêmes. Alors, l'objet du dramaturge est complètement rempli, de sorte que les quatre personnages épuisent, pour ainsi dire, la situation que le dramaturge s'est proposée.

J. A. — Vous parliez, il n'y a qu'un instant, du fait que ces quatre personnages se trouvaient absolument enfermés durant ces vingt-quatre heures.

P. C. — Ils sont inextricables.

J. A. — Ils sont inextricables, mais ce caractère inextricable de leur clôture ne provient-il pas plus profondément du fait que ces quatre personnages sont de vous, et qu'ils empruntent la nature du drame à l'état même du drame que vous viviez à l'époque ?

P. C. — Mon Dieu : que je vivais à l'époque, et que j'ai continué à vivre très longtemps, et même peut-être encore aujourd'hui ; entre les différentes parties d'une âme c'est le dialogue des différentes facultés qui constituent l'individu. Je viens de lire dernièrement un livre que je trouve intéressant, un livre de Henri Boucher sur le caractère de l'individu et où il insiste sur le côté

indéchirable de l'individu qui se trouve composé de
facultés qui, au point de vue de la logique, sont complètement différentes, mais qui, cependant, au point de vue
de la personne, au point de vue de l'effet à obtenir, ne
peuvent pas être séparées. L'individu concret n'est pas
fait de différents compartiments qu'on peut séparer l'un
de l'autre, mais c'est quelque chose d'indéchirable. Je
vous citais, il y a quelque temps, je crois, l'apologue de
la soupe, chez le philosophe indien Milanda : Mettez
ensemble de l'eau, de la viande, de la graisse, des épices,
chacun de ces condiments est différent, si vous l'exa-
minez séparément, mais une fois que la soupe est faite
vous ne pouvez plus les séparer, pas plus que vous ne
pouvez reconstituer les éléments d'une omelette. L'individu est complètement indéchirable, et cependant vous
pouvez trouver des éléments complètement différents
chez lui ; mais il n'y a aucun de ces éléments qui entre
en jeu sans que les trois autres soient d'une manière
plus ou moins latente, ne conspirent avec lui, pour l'effet
à obtenir. Vous voyez ça dans Napoléon, par exemple,
d'une manière très frappante : vous voyez différentes
facultés d'apparence très contradictoires qui sont réunies ;
vous avez à la fois, dans Napoléon, un bureaucrate, un
homme amoureux du détail, et en même temps un romantique échevelé, un homme pourvu par une idée
presque mystique qui ne lui laisse pas de repos ; et on
trouverait encore dans le caractère de Napoléon bien
d'autres composantes.


## *Quatorzième entretien*


Jean Amrouche. — Les quatre personnages de
*L'Échange* ne sont autre chose que quatre aspects

de vous-même, que quatre aspects de leur auteur ?

PAUL CLAUDEL. — Eh bien, je crois que c'est la même chose chez tout homme, je crois que le caractère des classiques comme par exemple Molière faisant la peinture de l'Avare qui n'est qu'un avare, d'un autre classique qui fait, qui cherche, qui peint le Menteur, par exemple, je trouve ça, ça a ses avantages à un point de vue dramatique. Je suis loin de chercher querelle à Molière, qui a cherché à réaliser une idée dramatique qui était la sienne, et qui y a réussi avec beaucoup de force. Mais au point de vue de la réalité, je trouve ça très faux, je trouve qu'un avare tout à fait caractérisé comme Harpagon, ou un hypocrite, ce qui est encore plus intéressant — parce que l'hypocrisie est un des plus beaux sujets qu'on puisse imaginer —, est tout de même mêlé de contradictions : un avare peut être très avare pour certaines choses et follement prodigue pour d'autres ; de même, un Tartuffe, un hypocrite peut être parfaitement sincère, et parfaitement même sincère d'une manière presque « paroxyste » dans un autre cas. Les deux choses peuvent cheminer presque simultanément. C'est ce qu'a vu Dostoïevski, dont il a tiré un grand parti, mais peut-être en exagérant un peu les choses, comme son tempérament excessif, russe, l'y poussait. Mais je crois que dans la réalité l'individu est une chose très riche : nous sommes un composé de facultés très différentes et quelquefois en nous complètement inconnu qu'un choc soudain vient nous révéler.

J. A. — Oui, mais n'avez-vous pas éprouvé néanmoins la tentation de parvenir à l'unification de toutes ces tendances opposées ?

P. C. — Ah ! toutes les tendances opposées sont peut-être identifiées par un but commun, qui est tellement fort que les facultés de destruction qui sont en nous sont subordonnées à ce but, à cette volonté qui s'impose à nous d'une manière presque tyrannique. Chez Napoléon,

par exemple, vous avez l'ambition qui se révèle à lui
ou chez le Joueur vous avez une passion qui se réveille
et qui unifie toutes les autres facultés, et qui arrive
même à les amputer, enfin à les détruire.

J. A. — De sorte qu'il y aurait là un processus naturel de composition, comme dans l'art classique, qui
consiste précisément à subordonner des facteurs consi-
dérés comme secondaires à un facteur maître.

P. C. — Ce que je reproche à l'art classique, ce n'est
pas qu'il les subordonne mais qu'il les supprime.
L'Avare et le Tartuffe sont uniquement vus dans le
rôle d'un avare et d'un tartuffe, sauf peut-être dans
*L'Avare*... je n'ai pas lu la pièce depuis longtemps :
est-ce que l'Avare n'est pas amoureux ? il y a quelque
chose comme ça.

J. A. — Si, précisément : l'Avare est amoureux, et
l'amour qu'il éprouve a ce caractère tout particulier
d'intensité, de violence, que peut revêtir un amour
sénile.

P. C. — Oui, mais enfin ça n'a pas de rapport spécialement avec son avarice proprement dite. Alors vous
voyez que, même dans Molière, nous trouvons un peu
ces facultés composites qui sont réunies par, disons,
par le rôle... parce que je considère pour moi, comme
dramaturge, que le rôle est antérieur au personnage :
c'est le rôle qui crée le personnage, et non pas le personnage qui crée le rôle.

J. A. — C'est une proposition assez singulière sur
laquelle j'aimerais bien que vous nous donniez quelques
lumières supplémentaires.

P. C. — Ah ben, justement *L'Échange* vous en donnera le moyen, puisque en somme ses quatre personnages
sont placés devant une toile de fond, sont placés devant
l'Amérique : alors l'Amérique fournit en somme le réactif
commun à ces quatre personnages, qui se développent
l'un par rapport à l'autre.

J. A. — C'est le contact avec l'Amérique qui va en quelque sorte révéler Marthe à sa vraie nature...

P. C. — C'est ça.

J. A. — ... Et c'est le contact de Marthe qui va révéler Thomas Pollock Nageoire lui-même à sa vraie nature ?

P. C. — Thomas Pollock est placé déjà par rapport à l'Amérique dans une position toute différente de celle de Marthe. Marthe c'est plutôt une répulsion qu'elle éprouve à l'égard de l'Amérique, elle ne peut pas s'assimiler. Thomas Pollock, au contraire, y trouve un très grand intérêt comme homme d'affaires, y trouve le moyen de développer les facultés remarquables de son génie ; de même Laine est passionné par le côté mystérieux par l'esprit de frontière, comme on dit en Amérique, que lui offre ce pays immense et inconnu. De même, Léchy Elbernon est possédée par les démons mystérieux qui résident encore dans ce pays mal baptisé. De sorte que tous les quatre montrent une réaction différente et ces réactions se composent par rapport l'une à l'autre : de là l'intérêt que peut avoir la pièce.

J. A. — Oui, il s'agit d'un drame intime qui se trouve en quelque sorte inséré dans un drame beaucoup plus vaste, qui est la confrontation de deux continents, la vieille Europe qui est en somme représentée par Marthe, et le continent neuf ; et non seulement de deux continents, mais de deux civilisations et de deux systèmes de valeurs.

P. C. — Supposez un musicien, par exemple, qui va faire une symphonie sur l'Amérique, qui vit en Amérique, qui a une raison de bien la connaître, parce qu'il en souffre... parce qu'on ne connaît jamais bien une chose que quand cette chose vous fait souffrir : on connaît plus une femme quand une femme vous a fait souffrir que quand on vit simplement côte à côte avec elle... Eh ben, supposons ce musicien qui a souffert de l'Amérique, qui par ailleurs a réussi à en mieux connaître les différents ingrédients, les différents éléments qui occasionnent cette souffrance, ce musicien sera en possession de quatre thèmes qu'il fera composer dans les mouvements de son inspiration.

L'intérêt de *L'Échange*, c'est justement qu'il y a une composition presque musicale.

J. A. — Eh bien, je voudrais maintenant, si vous voulez bien, que vous nous donniez quelques précisions sur les quatre personnages de *L'Échange*, parce que je voudrais profiter de l'occasion qui nous est donnée de nous arrêter un peu sur le point où vous étiez arrivé de la connaissance de vous-même au moment où vous écriviez cette pièce.

Laine, l'amoureux des rêves, me paraît représenter la perpétuelle tentation de l'aventure et de la fuite, l'esprit d'adolescence et de rébellion, dont il faut venir à bout, et qu'il faut à tout prix détruire et extirper de soi. Est-ce ainsi que Laine s'imposait à vous ?

P. C. — Détruire n'est pas le mot : rien de ce qui existe dans un être humain, qui est en somme l'image de Dieu, n'est méprisable par lui-même. Cet esprit d'aventure, cette avidité, somme toute, de la création, de l'œuvre de Dieu, n'est pas une chose mauvaise en elle-même. Il s'agit simplement de lui donner la carrière qu'elle doit trouver.

Laine est un jeune homme ; il n'a pas encore trouvé le moyen d'utiliser cette avidité, cet esprit, ce désir de connaître, de savoir, d'embrasser les choses, qui est en lui, cette faculté qui est en somme très belle et très grandiose par elle-même, et à laquelle il s'agit de trouver son emploi justifié.

Mais aucun des personnages n'est arrivé à sa maturité complète, n'est arrivé à cet ensemble de composition parfait qui fait la véritable unité. Ils sont plutôt à la recherche d'une unité qu'ils n'ont trouvée encore aucun des quatre. La meilleure preuve en est qu'à la fin, même

Marthe et même Thomas Pollock ont réussi à se connaître mieux qu'ils ne faisaient, et se tendent la main. Ce
n'est pas simplement ces deux mains qui se rejoignent,
mais en somme les quatre mains de chacun des personnages qui forment une espèce de croix.

J. A. — Bien sûr ce sont aussi les deux mondes qui
se rejoignent, ces deux mondes opposés et hostiles. Mais
cependant les mains de Laine sont les mains d'un ca-
davre : Laine est mort.

P. C. — C'est-à-dire j'ai fait un drame, n'est-ce pas,
qui est limité par le temps. Mais, il est peut-être mort,
mais la chose qu'il représentait n'est pas morte : elle
est toujours vivante, elle est toujours. La meilleure
preuve en est qu'elle retentit dans l'esprit du spectateur,
qui y trouve l'expression de ses propres sentiments.
Laine est mort, c'est vrai, le personnage, mon Dieu,
s'est retiré, il est absorbé par la coulisse ; mais l'idée
qu'il représente est toujours vivante, elle cherche, elle
est à la recherche de son unité, comme dans la pièce
de Pirandello *Six personnages*.

J. A. — De sorte que j'aurais tort, que nous aurions
tort d'interpréter la mort de Laine comme la représentation symbolique d'un désir de l'auteur d'éliminer de
lui cette part que Laine incarnait ?

P. C. — Non, c'est une chose trop forte, trop puis-
sante, trop utile, trop nécessaire, pour que je veuille
l'éliminer. Ce que j'élimine, conduit par la nécessité dramatique, c'est le personnage lui-même, qui a fait son
temps ; mais le rôle, c'est-à-dire la passion qu'il représente, est toujours vivant et trouvera largement son
emploi.

Par exemple, dans ce poème que je citais, ce poème
de sainte Thérèse, eh ben sainte Thérèse, par certains
côtés aussi, représente Laine : elle est à la recherche
d'une Amérique, d'un autre monde plus vaste, du monde
de l'Amour, qui est encore plus intéressant que celui-ci,

bien que matériellement la vie pratique ne lui donne pas satisfaction. Il n'y a que la mort qui lui permettra de l'atteindre.

J. A. — Je ne voulais pas dire que vous aviez réussi à extirper Laine de vous, à l'expulser complètement de vous-même, car il est évident que Laine, qui est un avatar de Tête d'Or, on le retrouvera dans nombre d'autres de vos pièces. Mais je pensais seulement qu'au point où vous étiez parvenu dans votre effort d'élucidation de vous-même et dans le progrès spirituel, vous vous étiez efforcé d'ébrancher cette âme multiple, contradictoire, et de comprimer certaines de ses tendances.

P. C. — Comme artiste, comme poète, je me propose simplement de réaliser une œuvre. Par suite de quel processus mystérieux une œuvre s'impose à vous, presque malgré votre volonté, c'est ce qu'il m'est impossible de démêler. Mais je n'aurais certainement pas l'idée de détruire quoi que ce soit. L'idée de destruction de quelque chose qui fait partie si profondément de la nature humaine, l'idée janséniste, et l'idée de certains versants de la pensée chrétienne, de procéder par une voie d'élimination et de destruction, ça n'est pas la mienne. Je suis plutôt sympathique à l'idée de saint Thomas que tout ce qui est dans la nature humaine est bon par lui-même ; ce qui est mauvais, c'est l'emploi qu'on en fait.

C'est une idée philosophique, mais qui est postérieure à mon idée dramatique. Mon idée dramatique c'était ces quatre voix que j'entendais chanter ensemble et alors mon idée était de les réaliser, « qu'est-ce qu'elles vont dire », de les écouter et de coopérer avec elles. Je n'avais pas d'autre idée, j'avais l'idée de réaliser un drame, pas autre chose.

J. A. — Bref, ce Laine amoureux des rêves est mort dans le drame, mais il n'était pas mort en vous, pas plus qu'aucun des autres personnages. Et je voudrais maintenant vous interroger sur le rôle de la figure de

Marthe, qui me paraît être l'incarnation de la vieille sagesse de France, de l'Europe, et de la foi chrétienne. Car, dans tout ce drame, elle est la seule chrétienne, elle est la seule qui sache ce qu'est l'amour dans le Sacrement.

P. C. — Oui, qui dit chrétien, dit des choses très compliquées. Dans le côté chrétien, il y a le côté aventure. Il y a, par exemple, saint François-Xavier qui s'embarque pour la conquête des âmes, qui double le cap de Bonne-Espérance, qui va mourir devant les Chinois ; eh ben, il y a aussi un côté, un désir de l'aventure chez lui.

De même, le côté pratique de Thomas Pollock. Eh ben dans le christianisme, il a son équivalent dans la louange que le Seigneur fait de l'intendant fidèle, par exemple. Dans l'esprit chrétien, les administrateurs jouent un très grand rôle ; dans la hiérarchie chrétienne, même dans les théologiens, l'administration des biens de l'Église, pas seulement des biens matériels, mais des biens spirituels, joue un très grand rôle.

Et de même, dans Léchy Elbernon, l'idée de l'imagination un peu folle, de l'imagination qui entraîne le corps, qui le fait envoler, pour ainsi dire, vous le trouvez dans saint François... De sorte que l'esprit chrétien n'est pas si facile que ça à enfermer dans un seul produit. Évidemment, il y a Marthe, mais il ne serait pas difficile, comme je vous le prouve de retrouver l'esprit chrétien dans les trois autres personnages, si je le voulais...

J. A. — Oui, bien sûr. Néanmoins, dans votre pièce, c'est bien Marthe qui représente cette sagesse.

P. C. — Du côté le plus apparent... Elle représente un des côtés de l'esprit chrétien, cet esprit de famille, cet esprit bourgeois qui est après tout le mien et dont je ne me défends pas, n'est-ce pas, cet esprit de continuité, d'application presque sévère à « la vie humble et facile », comme dit Verlaine... Verlaine aussi avait ce côté bourgeois : dans bien des cases de Verlaine on trouve ce goût de la vie de famille, de la vie bourgeoise, qui ne l'a pas emporté chez lui, mais qui existait certainement.

J. A. — Mais je me demande si vous n'êtes pas un peu entraîné par le nom que vous avez donné à votre personnage, ce nom de Marthe, et si vous ne la confinez pas maintenant un peu trop justement dans ces « travaux ennuyeux et faciles » car elle est autre chose que cela.

P. C. — C'est vrai.

J. A. — Et il me semble qu'elle réunit en elle-même en quelque sorte la double figure de Marthe et de Marie. Elle est plus que Marthe, et d'ailleurs Laine le sait bien, qui la définit ainsi admirablement :

*Douce, amère, tu es simple et débonnaire.*

*Tu es constante et unie, et on ne t'étonnera point avec des paroles exagérées. Telle tu fus, et telle tu es encore.*

*Ce que tu as à dire, tu le dis. Tu es comme une lampe allumée, et où tu es il fait clair.*

*C'est pourquoi il arrive que j'aie peur, et je voudrais me cacher de toi.*

C'est donc elle qui porte la lumière et elle est la figure de ce terrible soleil intérieur auquel les personnages seront tous affrontés à la fin de la pièce.

P. C. — Oui, et je n'ai rien à dire à cette interprétation : elle est vraie.


## Quinzième entretien


JEAN AMROUCHE. — Vous avez marqué, durant notre dernière conversation, que les personnages d'un drame comme *L'Échange* sont interdépendants les uns des autres, que l'unité du drame est d'un ordre comparable à celle d'une composition musicale, et qu'entre les protagonistes il y a des correspondances, des connexions intimes...

Paul Claudel. — Même dans le caractère de Marthe il y a des amorces par lesquelles elle rejoint aux autres. Par exemple pourquoi cette femme, née pour la vie bourgeoise, pour la vie provinciale, pour une économie très étroite, tout à coup s'éprend-elle de ce sacripant, de ce vaurien, et va-t-elle fuir de l'autre côté de l'océan pour aboutir finalement à mettre sa main dans celle de Thomas Pollock ? Ça prouve qu'il y a des amorces d'autre chose, de même que dans certains de mes personnages, par exemple entre Turelure et Sygne, si étrange que ça paraisse, il y a tout de même des points par lesquels ils se ressemblent, par lesquels ils s'attirent ou se repoussent...

J. A. — Voici ce qu'en dit Marthe en quelques mots :

*Je n'aime pas ces gens d'ici...*

*... Je n'aime pas cet homme, quand il vous regarde ainsi fixement, la main dans sa poche, comme s'il comptait dedans ce que vous valez.*

Celui qui compte perpétuellement ce que vaut telle et telle chose et qui cherche à l'évaluer en dollars, c'est précisément celui que Marthe, de par sa nature même, qui est don, c'est celui que Marthe ne peut que haïr et qu'elle ne peut que craindre ; et cependant, à la fin de la pièce, elle lui donnera sa main, enfin elle mettra sa main dans la sienne...

P. C. — Ils ont un point commun, c'est le goût des valeurs positives, des choses telles qu'elles existent, le sentiment profond que ce qui existe est toujours infiniment supérieur à ce qui peut être rêvé. Vous trouvez ça dans ce goût de Napoléon chez qui il conspire avec une imagination en même temps déréglée mais la réalité, ils en ont une perception tellement forte de l'usage qu'on peut en tirer, que ça leur paraît préférable à ce côté de rêve que représentent les deux autres personnages.

J. A. — Oui, mais avec cette différence, à l'avantage de Marthe, qu'elle a, elle, le sens que les choses existent, et que parce qu'elles existent, dans une large mesure, elles sont sacrées, alors que Thomas Pollock Nageoire ne le sait pas, et c'est le contact de Marthe qui le lui révélera.

P. C. — Est-ce bien sûr qu'il ne le sache pas ? Parce qu'on n'a peut-être pas remarqué, dans un des passages de Thomas Pollock, cette espèce de parabole où il rencontre un bonhomme qui veut lui vendre la grâce de Dieu. Et alors Thomas Pollock dit : *Comment, vous avez refusé, mais moi je n'aurais pas refusé. Tout ce qui existe, tout ce qui a une valeur, je suis là pour l'acheter...*

J. A. — Oui, bien sûr...

P. C. — Ça prouve qu'il ne refuse rien. Il cherche à toute chose la valeur qu'elle a. Alors ça, c'est un sentiment par lequel il peut s'accorder avec Marthe. Tout ce qui existe a une valeur, et de même la personne humaine a une valeur. Thomas Pollock traduit ça d'une manière naïve et barbare, par une évaluation en dollars, mais même dans l'Évangile, vous voyez souvent des évaluations matérielles de ce genre-là, n'est-ce pas ? Thomas Pollock est un naïf, dans le fond, c'est un simple, n'est-ce pas ? Ça ne veut pas dire qu'il n'apprécie pas. La meilleure preuve : il apprécie Marthe, et il trouve en elle ce goût des réalités par elles-mêmes, cette espèce de simplicité et de clarté d'esprit qui les placent devant les objets matériels, dans les choses qu'ils désirent acquérir, dans une espèce d'état paradisiaque... Le paradis terrestre.

J. A. — Oui, Marthe est essentiellement ce que Thomas Pollock n'a jamais rencontré dans les femmes américaines. Il n'a rencontré que des Léchy Elbernon, que l'on

achète comme on achète un cheval de luxe et que l'on
entretient de même...

P. C. — Oh, il ne faut pas réduire les femmes américaines à ça!

J. A. — Mais c'est Thomas Pollock qui dit : *Comme
tout a un poids et une mesure, tout vaut tant, toute chose qui
peut être possédée et cédée à un autre prix, tant de dollars.
Dans la vertu de l'argent, on peut tout avoir...*

P. C. — Eh ben ne croyez pas que je blâme ces choses-
là... C'est une manière simplement sauvage et barbare
de dire des choses qui sont vraies, n'est-ce pas ? Il est
parfaitement exact que tout vaut, et tout vaut tant par
rapport à la situation où nous sommes, et à l'usage que
nous pouvons en faire. C'est une évaluation grossière,
une évaluation simpliste, mais une chose qui a sa valeur.
Par exemple, Thomas Pollock aurait horreur de gaspil-
ler les choses, comme j'entendais raconter de d'Annunzio
qui nourrissait ses lévriers avec des côtelettes de premier
choix, arrosées de bon cognac. Ça, c'est une chose dont
certainement Thomas Pollock aurait horreur, aussi
bien que Marthe. Mais quand il dit que tout vaut tant,
ça revient à dire en somme : le prix que chaque chose
a par elle-même, ce prix, il est certainement inestimable,
mais grâce à l'usage que nous pouvons en faire, il peut
cependant être évalué d'une certaine manière, et valoir
la peine de nous déranger pour l'acquérir. La meilleure
preuve, c'est que saint Pierre appelle le peuple chrétien
un peuple d'acquisition. Eh bien, Thomas Pollock représente ce désir d'acquisition, qui est un des côtés du tempérament chrétien justement.

J. A. — Oui, sans doute, un des côtés du tempérament chrétien, tout ce qui relève de l'administration des
biens temporels, tout ce qui relève de ce qui doit être
rendu à César. Mais précisément, il y a bien la chose sans
prix, il y a l'huile de la lampe, et c'est Marthe...

P. C. — Elle n'est pas sans prix, puisque dans la parabole le Seigneur dit : allez et achetez cette huile aux marchands. Alors, vous voyez qu'elle n'est pas sans prix, elle a au contraire un prix déterminé.

J. A. — Mais une fois qu'on l'a achetée, on n'a plus le droit de s'en séparer...

P. C. — Si, on a non seulement le droit, mais le devoir de le donner à d'autres, qui peuvent en avoir besoin. Seulement là, nous sommes placés dans une atmosphère différente, avec les Vierges Sages, parce que nous sommes arrivés, somme toute, à la fin du monde, et il est trop tard pour aller l'acheter. Cela représente l'état des âmes au dernier moment, où il est impossible d'aller l'acheter. Alors, la recommandation d'aller chez les marchands pour l'acheter est un peu ironique. Il est trop tard.

J. A. — Ne pensez-vous pas précisément que pour le chrétien l'heure sonne toujours, et que nous sommes toujours à la première et à la dernière heure ?

P. C. — Je crois que nous sommes un peu trop loin, si vous voulez... (*Rire.*)

J. A. — Bien sûr. Je voulais simplement marquer que Thomas Pollock devine qu'il y a dans Marthe un mystère, et que Marthe peut précisément lui révéler quelque chose d'essentiel de sa vie même, que dans le monde de purs échanges matériels dans lequel il vit il n'a pas eu encore l'occasion d'éprouver, et d'ailleurs...

P. C. — Pas complètement, puisqu'il y avait ce passage de la grâce de Dieu qui est significatif tout de même, mais en gros ce que vous dites est parfaitement vrai.

J. A. — Quant à Léchy Elbernon, dont vous ne voulez pas, et je comprends bien, qu'elle soit ravalée et qu'elle soit accusée en quelque sorte de porter tous les péchés du monde, c'est néanmoins une figure très singulière. Il me semble qu'elle représente l'actrice qui est, en quelque manière, vidée de sa vie personnelle et qui ne vit que par procuration. Et elle a en elle le même esprit de changement, cette passion furieuse d'être libre, de ne dépendre de rien, qu'elle partage avec Laine à quelques années de distance, car Laine a vingt ans, et Léchy Elbernon est une femme d'expérience. Non qu'elle soit sur le déclin : il semble bien qu'elle soit au contraire à l'apogée de sa beauté, mais elle atteint ce point culminant de sa vie où, éprouvant une passion pour ce jeune homme, elle n'acceptera pas d'en être dépossédée. Et c'est sans doute ce qui explique la violence de sa réaction devant la fuite de Laine et sa volonté de le tuer.

Léchy Elbernon, c'est elle qui me paraît être ici l'instrument du destin, et elle a quelque chose de prophétique, car elle clôt le drame, elle le clôt par des propos magnifiques que vous lui prêtez, et ce sont ceux-ci que je voudrais vous rappeler.

Laine est mort. La maison de Thomas Pollock et toutes ses richesses sont consumées par l'incendie, et la pièce va ainsi se défaire, avec ces trois personnages qui portent un mort : *La porte est fermée et verrouillée, les fenêtres sont fermées et il n'y en a pas une d'ouverte, et les volets sont assujettis au-dedans avec le loquet et la barre. Mais tout à coup, comme un homme en qui la folie lugubre a éclaté, voici qu'on voit par les fentes et par les trous de la porte et des fenêtres resplendir l'effroyable soleil intérieur.* Unis durant ces vingt-quatre heures dans ce jeu mortel qu'est votre drame, chacun des personnages va donc se retrouver seul, et seul en face de ce terrible soleil intérieur que nul ne peut éluder, devant lequel nul ne peut fuir, pas plus que Caïn ne pouvait fuir le regard de l'Œil au fond de sa tombe.

Est-ce bien le sens de la conclusion de votre drame ?

P. C. — Oui, sauf que cet esprit prophétique dont vous parlez, mon Dieu, c'est également une chose qui a sa part dans les Écritures, qu'on appelle à juste titre inspirées. Elles ne sont pas inspirées de la même manière, mais enfin elles sont tout de même inspirées. Il y a beaucoup de saints qui sont traités de fous de Dieu, n'est-ce pas ? Ça répond à des facultés qui se manifestent autrement chez Léchy Elbernon, mais qui dormaient dans beaucoup d'âmes magnifiques.

Léchy Elbernon ressemble beaucoup à Cassandre, par exemple. C'était le moment où je traduisais Eschyle. Elle a beaucoup de la Cassandre eschylienne. Mais la différence, c'est que ces saints dont je vous parlais, malgré tout, ont un principe recteur, un principe qui les conduit, tandis que Léchy Elbernon ou Cassandre elle-même, qui sont des païens, sont pour ainsi dire éperdues. Sont épars.

Ce soleil intérieur se déploie dans toutes les directions, c'est pour ça qu'il est effroyable. Ce n'est pas un soleil bienfaisant, c'est un soleil, au contraire, un soleil destructeur. Tout ce qui est démesuré est destructeur.

J. A. — Oui, mais il me semblait aussi...

P. C. — C'est justement pour ça que le drame intervient par la réunion des trois personnages, pour comprimer, pour ainsi dire, Léchy Elbernon, et malgré son rôle anarchique, aberrant par excellence, elle est tout de même forcée de jouer sa part dans le drame, et sans elle le drame n'existerait pas.

J. A. — Pourquoi avez-vous appelé Thomas Pollock : Thomas Pollock « Nageoire » ? Pourquoi ce « Nageoire » si singulier ?

P. C. — Il me semblait vous l'avoir dit : parce que je cherchais un nom pour mon personnage, j'ai vu une affiche à New York : Thomas Pollock Fin. Fin, en anglais, c'est nageoire. Thomas Pollock Fin, au point de vue de l'euphonie, était mauvais, alors j'ai préféré mettre le mot « nageoire », qui remplaçait Fin.

J. A. — Simplement. Mais enfin, ce que ce mot de « nageoire » peut avoir de surprenant...

P. C. — C'est simplement une raison d'euphonie qui me l'a fait accepter.

J. A. — Oui, vous n'y avez pas mis une petite intention malicieuse ?

P. C. — Non.

J. A. — Non ? parce qu'on l'y aurait vue très facilement, parce que le verbe nager...

P. C. — Ça a pu indiquer simplement le côté mélangé, cosmopolite des Américains, au moment de la conquête de leur continent. Alors il peut y avoir un mélange de races différentes indiqué par le nom.

J. A. — Il n'y avait donc pas d'ironie.

Je voudrais maintenant que vous nous donniez quelques détails sur les conditions matérielles dans lesquelles vous avez écrit *L'Échange* : est-ce que vous avez écrit cette pièce avec plaisir, avec difficulté ?...

P. C. — Ben, j'ai écrit... C'était en somme un travail d'assimilation. Je vous ai dit que je tombais de ma vie de famille, de ma petite vie bourgeoise, dans une vie de liberté, en somme de gêne, parce que je ne gagnais pas beaucoup d'argent. Alors, je souffrais plutôt. Je vivais dans un *boarding-house* à douze dollars par semaine ; ce n'étaient pas des conditions de luxe extraordinaire. Alors, c'est à la fois une œuvre de nostalgie, puisque je pensais à la France que j'avais quittée, et une œuvre d'assimilation, puisque j'essayais de comprendre ce nouveau pays qui tout de même m'intéressait. De même, les idées de liberté, d'indépendance conquise. On ne passe pas d'une vie à une autre, même de la restriction à l'indépendance, sans une certaine souffrance. Alors ç'a été écrit à la fois dans la souffrance et dans l'intérêt.

J. A. — Est-ce que vous avez fait lire la pièce à quelqu'un de vos amis pendant que vous la composiez ?

P. C. — Oh, jamais ! Jamais !

J. A. — C'est resté une chose absolument secrète, confidentielle ?

P. C. — Jamais ! Il y a un proverbe anglais qui dit que l'eau ne bout pas quand on la regarde. J'ai toujours observé ce principe. Je ne montre jamais quoi que ce soit, je n'en parle jamais avant que ça ne soit fini. C'est comme une mayonnaise qui ne prend pas si on la regarde.

J. A. — Une fois la pièce faite, à qui l'avez-vous communiquée?

P. C. — Alors, il y avait une revue qui s'appelle *L'Échange*, qu'était près de céder le Mercure de France. Je ne me rappelle pas si c'est l'année même où je l'ai faite que je l'ai communiquée, ou peu de temps après. Jules Renard en parle dans son *Journal*, avec quelques mots désagréables, suivant son habitude; par là, on pourrait retrouver la date de la communication, mais je ne me rappelle plus exactement. Ça ne devait pas être tout de même sur le moment, ça a dû être un ou deux ans après.

J. A. — J'ai vu cette petite note, assez désagréable en effet, de Jules Renard qui, après avoir tranché du génie à propos de *Tête d'Or*, marquait un certain éloignement et, m'a-t-il semblé aussi, enfin, un peu de dépit, comme celui qu'on peut marquer à propos de quelqu'un pour qui on ne peut pas ne pas avoir d'estime, mais qui est si différent de vous, qui suit une route si personnelle, qu'il est impossible d'avoir barre sur lui.

P. C. — Renard était un curieux personnage qui souffrait d'un romantisme rentré. Il avait une admiration sans bornes pour Victor Hugo et pour Rostand, alors l'estime moindre que j'avais pour ces deux hommes le blessait. Il y a peut-être aussi de ça.

J. A. — Et d'autres de vos amis, ou de vos relations de l'époque?

P. C. — *L'Échange* a été publié somme toute, si je me rappelle bien, ça a été publié dans *L'Arbre*, mais pas avant.

J. A. — Pas avant?

P. C. — Non je ne crois pas.

J. A. — Quant aux représentations de la pièce, y en

est-il qui vous aient particulièrement plu, qui vous aient intéressé ?

P. C. — Ça a été joué uniquement par Ludmilla Pitoëff. La première fois, avec Georges Pitoëff, qui vivait encore, la seconde fois avec Ludmilla, sa fille et son fils, il y a deux ou trois ans. Elle a une voix et des manières très particulières : c'est Ludmilla. Je dois dire que c'était très bien.

J. A. — Vous étiez très satisfait de la représentation.

P. C. — Ah! Ludmilla était très bien.

J. A. — Mais quel personnage jouait-elle ?

P. C. — Elle jouait Marthe.

J. A. — Marthe. Et qui jouait Léchy Elbernon ?

P. C. — Léchy Elbernon, ben ç'a a été Ève Francis pendant quelque temps.

J. A. — Ah! Ève Francis, qui est une de vos interprètes habituelles...

P. C. — C'est ça. La première fois, c'était Ève Francis, et puis alors après, ça a été la fille de Ludmilla.

J. A. — C'est là que nous allons nous arrêter car ces quatre personnages vivaient en vous, le fait d'avoir écrit ce drame ne les a pas supprimés. Ils demeuraient donc dans le Paul Claudel qui, en 1894, écrivait *L'Échange*, et ils continueront de jouer leur partie dans tous les lieux du monde où vous irez porter vos pas, et notamment en Chine, puisque l'année suivante vous vous y trouverez.

P. C. — C'est ça.


## Seizième entretien


Jean Amrouche. — Avec *L'Échange*, dont les protagonistes quittent votre scène intérieure pour quelques

années, nous tournons une page de votre vie. L'Amérique
va faire place à la Chine, où vous subirez un premier exil
ininterrompu de cinq années, exil douloureux, mais
fécond, occupé à la composition de ces *Vers d'Exil* dont
nous allons parler tout à l'heure, de *Connaissance de
l'Est*, du *Repos du Septième Jour*, mais occupé aussi et
surtout par une lutte intérieure.

Est-ce que c'est seulement le hasard ou un choix,
quelque chose comme un appel, une vocation, qui
vous ont poussé vers la Chine?

PAUL CLAUDEL. — La Chine, surtout l'Extrême-
Orient, m'ont beaucoup intéressé. Ma sœur, qui était
une grande artiste, avait une admiration sans bornes
pour le Japon. Alors, moi aussi j'avais pas mal regardé
d'estampes ou de livres japonais, et j'étais très attiré
par ce pays-là. La Chine a été pour moi, somme toute,
un pis-aller. Du moment où on ne me nommait pas au
Japon — il n'y avait pas de place pour moi — je suis
parti pour la Chine avec beaucoup d'intérêt. Quand
on m'a nommé en Chine, j'ai été très content, et après
un séjour de trois mois en France qui a achevé de liqui-
der mon arriéré avec mon pays natal, si je puis dire,
je suis parti pour la Chine sans laisser de regrets derrière
moi. Cependant, c'était une grande aventure, et les
vers dont vous parlez montrent mon incertitude devant
l'avenir qui s'ouvrait à moi, parce qu'en même temps
que je me lançais dans ce monde inconnu où je savais
que j'allais rester longtemps, j'avais aussi ma vocation
religieuse dont j'avais à m'occuper et dont les *Vers
d'Exil*, justement, sont l'écho.

J. A. — Mais pas seulement les *Vers d'Exil*. Il
semble qu'un lecteur attentif de *Connaissance de l'Est*
puisse y distinguer une manière d'itinéraire spirituel et,
en réalité, sous-jacent au poème, une sorte de journal
intime, extrêmement pudique, d'autant plus émouvant
qu'il s'affirme moins.

Je pense donc que le mieux serait peut-être, pour essayer de jalonner ce long itinéraire spirituel, qui va de 1895 à 1900 à peu près, le mieux serait d'abord d'essayer de fixer le point de départ. Le point de départ serait peut-être donné par quelques-uns de ces *Vers d'Exil* que vous me permettrez de vous rappeler.

P. C. — Avant ces *Vers d'Exil*, il y a un poème de *Connaissance de l'Est* qui est très important : c'est le passage à Paris, où je m'aperçois qu'on se passait fort bien de moi, n'est-ce pas, et qu'en somme mon absence ne créait pas un vide extraordinaire. Alors c'est à ce moment-là que j'ai pris congé, somme toute, de ma famille, de mon passé, et un peu de mon pays. Je me suis trouvé libre et dégagé, vers un avenir inconnu, et assez à la fois exaltant et dangereux.

J. A. — Oui, c'est ce passage dont nous avons déjà parlé au cours de précédents entretiens...

P. C. — Eh ben c'est là le vrai point de départ.

J. A. — L'itinéraire dont je parlais est un itinéraire tout intérieur, et je me permettrai d'être particulièrement indiscret, car il s'agit du drame spirituel dont, semble-t-il, vous n'avez cessé d'être hanté pendant toute cette période, et, comment essayer de le définir en peu de mots ? il semble que, étant converti, votre conversion ne fût pas encore achevée et qu'un combat sauvage se livrait en vous contre Dieu, ce combat spirituel dont parle quelque part Rimbaud...

P. C. — Il était beaucoup moins douloureux et violent qu'il l'était précédemment. Les raisons philosophiques avaient maintenant disparu, et je ne luttais plus, j'avais cessé de lutter. Au lieu de combat, il faudrait mettre plutôt résistance. Il y avait encore des parties importantes de moi-même qui n'étaient pas complètement évangélisées.

J. A. — C'était peut-être les parties les plus profondes et les plus difficiles à évangéliser...

P. C. — Mettez-vous dans la peau d'un jeune homme entre vingt et trente ans. Évidemment, le monde spirituel exigeant qui s'imposait à moi ne déplaçait pas l'autre sans qu'il y ait certaine résistance. C'est ce que je veux dire. Résistance, non pas volontaire, mais involontaire, résistance de la chair et de l'âme qui existe chez tout homme, plus ou moins, à un moment donné de son existence.

Mais les cinq ans que j'ai passés en Extrême-Orient ont été aussi la continuation de l'œuvre d'instruction et de catéchèse, si vous voulez, que je poursuivais. C'est pendant ces cinq ans que j'ai lu et annoté d'un bout à l'autre les deux Sommes de saint Thomas, qui m'ont été extrêmement utiles à tous les points de vue, soit au point de vue spirituel, soit au point de vue artistique, parce qu'elles m'ont formé l'esprit et m'ont donné un instrument extraordinaire, non pas seulement au point de vue rationnel, mais au point de vue artistique. J'en ai déjà parlé d'ailleurs précédemment, si je ne me trompe.

J. A. — On suit d'ailleurs dans *Connaissance de l'Est* même ce progrès dans la connaissance et dans l'assimilation de la doctrine...

P. C. — Mais comme vous dites très bien d'ailleurs, comme vous avez très justement deviné, malgré tout on n'arrive pas à un choix définitif de l'existence, qui consiste somme toute à refouler des parties très importantes de l'homme, surtout chez un artiste, les parties d'imagination, de sensibilité, le besoin d'affection, etc. Entre vingt et trente ans, vous imaginez ce que ça peut être... J'avais, en somme, plus ou moins consciemment, à les refouler au profit de la formation rationnelle et spirituelle que je poursuivais. Alors, il y avait beaucoup d'inconscient, et c'est à ce moment-là que j'ai dû choisir un parti, et un parti assez rude à prendre, puisqu'il s'agissait de renoncer complètement à l'art et de me consacrer uniquement à une vie monastique, n'est-ce pas, comme je le pensais à ce moment-là. Alors, sous-jacent à tout mon travail artistique de cette époque-là, il y avait cette pensée lancinante : qu'est-ce qui m'attend, que vais-je faire, quand entrerai-je en France, dois-je essayer de la vie monastique ? Enfin, c'est le problème que j'ai essayé de résoudre à mon retour en 1900.

J. A. — Oui...

P. C. — Alors, comme vous dites très bien, c'était sous-jacent à ce drame-là, au moins pour la première partie de *Connaissance de l'Est*, qui comprend deux parties. La seconde, c'est autre chose.

J. A. — Oui, celle qui s'arrête à 1900. Mais il me semble que nos auditeurs seraient très intéressés par quelques points de repère un peu plus précis de cet itinéraire, et je pense que le mieux serait que je me permette de vous rafraîchir la mémoire en vous rappelant quelques-uns de ces textes.

Voici, en 1895, un poème qui semble marquer précisément un arrêt, un moment où vous essayez de vous considérer marcheur sur une certaine route, et de faire le point. Et vous écriviez :

*Voici l'heure brûlante et la nuit ennuyeuse !*
*Voici le Pas, voici l'Arrêt et le Suspens.*
*Saisi d'horreur, voici que de nouveau j'entends*
*L'inexorable appel de la voix merveilleuse.*

*L'espace qui reste à franchir n'est point la mer.*
*Nulle route n'est le chemin qu'il me faut suivre ;*
*Rien, retour ne m'accueille, ou départ me délivre.*
*Ce lendemain n'est pas du jour qui fut hier !*

Et cette crainte, cette espèce d'ombre qui tout d'un coup tombe sur vous, cet instant de sécheresse, ou plutôt même cette période de sécheresse où il semble que la présence de la grâce se soit faite plus lointaine, que la grâce se soit comme retirée de vous, on la suit dans

cette espèce d'agonie qui est marquée dans un poème
qui suit :

*L'ombre m'atteint. Mon jour terrestre diminue.*
*Le passé est passé, et l'avenir n'est plus !*
*Adieu, enfant ! Adieu, jeune homme que je fus !*
*La main pauvre est sur moi et voici l'heure nue !*

*J'ai vécu. Le bruit des hommes m'est étranger.*
*Tout est fini ; je suis tout seul, j'attends, je veille.*
*Je n'ai plus avec moi que ta lueur vermeille,*
*Lampe ! Je suis assis comme un homme jugé.*

*Longs furent mon ennui et ma sollicitude !*
*Long l'exil ! Longue fut la route jusqu'ici.*
*Le terme est mien, je vois cela que j'ai choisi,*
*Ferme dans ma faiblesse et dans ma lassitude.*

*Maintenant, j'ai fini de parler ; seul, captif,*
*Comme un troupeau vendu aux mains de qui l'emmène,*
*J'écoute seulement, j'attends, tout prêt, que vienne*
*L'heure dernière avec l'instant définitif.*

P. C. — Vous trouvez d'ailleurs un peu dans ce vieux
poème l'écho de la déception, de la rupture que j'avais
faite avec mon passé. N'est-ce pas, je suis tout seul, je
n'ai plus de pays, plus de famille, je suis dans l'abandon
le plus complet et l'avenir est incertain. Je suis dans un
milieu complètement différent, beaucoup plus différent
que n'était encore l'Amérique, et un avenir et un avenir
redoutable pour moi, m'attend, en même temps que le
passé sombre derrière moi.

Tous ces poèmes ont été écrits en même temps. Je
venais d'arriver à Shanghaï, j'étais dans une chambre
d'hôtel, je me rappelle, quand je les ai écrits, et ils
marquent, comme vous dites, un point de départ. Ce
que vous dites est assez exact.

J. A. — Mais il me semble que le drame le plus profond, le plus douloureux, n'est pas tant celui de la

séparation d'avec les hommes, n'est pas tant celui de
l'abandon du pays natal, de la famille, des amis...

P. C. — Il y est cependant...

J. A. — Il y est, mais il semble que le côté le plus profond du drame soit ailleurs ; c'est que, ayant quitté le
monde, ayant quitté votre pays, votre famille, vos amis,
vous n'ayez pas, comment dirais-je, trouvé Dieu véritablement, que Dieu ne vous soit pas pour ainsi dire
physiquement présent...

P. C. — Je ne sais pas physiquement, c'est difficile à
dire, mais rationnellement il était là, immuable, n'est-ce
pas, comme il n'a jamais cessé de l'être. Je n'ai jamais
eu le moindre doute sur la Foi, ou d'hésitation ou de
regret, ou quoi que ce soit de ce côté-là. C'était une présence aussi complète que peut être celle du soleil. Jamais,
à aucun moment, je n'ai eu aucune espèce de doute ni
d'incertitude à ce point de vue là.

J. A. — Il n'y a pas du tout...

P. C. — ... Le doute que je pouvais avoir, c'est mon
adaptation qui n'est pas facile, n'est-ce pas, cette exigence que j'avais à déchiffrer, à débrouiller. Non seulement c'est une exigence d'un inconnu, mais encore d'un
inconnu qui me posait des questions auxquelles il fallait
trouver moi-même la réponse. Mais de doute sur la voie
qui m'appelait, aucun.

J. A. — Non, pas de doute sur la voie qui vous appelait, mais quelque chose de beaucoup plus précis, à savoir
que d'une part Dieu ne vous fût pas sensible au cœur, et
que d'autre part vous redoutiez Dieu. Presque toute une
partie de *Connaissance de l'Est* est pleine d'une espèce de
peur de Dieu.

P. C. — C'est pas tout à fait exact. Je n'ai jamais douté
de Dieu, n'est-ce pas. Toute la difficulté pour moi c'est
de savoir comment je m'y adapterai. C'est un peu, si
vous me permettez la chose, comme saint Paul qui pose
cette question : que faut-il faire ? Eh ben, je suis

jeune, j'avais toute la vie devant moi, comment m'adapter à la fois à cette exigence que je sentais et à cette autre vocation intérieure en moi, après tout, de l'art, des choses que j'avais à dire, et dont je ne voyais pas la soudure avec l'appel incontestable qui m'était signifié. C'est une question d'adaptation. Quant à faire intervenir là dedans une idée de jouissance ou de sensibilité, je ne me le serais pas permis. Je ne me suis pas fait chrétien pour jouir plus ou moins de sentiment religieux, d'une espèce de plaisir mystique. J'ai toujours eu horreur de ça. Ce n'est pas pour ça que je me suis fait chrétien. Je me suis fait chrétien par obéissance et par intérêt, pour savoir ce qu'on attendait de moi, mais je n'ai jamais eu l'idée de jouir de Dieu, enfin d'en tirer une jouissance ou un plaisir quelconque. J'aurais considéré ça comme assez vil, n'est-ce pas...

J. A. — Oui, c'est bien possible, cependant que direz-vous de ceci?

*Tu m'as vaincu, mon bien-aimé ! Mon ennemi,*
*Tu m'as pris dans les mains mes armes une à une.*
*Et maintenant je n'ai plus de défense aucune,*
*Et voici que je suis un devant vous, Ami !*

*Ni le jeune désir, ni la raison qui ruse,*
*Ni la chimère ainsi qu'un cheval ébloui,*
*Ne m'ont été loyaux et sûrs ; tout m'a trahi !*
*Et ni mon lâche cœur ne m'a servi d'excuse.*

*J'ai fui en vain : partout j'ai retrouvé la Loi.*
*Il faut céder enfin. O pacte, il faut admettre*
*L'hôte ; cœur gémissant, il faut subir le maître,*
*Quelqu'un qui soit en moi plus moi-même que moi.*

*Ayez pitié de moi, qui suis ici ; cieux, sphères !*
*J'ai devancé l'appel des morts ; je suis présent.*
*Juste Juge, Éternel, Dieu Saint, Dieu Tout-Puissant,*
*Me voici tout vivant entre vos mains sévères !*

P. C. — Ce que vous voyez là dedans, c'est ce que je vous disais, c'est l'anxiété de ma vocation chrétienne qui n'était pas encore clairement indiquée. Et il faut avouer qu'il y a eu peu de vocations aussi embrouillées que la mienne, puisque à la fois j'avais une carrière diplomatique, j'avais un avenir de poète, et en même temps un avenir religieux. Alors j'étais bien excusable d'être un peu anxieux et de ne pas savoir trop ce qui m'attendait. A ce moment-là, j'avais des questions à poser, et ces questions étaient assez pénibles en effet.

J. A. — Mais il ne s'agit pas de vous excuser ou de ne pas vous excuser. Ce qui nous touche, dans un poème tel que celui-ci, c'est ce colloque farouche, cette espèce de combat corps à corps où, en somme, Tête d'Or affronte le Soleil, affronte Dieu lui-même, et se rend sans doute, mais ne se rend pas sans combat.

P. C. — Autant que je peux me rendre compte, le principal sentiment qu'il y a dedans, c'est la loyauté, dans le sens anglais un petit peu : *loyalty*. J'avais à savoir ce qu'on demandait de moi, j'étais engagé, eh ben, je demandais à savoir ce que je dois faire, question qui comporte en effet pas mal de résistances et pas mal de difficultés. Ce n'est guère que beaucoup plus tard, après *Partage de Midi*, que j'ai réussi à m'établir à peu près dans une compréhension, dans une conscience de mon devoir particulier, devoir assez embrouillé qu'il était assez difficile d'envisager dans toute son étendue à ce moment-là.

## Dix-septième entretien

Jean Amrouche. — Nous ne poursuivrons pas aujourd'hui l'analyse de vos *Vers d'Exil*, dont nous avons

parlé la dernière fois. Passons à *Connaissance de l'Est*.
La lecture d'une lettre à Mallarmé nous fournira la
meilleure introduction à cet ouvrage. Cette lettre, si vous
me permettez de la lire, comment dirais-je, vous rapproche humainement de vos contemporains, de ces
contemporains dont, à bien des égards, une immense
distance vous sépare. Voici ce que vous écriviez à Mallarmé :

« Cher Monsieur,

« Lointain, inexistant, j'abuse cependant en la circonstance d'une année qui finit pour vous féliciter de
celle qui va commencer, vaste et vierge. Une année
toute neuve... »

Paul Claudel. — De quelle année est cette lettre ?

J. A. — 95...

« Une année toute neuve, c'est comme une vie toute
neuve. Cela me donnait envie autrefois d'aller me faire
couper les cheveux, ou, ayant fermé mon appartement
à double tour, d'en glisser mystérieusement la clé dans
la poche de quelque pardessus, dépouille inconnue sus-
pendue au crochet du premier café venu... »

P. C. — C'est ce que faisait Thomas de Quincey. Il
avait trois ou quatre appartements qu'il avait aban-
donnés... *(Rire.)*

J. A. — C'était à une époque où la crise du logement
n'existait pas, du moins pour lui...

P. C. — Ben oui! *(Rires.)*

J. A. — « Cela n'explique pas pourquoi je me permets
de venir vous ennuyer, mais j'ai toujours eu une vive
sympathie pour vous, et nous sommes tous deux tellement loin des gens, vous par les distances que crée votre
présence même, et moi par la distance pure et simple,
que cela constitue entre nous une espèce de rapprochement.

« J'ai lu deux de vos *Variations*, la première dans *Le*

*Sémaphore* de Marseille, relative à la presse, et la seconde dans un numéro de *La Revue blanche*, qui m'est tombé on ne sait d'où. Je m'en suis profondément délecté et je regrette vivement de ne pas connaître toute la série. Voudriez-vous être assez aimable pour m'avertir si elles paraissent jamais en volume ?

« Je ne puis comprendre cette accusation d'obscurité que vous lancent des gens qui ne savent ce qu'ils disent et ne comprennent pas le besoin et le délicieux plaisir de s'exprimer avec exactitude et précision.

« Me voici au milieu de mon papier sans vous avoir encore parlé de la Chine. J'y vis et m'y plais, mais les pays tropicaux que j'ai vus à mon passage ont pour moi un charme que je ne puis oublier. La chaleur du paradis de la vie y est trop forte, et la diarrhée qui prend au ventre ceux qui y séjournent trop est comme la dissolution de l'individu qui cède... »

P. C. — (Et qui ne m'a pas lâché, d'ailleurs. Je continue à en souffrir...)

J. A. — « La Chine est un pays ancien, vertigineux, inextricable. La vie n'y a pas été atteinte par ce mal moderne : l'esprit qui se considère lui-même, cherche le mieux et s'enseigne ses propres rêveries. Elle pullule, touffue, naïve, désordonnée, des profondes ressources de l'instinct et de la tradition. J'ai la civilisation moderne en horreur et je m'y suis toujours senti étranger. Ici, au contraire, tout me paraît naturel et normal, et quand, au milieu des mendiants et des convulsionnaires, dans le tohu-bohu des bruits de portefaix et des chaises à porteurs, je franchis la double poterne du vieux mur crénelé qui est l'enceinte de la cité chinoise, je suis comme un homme qui va voir jouer sa propre pièce.

« Malgré mon aversion pour les descriptions, j'ai écrit, ou je suis en train d'écrire une série de notes intitulées : *Pagodes, Jardins, Ville la Nuit*. J'espère que cela paraîtra dans quelque revue, et je serais heureux que vous voulussiez bien les lire.

« Je prendrai la liberté de vous envoyer par la prochaine valise, si on a fini de le graver, un sceau portant votre nom en vieux caractères chinois... »

Telle est donc la lettre que vous écriviez à Mallarmé peu de temps après votre arrivée en Chine. Et vous n'aviez tout de même pas complètement rompu le cordon ombilical avec les milieux littéraires...

P. C. — Oh non, mais enfin il a cessé d'avoir l'importance nourricière qu'il avait, qu'il a pu avoir pour moi autrefois. C'est devenu quelque chose d'assez extérieur. C'est devenu des rapports littéraires comme tout le monde en a plus ou moins, mais ça n'avait pas l'importance que ça avait quand je commençais à voir Mallarmé et que je recevais de lui cette question qui pour moi était très importante : qu'est-ce que ça veut dire ? Là, maintenant, Mallarmé était devenu un écrivain, mon Dieu, que j'aimais, un homme pour qui j'ai toujours eu beaucoup de sympathie, mais enfin sans importance particulière.

J. A. — Et vous parlez cependant du « délicieux plaisir de s'exprimer avec exactitude et précision »...

P. C. — Eh bien, je commençais à ce moment-là à prendre plaisir à la logique, à voir les choses s'exprimer d'une manière complètement rationnelle et raisonnable, parce que la raison et l'esprit de distinction jouent un rôle dans l'art comme partout ailleurs.

J. A. — Est-ce que vous voulez préciser davantage cette vue ?

P. C. — Les idées ne s'expriment complètement que si on arrive à les définir. La définition joue un rôle très important, et la définition est une source justement de développement. Quand vous avez bien compris la raison d'être de quelque chose, vous comprenez mieux et les conséquences que j'appellerai accidentelles, suivant le langage de la scolastique, et la place qu'il occupe dans l'univers. C'est ce que m'a appris justement la fréquentation d'Aristote et de saint Thomas. Presque partout, dans *Connaissance de l'Est*, vous voyez que l'intelligence et la raison interviennent. Il ne s'agit pas de description pure et simple, il s'agit d'une connaissance, il s'agit d'une compréhension. Quand je parlais du pin, quand je parle du banyan, quand je parle des villes chinoises, ça commence toujours par une espèce de définition intérieure, comportant des conséquences, et avec la place que l'objet occupe au point de vue de la composition dans un ensemble, dans un tableau.

J. A. — Oui, on suit, dans un premier mouvement tout au moins, une sorte d'ascension de l'esprit. Constamment, on a le sentiment d'accomplir à travers vous, avec vous, un progrès continu dans la connaissance conjointe de soi et du monde. C'est très sensible partout, indépendamment de la beauté intrinsèque de ces poèmes, il y a incontestablement un enseignement doctrinal qui n'est pas du tout surajouté, qui leur est pour ainsi dire consubstantiel. Ainsi par exemple dites-vous :

*A mesure que j'avance, tournant la tête à droite et à gauche, je goûte la lente modification des heures, car, perpétuel piéton, juge sagace de la longueur des ombres, je ne perds rien de l'auguste cérémonie de la journée. Ivre de voir, je comprends tout.*

Tout, dans la première partie tout au moins de *Connaissance de l'Est*, est ordonné à ce verbe, à cette action constante dans laquelle vous êtes perpétuellement tendu : comprendre, dont vous donnez d'ailleurs des définitions successives.

Vous dites quelque part, dans *Connaissance de l'Est* :

*Jouir, c'est comprendre, et comprendre c'est compter.*

Et quelque part, un peu plus loin, vous dites que vous êtes *le vérificateur de la création*. Et cette espèce d'ivresse

de comprendre par le dénombrement, de comprendre
par le moyen de saint Thomas sans doute, mais aussi par
le moyen d'un principe tout cartésien qui est celui du
dénombrement et de la distinction des choses, est-ce que
cette façon de comprendre vous satisfait pleinement
aujourd'hui?

P. C. — Oh, elle m'est devenue congénitale. Je crois
que je n'ai pas changé à ce point de vue. Je continue à
comprendre. Mais à côté de ce principe, disons thomiste,
de compréhension, j'ai fait plus tard alors une autre
découverte, encore plus riche que celle de saint Thomas,
c'est l'idée de l'analogie, l'idée dont saint Bonaventure
donne la formule, et qui est peut-être encore plus riche
de conséquences au point de vue de la découverte que
le syllogisme aristotélicien.

La formule de l'analogie, c'est, ce serait : A est à B ce
que C est à D. Le rapport de A avec B a une analogie,
a une ressemblance, avec le rapport de C avec D. Ça va
très loin, parce qu'il n'y a plus de rapport rationnel. Ça
échappe à la raison. C'est une espèce d'intuition.

Par exemple, prenons Claude Bernard découvrant la
fonction glycogénique du foie. Comment l'a-t-il découverte? Il passait dans un couloir de l'Académie de médecine, de l'École de médecine, et il voit des débris anatomiques sur lesquels il y avait des mouches. L'idée de
mouche éveille en lui l'idée de sucre. Alors, il dit : il y a
du sucre dans ces débris anatomiques, il doit y avoir du
sucre, et alors vous voyez la formule analogique de
saint Bonaventure qui s'applique immédiatement : le
sucre est aux mouches ce que ces débris anatomiques
sont à ces mêmes mouches qui s'appliquent dessus. Vous
voyez le rapport. Rationnellement, il n'y a aucune
raison : les mouches peuvent être attirées par autre
chose, ce n'est pas forcément du sucre, mais l'idée de
sucre intervient à un point de vue, je dirai poétique.
Il y a une espèce de parenté qui s'établit et qui n'a rien

à voir avec la raison. C'est la formule analogique, que je trouve très riche, et toute la poésie est basée là-dessus.

Supposons que Rimbaud ait eu le même spectacle que Claude Bernard. Il aurait pu faire un vers, par exemple : « Les mouches attirées au sucre des vieux foies... » ou quelque chose de ce genre-là, vous voyez. De sorte que c'est un principe analogue qui a amené une découverte importante, comme celle de la fonction glycogénique, ou celle qui aurait servi de base à une comparaison d'un poète du genre de Rimbaud, par exemple...

J. A. — Eh bien, ce que vous venez de dire éclaire par avance les développements de votre poésie, mais je pense que nous aurons à y revenir, car on ne peut pas régler si j'ose dire, en quelques mots, le compte de cette fameuse loi de l'analogie.

Je voudrais que nous revenions à notre sujet, qui est *Connaissance de l'Est*, et permettez-moi de vous quereller un peu, c'est lorsque vous dites : *Comprendre, c'est compter.* Je me demande si c'est le côté thomiste de votre nature, côté acquis, ou si c'est le côté plus foncier Thomas Pollock qui semble ici l'emporter, car vous parlez de comprendre comme d'une pure opération de l'intelligence et des sens qui la servent. Vous pensez que comprendre, c'est seulement prendre avec soi, et que ça n'est pas en même temps, et dans le même mouvement, être soi-même compris, se confondre à, sans être pour autant confondu, bref que la véritable compréhension serait celle de la contemplation et de l'extase où cessent la séparation et le sentiment de l'exil...

P. C. — Ma pensée n'est jamais passive, elle est plutôt active. Je ne me suis jamais placé devant un spectacle avec la sensation de m'y perdre, mais au contraire de le dominer et de tâcher d'en réunir les éléments. Alors que vous parliez de Descartes, tout à l'heure, pour réunir ces éléments, c'est en somme les compter, en faire une énumération, une statistique, qui ne laisse rien au-dehors, ou plutôt qui ne laisse rien d'essentiel. Une fois cette opération, cette analyse opérée, les éléments une fois dégagés, ils ont bien plus de chance de trouver entre eux un accord. De là vient ce mot de *comprendre, c'est compter*. Ça serait plus juste peut-être de dire : « avant de comprendre, il faut commencer par compter », ou la computation, une analyse, une statistique, je ne sais pas comment dit Descartes, une opération bien faite enfin, qui amène à une compréhension. Avant de comprendre, avant de réunir par la compréhension, il faut commencer par analyser les éléments divers.

J. A. — Oui, mais la question est de savoir à quel genre de compréhension l'on aboutit, et quel genre de satisfaction l'esprit peut y prendre, car dans un autre texte de *Connaissance de l'Est* vous apportez vous-même le contrepoids, pas la contradiction, mais le complément de cette formule : *Jouir, c'est comprendre, et comprendre c'est compter :*

*Ni l'heureuse plaine, écrivez-vous, ni l'harmonie de ces monts, ni sur la moisson vermeille l'aimable couleur de la verdure, ne satisfont l'œil, qui demande la lumière elle-même. Là-bas, dans cette fosse carrée que la montagne enclôt d'un mur sauvage, l'air et l'eau brûlent d'un feu mystérieux. Je vois un or si beau que la nature tout entière me semble une masse morte, et au prix de la lumière même la clarté qu'elle répand une nuit profonde. Désirable élixir, par quelle route mystique, où me sera-t-il donné de participer à ton flot avare ?*

P. C. — Eh bien, je ne vois pas de contradiction avec ce que vous m'avez dit, n'est-ce pas ? Tout tableau comporte un point lumineux plus intense. C'est ce point lumineux qui est le pivot de la composition. Vous voyez ça chez les vieux maîtres. Vous voyez tout l'édifice des valeurs qui est construit justement sur un point lumineux particulier. Vous voyez ça dans Rembrandt parti-

culièrement, chez tous les vieux maîtres qui ont utilisé
le clair-obscur. Tout tableau que vous faites est un
tableau construit comme les anciens maîtres autour
d'un point lumineux qui a une intensité particulière,
qui répand sa fascination sur tout le reste des éléments...

J. A. — ... mais qui ne fait pas que de répandre sa fascination, qui répand sa fascination au point d'annihiler
tout le reste et, semble-t-il, d'ouvrir quelque lucarne
vers une voie supérieure de connaissance. Car qu'est-ce
qui vous fait dire *par quelle route mystique, où me sera-t-il
donné de participer à ton flot avare*, c'est-à-dire participer
directement à la source qui est la lumière ?

P. C. — Il y a des échelons différents dans la contemplation, et elle se fortifie justement dans le va-et-vient
continuel entre ce qui n'est pas l'élément spécialement
désirable et le reste. On ne va pas d'un seul coup à la
lumière. On y va par le chemin de l'obscurité. On ne
quitte pas l'obscurité une fois pour toutes, c'est un va-et-
vient continuel de l'un à l'autre, c'est en prenant appui
sur l'obscurité ou sur le clair-obscur, si vous voulez,
qu'on peut aller vers le centre le plus lumineux. Il y a
un travail de va-et-vient, de comparaison continuelle
entre les deux éléments qui se fortifient l'un par l'autre.

J. A. — J'avais peut-être mal lu, mais il m'avait
semblé trouver ici, dans ce texte, comme un mouvement
d'abandon et aussi comme un mouvement de renoncement, de renoncement à ce mode de connaissance par
le dénombrement, à ce mode de conquête purement
intellectuel du monde, et ce sentiment qu'après tout il
y avait peut-être une voie directe pour atteindre le
centre, et que cette voie directe, c'est la voie mystique
proprement dite, était la vraie voie qui rendait nulles
et non avenues toutes les autres...

P. C. — Mon point de vue, au point de vue thomiste,
que j'ai toujours eu, la contemplation n'exige aucune
espèce de renoncement. L'homme n'a jamais trop d'au-

cune de ses facultés. L'intelligence est toujours là, même
là où il semble que les sens aient la première place. Mais
jamais les sens ne travaillent complètement si l'intelligence n'est pas derrière, et de même l'intelligence n'a pas
son jeu si elle oublie des éléments comme la mémoire,
comme la volonté, comme la sensibilité, etc. L'homme est
indéchirable, somme toute, et c'est justement la leçon de
*Connaissance de l'Est* que jamais il n'y a abandon d'aucune des facultés, et en particulier de la volonté. Je ne
suis pas un ascète hindou, je ne suis pas prêt à me liqué-
fier comme une poupée de sel, comme disent les mystiques hindous, dans une mer de délices, une mer de joies.
Ce n'est pas du tout mon sentiment. Je ne perds jamais
le sentiment de ma personnalité, n'est-ce pas...

## Dix-huitième entretien

JEAN AMROUCHE. — Durant notre dernière conversation, nous avons essayé d'élucider une formule tirée
de *Connaissance de l'Est* : *Jouir c'est comprendre, et
comprendre c'est compter.*

Comment comprendre alors cette formule qui termine un poème de *Connaissance de l'Est*, aussi, lorsque
vous dites : *Je comprends l'harmonie du monde. Quand
donc en surprendrai-je la mélodie ?*

PAUL CLAUDEL. — C'est là où nous revenons à ce
mot de compter. Il y a bien des manières de compter. La
musique elle aussi compte, n'est-ce pas, alors l'harmonie fait partie de la mélodie. Pour comprendre un accord
complet de deux notes, il faut avoir dans la tête le souvenir de la phrase, de la musique dont elles sont l'abou-
tissement, et en même temps la divination de la phrase

qui va en être la conséquence. On voit très bien ce moment extrêmement fugitif et fragile dans la joie musicale, quand on est arrivé à un moment où on est comme sur un sommet, où d'un côté vous avez la phrase qui monte et de l'autre côté une autre phrase qui commence à se mêler, à s'y déployer. Et alors vous comptez, pour ainsi dire. Il y a cette espèce de rythme qui vient aboutir à ce moment, à ce sommet, si je peux dire, ou préparer à prendre l'essor dans une nouvelle direction.

J. A. — J'avais pensé un peu naïvement que nous retrouvions encore ici l'opposition fondamentale entre le couple Animus et Anima...

P. C. — Mon Dieu, tout ce que vous dites, il y a du vrai, n'est-ce pas, mais ce que je vous dis, c'est moins pour le contredire que pour le compléter.

J. A. — Si je me permets de vous contredire si fréquemment, c'est uniquement pour arriver à élucider aussi bien que possible la voie que vous avez suivie...

P. C. — Nous sommes à peu près d'accord. Je complète simplement ce que vous me dites, n'est-ce pas, j'essaie plutôt de le compléter.

A ce propos de l'intelligence, je ne sais pas si vous avez dans ce recueil un poème qui s'appelle *Le Fleuve*. Pour expliquer ce que c'est qu'un fleuve, je dis qu'*il fuit d'un poids plus lourd, vers le centre plus profond, d'un cercle plus élargi*. Il me semble qu'il y a toute l'explication d'un immense phénomène fluvial là dedans.

J. A. — Mais il y a aussi dans *Connaissance de l'Est* la production d'une poésie tout à fait particulière. Car, par le moyen de cet inventaire patient, tout raisonnable, tout intellectualiste (c'est l'inventaire que ferait une sorte d'intendant de la création), vous aboutissez à la création d'une poésie intense qui est ensemble énorme et mesurée, où les formes sont saisies par le langage en vraie grandeur, je veux dire dans leurs rapports et dans leurs dimensions astronomiques. On le sent cons-

tamment. Vous prenez du recul, par rapport à toutes les
formes, et alors vous les restituez vraiment dans leur
grandeur naturelle, vous ne les réduisez pas aux proportions du discours, mais il semble que vous agrandissiez
les pouvoirs du langage à la dimension des formes elles-
mêmes.

Dans *Connaissance de l'Est*, plusieurs autres choses
m'ont particulièrement frappé : d'abord la part considérable des mois d'hiver ou des mois d'automne, et
comme une espèce d'identification constante du soleil
comme figure visible de Dieu. Et je vous ai dit que
j'avais été frappé par une certaine peur de Dieu, et ce
n'est que peu à peu, semble-t-il, que vous apprivoisiez
l'été souverain et meurtrier et que vous vous montriez
vraiment, dans *Connaissance de l'Est*, comme l'homme
de la jubilation et non pas comme l'homme de la mélancolie et de l'abandon de la volonté, malgré certains passages, certains fléchissements, d'autant plus émouvants
qu'ils sont plus rares. Ainsi dites-vous :

*Cela que je sais est à moi, et alors que cette eau devien-
dra noire, je posséderai la nuit tout entière, avec le nombre
intégral des étoiles visibles et invisibles.*

Cette façon de vous asseoir fortement dans votre
certitude, de vous accrocher à votre foi sans que le moindre doute vienne la faire trembler, la faire vaciller, est
une chose qui est particulièrement frappante dans *Connaissance de l'Est*. Je vous rappellerai ce texte intitulé
*Ardeur*, qui est peut-être encore plus significatif de cette
espèce de tension héroïque :

*La journée est plus dure que l'enfer. Pour moi, que
dirai-je ? Ah, si ces flammes sont effroyables à ma faiblesse,
si mon œil se détourne, si ma chair sue, si je plie sur la
triple jointure de mes jambes, j'accuserai cette matière
inerte, mais l'esprit viril sort de lui-même dans un trans-
port héroïque. Je le sens. Mon âme hésite, mais rien que
de suprême ne peut satisfaire à cette jalousie délicieuse et*

*horrible. Que d'autres fuient sous la terre, obstruent avec
soin la fissure de leur demeure, mais un cœur sublime,
serré de la dure pointe de l'amour, embrasse le feu et la
torture. Soleil, redouble tes flammes ! Ce n'est point assez
que de brûler, consume ! Ma douleur serait de ne point
souffrir assez. Que rien d'impur ne soit soustrait à la
fournaise, et d'aveugle au supplice de la lumière.*

P. C. — C'est un poème qui a beaucoup d'écho dans
le reste de mon œuvre. Par exemple, dans *Sainte Thérèse* et dans *Saint Jean de la Croix*, dans *Vive flamme
d'amour*, vous trouveriez des choses analogues.

J. A. — Mais cependant la première partie de
*Connaissance de l'Est* ne me paraît pas s'achever sur
cette conquête du soleil et sur ce triomphe. Avant de
vous sentir accepté dans la gloire de l'été, on a le sentiment que vous avez fait une découverte très importante
et très douloureuse : c'est que le marcheur, le nageur —
formes sous lesquelles vous vous représentez constamment — doit apprendre qu'on n'arrivera jamais, qu'il
n'y a pas de port, qu'il n'y a pas autre chose que de
brèves escales sur une route dont on ne connaît pas la
fin, et que par conséquent cet édifice de la connaissance
patiemment construit par l'esprit, eh bien cet édifice
on ne posera jamais dessus le toit. Voici ce que vous
écriviez :

*Je ne nourris plus la pensée aujourd'hui, nageur opi-
niâtre, d'atterrir parmi les roseaux, le ventre dans la vase
de l'autre rive. Sous la salutation des palmes, dans le
silence interrompu par le cri du perroquet, que la cascade
grêle, derrière le feuillage charnu du magnolia claquant sur
le gravier, m'invite, que le rameau fabuleux descende sous
le poids des mirobolants et des pommes grenades, je ne
considérerai plus, arrachant mon regard à la science angélique, quel jardin est offert à mon goûter et à ma récréation.*

Est-ce que vous interpréteriez encore la fin de ce
poème, où vous dites qu'il s'agit d'arracher votre regard

à « la science angélique », comme un abandon de cet effort constamment tendu vers la connaissance intelligible ?

P. C. — Oh je n'abandonne rien. C'était un stade de mon progrès, mais qui est parfaitement légitime. Ce sont ces souvenirs de nageur, de conquérant, si vous voulez. Mais quand on est arrivé dans un pays, c'est un mode de progrès différent d'y arriver ou de s'y accoutumer petit à petit. Mais ça ne prouve pas que le premier soit mauvais. Il faut commencer par arriver, et puis ensuite on prend possession de l'endroit où l'on se trouve.

J. A. — Mais il ne s'agit pas de dénoncer cet effort de connaissance purement intellectuelle comme mauvais, il s'agissait de savoir dans quelle mesure, à force de vous y appliquer, vous n'aviez pas fini par le dépasser.

P. C. — Je ne crois pas qu'on puisse dépasser l'intelligence. L'intelligence est une faculté extrêmement importante, et il n'y a pas de raison de l'abandonner. Elle m'a rendu, elle rend trop de services pour qu'on n'ait pas confiance en elle. Seulement, il y a des moments où elle passe au second rang, où elle ne fait que vous soutenir, mais elle n'est jamais absente, elle ne doit jamais l'être, du moins à mon point de vue. Je ne crois pas qu'il faille abandonner aucune de ces facultés que Dieu nous a données en faveur d'une autre. Nous ne gagnons rien à nous mutiler. Je crois que nous n'avons pas trop de toutes nos facultés. Maintenant, il y a des moments où l'intelligence passe au second rang, et où la volonté passe au premier, ou de même la mémoire, l'imagination, etc., mais nous sommes toujours un tout indéchirable.

J. A. — Vous m'avez dit une chose assez curieuse, un jour. Vous m'avez dit : je me suis fait chrétien par intérêt...

P. C. — Je voudrais savoir ce que j'ai dit avant ou après. Je ne vois pas comme ça se casait dans notre conversation ce mot...

J. A. — Ça se casait de la façon suivante. Vous m'ex-

pliquiez que vous étiez, si j'ose dire, un antimystique,
n'est-ce pas, et qu'après tout ce n'était pas du tout par
un élan de la sensibilité que vous étiez devenu chrétien.
Est-ce que vous vous rappelez cela ?

P. C. — Devenir chrétien ou le rester, ce n'est pas
complètement la même chose. On entre par une porte et
on se maintient sur un palier. Il ne s'agissait pas chez
moi d'une simple poussée d'enthousiasme, n'est-ce pas,
ou d'une simple poussée de sensibilité, mais d'un engagement de l'être tout entier. Par conséquent, le mot
« intérêt » ne peut s'expliquer que par quelque chose de
permanent. Vous prenez un intérêt dans la vie, par
exemple, quand vous vous mariez, ou quand vous entrez
dans une affaire où votre vie tout entière doit participer. C'est dans ce sens-là que je comprendrai ce mot
d'intérêt. C'est pour ça qu'après avoir eu cette révélation
si on veut — mon Dieu, après tout, c'en était une — que
j'ai eue à Notre-Dame, il m'a fallu quatre ans pour
m'engager définitivement. Ce qui veut dire que j'ai pris
le temps de la réflexion et de voir qu'il s'agissait pas
d'un moment de sensibilité plus ou moins passager, mais
d'un intérêt qui engageait mon existence tout entière.
C'est-à-dire il ne s'agissait pas seulement d'une chose
superficielle, il s'agissait d'une réflexion longuement
poursuivie, appuyée sur des études nombreuses et étendues qui méritaient que j'engage mon existence tout
entière à un intérêt permanent. C'est dans ce sens-là
qu'il faut voir par « intérêt ».

J. A. — Je suis heureux que vous nous ayez apporté
cette glose et je m'excuse de vous avoir obligé à le
faire, mais il me paraissait assez dangereux de livrer
aux auditeurs cette expression dans sa brutalité relative. On aurait pu croire qu'il s'agissait de votre part
d'une sorte de pari, n'est-ce pas, que vous aviez un beau
jour parié pour Dieu, jugeant que le fait de devenir
chrétien vous garantissait dans l'au-delà.

P. C. — Non c'est exactement, on peut dire, d'un certain côté, le contraire, bien qu'après tout trouver que la vérité est après tout la meilleure voie pour un homme, mon Dieu, je trouve ça assez raisonnable. Dans ce sens-là, le mot « intérêt » s'explique assez bien. Il ne s'agit pas d'un paradoxe, il ne s'agit pas d'un défi ou d'une bravade, il s'agit d'une chose mûrement réfléchie, mûrement délibérée, dans laquelle l'intérêt de la vie tout entier est engagé. Dans ce sens-là, mon Dieu, ça s'explique et ça se comprend assez bien. D'ailleurs, je crois que c'est assez théologique et la théologie admet qu'il y ait une réflexion dans laquelle le bonheur dans cette vie et dans l'autre soit un des motifs principaux. C'est une chose que Bossuet, par exemple, défend contre les quiétistes, n'est-ce pas. Les quiétistes disent qu'on peut être chrétien à défaut de tout engagement personnel et de tout intérêt personnel. Bossuet proteste vivement contre cette idée, et dit que dans les motifs qui nous engagent à devenir chrétiens, le bonheur futur joue un grand rôle, et un rôle parfaitement légitime.

J. A. — Certains protestants pensent d'une façon à peu près analogue à la pensée quiétiste, et mettent en avant précisément ce côté prétendument intéressé de la pensée et de la démarche du chrétien, qu'ils comparent, à son désavantage, avec le désintéressement réel ou prétendu de certaines autres formes de pensée ou de philosophie...

P. C. — Non, je crois que la vraie pensée chrétienne, la vraie pensée réelle est que nous devons chercher notre bonheur et notre plus grand avantage, qui réside somme toute dans la vérité, ce qui est assez raisonnable.

J. A. — Et puisque vous avez prononcé le mot de « bonheur », je voudrais revenir à ce propos à l'état d'esprit dans lequel vous m'avez paru composer *Connaissance de l'Est*.

Pendant ces cinq années qui vont de 1895 à 1900, vous

ne me semblez pas avoir été très heureux, et je trouve singulier que vous ne nous donniez pas le sentiment d'avoir trouvé le bonheur dans la foi.

P. C. — Le bonheur, c'est un mot très difficile à définir, n'est-ce pas? Le bonheur est fait de sacrifices. Il y a bien des plaisirs personnels, il y a bien des jouissances immédiates, dans l'existence, qui doivent être sacrifiées pour un but éloigné. Évidemment, il y a bien des satisfactions. Vivant complètement seul comme je continuais à vivre à ce moment-là, et uniquement engagé dans des recherches philosophiques ou artistiques, il y avait évidemment bien des éléments de joie et de plaisir que le jeune homme est en somme assez disposé... qui me manquaient. Mais en réalité, il y a cette satisfaction d'un chemin qu'on croit vrai et d'une vérité qui s'approfondit et qui s'élargit tous les jours devant vous. Alors, ce sont des choses qui valent bien quelques sacrifices...

J. A. — Oui. mais il semble que c'était une satisfaction bien austère...

P. C. — Mon Dieu, si on veut, c'est possible. Mais en tout cas une satisfaction qui était pour moi nécessaire. J'étais engagé dans un chemin où il n'y avait pas à reculer, et je n'avais à regarder ni à droite ni à gauche. C'était à ce moment-là où justement je pensais à ma vocation religieuse, où je pensais à m'engager définitivement d'une manière beaucoup plus précise à l'égard de Dieu et tout était subordonné plus ou moins à ce but éloigné, à ce moment-là.

J. A. — Mais si vous voulez bien, nous reviendrons à cette question de votre vocation et à ce que j'appellerai, si vous permettez, la tentation du sacerdoce, car il me semble qu'en effet vous l'avez subie.

A l'époque où vous étiez en Chine, vous me paraissez aussi tout à fait séparé de l'humanité. Il semblait que vous n'eussiez aucun ami, ni en Chine même, ni en

Europe, bien que vous fussiez vraiment à l'âge des grandes amitiés et des confidences...

P. C. — C'est assez vrai, bien que j'aie eu des relations mon Dieu assez agréables avec mes collègues du Consulat général de Shanghaï ou avec des amis que je rencontrais çà et là. Mais d'amitié vraiment profonde et vraiment confidentielle, il est exact que je n'en ai pas eu.

## Dix-neuvième entretien

JEAN AMROUCHE. — J'aimerais bien que vous nous disiez un peu comment s'organisait votre vie, car le voyageur qui parcourt *Connaissance de l'Est* a l'impression que vous ne viviez que pour ce livre, dans ce livre, et on a peine à se représenter que vous étiez diplomate, que vous vous occupiez de négociations fort précises, des négociations à propos de chemins de fer, par exemple, de douanes, etc.

PAUL CLAUDEL. — Ma vie en Chine a d'abord été assez entrecoupée. J'ai été un an au Consulat général de Shanghaï. Ensuite j'ai été à Fou-Tchéou ; j'étais seul dans un poste, dans un petit port assez reculé. Et puis, je suis revenu à Shanghaï, ensuite à Han-Kéou, autre poste que j'ai occupé pendant quelques mois, à un moment assez pénible. Ensuite, encore à Shanghaï, un peu au Japon, et enfin de nouveau à Fou-Tchéou, ce qui remplit à peu près mes cinq ans.

Alors, quand j'étais à Shanghaï, mon Dieu j'avais une vie bureaucratique, à peu près analogue à celle qu'on peut avoir à Paris, c'est-à-dire qu'après la messe du matin, auquel je ne manquais jamais, je travaillais quelque, une heure, une heure et demie pour moi, et ensuite

je m'occupais de mes fonctions consulaires que j'avais
à ce moment-là.

Quand j'étais à Fou-Tchéou ou à Han-Kéou, j'avais
au contraire beaucoup plus de liberté. J'en profitais pour
faire de grandes excursions dans le pays. Comme il y avait
le bateau qui apportait la malle que tous les huit jours
ou tous les quinze jours, ça me laissait énormément de
liberté et j'avais beaucoup de temps pour lire, pour réfléchir et pour me promener. De là, une grande partie des
impressions de nature que vous voyez dans *Connaissance
de l'Est.*

J. A. — Mais ces fonctions...

P. C. — Même à Shanghaï, je faisais aussi pas mal
d'excursions, dans ce qu'on appelle des *house-boats.*
Tout autour de Shanghaï il y a une série de canaux sur
lesquels on peut voyager, dans des petits bateaux
spécialement aménagés qu'on appelle des *house-boats.*
Et alors on reste trois ou quatre jours dans ces maisons
flottantes qui vous permettent de voir pas mal de choses.

J. A. — Mais l'exercice de vos fonctions diplomatiques et administratives, était-ce pour vous un poids,
ou bien y preniez-vous une satisfaction particulière, ou
était-ce simplement la satisfaction, mon Dieu un peu
austère, du devoir accompli, du devoir d'État ?

P. C. — Non, j'étais un bon fonctionnaire, et mes
fonctions m'intéressaient certainement.

J. A. — Mais quel genre d'intérêt y preniez-vous ?

P. C. — *(Rire.)* L'intérêt qu'on prend à un métier
qu'on a l'impression de ne pas faire trop mal, n'est-ce
pas, de rédiger, de s'intéresser à l'existence d'un pays.
L'existence économique ou l'existence politique d'un
pays, ça vaut la peine de s'y intéresser et d'y prendre
plaisir, surtout dans un monde complètement nouveau
comme celui-là, où j'avais énormément à apprendre et
à étudier.

J. A. — Mais quand vous abandonniez, le matin ou

le soir, quand vous étiez obligé d'abandonner la composition de votre œuvre, qui après tout, elle, n'était pas
seulement une profession, mais était une vocation, est-ce
que vous n'en éprouviez pas de peine, enfin... ?

P. C. — Non, non. Ma vie était partagée entre des
intérêts différents, mais dire que je me sentais malheureux ou sacrifié, ou que je me considérais comme une
victime parce que je ne pouvais pas faire de la littérature
du matin au soir, ça, je n'ai jamais eu ce sentiment-là.
Je sais aussi que Mallarmé, par exemple, se trouvait
très malheureux parce qu'il était professeur d'anglais,
mais moi je n'ai jamais eu ce sentiment. Mon métier
m'intéressait et j'étais parfaitement satisfait de le
poursuivre.

J. A. — De sorte que vous arriviez à partager votre
existence comme ça sans douleur ?

P. C. — Certainement oui.

J. A. — C'est l'effet d'une belle organisation, car
il me souvient que plus tard, dans votre correspondance
avec Rivière, vous étiez beaucoup intéressé à son
cas et que vous l'aviez engagé à prendre un second
métier justement, au lieu de se consacrer exclusivement
à la littérature et de faire de la littérature une profession.

P. C. — C'est beaucoup une question de parti pris.
Si on se croit malheureux, si on se croit sacrifié, eh bien
on l'est, n'est-ce pas ? Mais du moment où je sentais, où
j'avais ce sentiment que j'avais honorablement à gagner
ma vie, c'est-à-dire, recevant de l'argent du gouvernement, à faire de mon mieux pour lui donner satisfaction,
quand ce principe s'imposait à moi avec la force d'une
obligation de conscience, je ne voyais absolument aucun
regret à faire mon devoir. Après tout, c'est un devoir
que j'accomplissais et je ne voyais pas pourquoi je
n'aurais pas tâché de le faire de mon mieux. J'ai toujours
été fils de fonctionnaire. De plus, j'étais chrétien, et je

sais que les devoirs d'État ont absolument la première place dans la vie. La première chose que m'ait dite mon confesseur quand je me suis confessé, c'est de placer mes devoirs d'État au-dessus de tout. C'est une question d'honneur et c'est une question de conscience également. Le mot de conscience est un mot qui dans le vieux français avait beaucoup de force, n'est-ce pas. Quand on fait son métier, il faut le faire avec conscience. Si j'avais été menuisier ou boulanger j'aurais tâché d'être un bon menuisier, un bon boulanger. Étant petit consul, j'ai tâché d'être un petit consul aussi bon qu'on pouvait l'être.

J. A. — Aussi bien, d'ailleurs, ce qui est surprenant, ce n'est pas que vous ayez été un bon consul par devoir, en y mettant toute la conscience qu'il fallait, mais que vous l'ayez été sans douleur, de sorte que je crois comprendre que pour vous il n'a pas existé de drame du second métier.

P. C. — Non, certainement non. Ça vous pouvez le dire avec une vérité complète.

J. A. — Parce que ce drame du second métier, vous en avez parlé tout à l'heure à propos de Mallarmé, mais beaucoup d'écrivains, beaucoup d'artistes le vivent, précisément tous ceux qui ne pouvant pas gagner leur vie par l'exercice de leur art sont obligés d'essayer de gagner leur vie autrement.

P. C. — Eh ben je dois dire que je n'en ai jamais souffert. Je n'en ai jamais souffert, par exemple comme Théophile Gautier qui était critique dramatique, qui exhale à chaque instant ses plaintes d'exercer ce métier qu'il trouve indigne de lui, n'est-ce pas. Si j'avais été critique dramatique, j'aurais tâché d'être aussi bon critique dramatique que j'aurais pu, et je ne me serais pas considéré comme un paria pour ça. J'étais fonctionnaire, eh ben j'ai tâché d'être un bon fonctionnaire. J'aurais été militaire ou commissaire de police, que

ç'aurait été la même chose. *(Rire.)* Il y a beaucoup
d'illusion et d'imagination là dedans. Si vous vous croyez
malheureux, vous l'êtes évidemment, n'est-ce pas ? Mais
je ne me croyais pas malheureux, au contraire, j'ai
trouvé une certaine satisfaction à faire mon métier
aussi bien que je le pouvais.

J. A. — Eh bien, puisque nous en sommes toujours
à la Chine, je voudrais maintenant vous demander de
nous dire ce que vous avez appris en Chine, ce que vous
avez appris sur vous-même, sur l'homme en général, sur
ce pays, et enfin sur votre art. Bref, si vous pouviez
résumer les différents enseignements que vous avez pu
puiser dans un contact prolongé et intime avec ce pays,
ce peuple, sa philosophie, ses temples et sa nature.

P. C. — Eh ben je dois dire que ce qui m'a frappé le
plus en Chine, ce qui m'a plu tout de suite dans ce pays
par rapport à l'Amérique que je quittais : c'est un peuple de bonne humeur, un peuple optimiste. C'est un des
peuples les plus malheureux, comme on dit, ou du moins
les plus misérables qui existent. La misère en Chine
dépasse toute proportion avec ce que nous savons en
Europe, et en même temps vous ne voyez que des gens
qui rient, qui ont l'air heureux. Même un mendiant,
même un lépreux, même des gens qui vivent dans les
conditions les plus misérables, eh bien une petite pipe
de tabac, une petite, toute petite coupe d'alcool de riz
qu'ils boivent, un ami qui vient causer avec eux, une
partie de dés ou de cartes qu'ils font ensemble, les rend
parfaitement heureux. Ils vivent dans le moment présent et ne s'en font pas, comme on dit. J'ai trouvé ça
une leçon extrêmement profitable pour moi. C'est ça
qui me rend surtout les Chinois sympathiques. C'est
un peuple optimiste et un peuple qui est constamment
de bonne humeur. En même temps c'est un peuple
j'appellerai naïf, qui ne cherche pas, n'a pas de soucis
artificiels, qui prend les choses comme elles viennent et

qui a une espèce de reconnaissance instinctive avec les
bons moments de la vie, si courts qu'ils puissent être,
et qui prend avec une espèce de résignation — résignation n'est pas le mot, mais avec une espèce d'entrain
même toutes les mauvaises qu'il peut y avoir, et Dieu
sait que les mauvaises choses sont nombreuses et fortes
en Chine! S'il fallait vivre la vie d'un mendiant chinois,
ou même d'un artisan chinois, nous ne serions pas très
satisfaits.

En plus, le Chinois a un don de camaraderie. Il a un
don presque animal de vivre en compagnie avec les
camarades, avec ses amis, avec sa famille. Et ça aussi
me plaisait énormément.

Et puis enfin la Chine a une vieille tradition artistique, on est entouré de choses extrêmement belles,
extrêmement intéressantes, pas toujours de choses
extrêmement propres, mais ça a ce côté animal et naïf,
séparé de toute espèce d'abstraction, de toute espèce de
chose artificielle, qui plaît beaucoup à un artiste et à
un poète.

J. A. — Eh bien, vous en tant que poète, en tant
qu'artiste, avez-vous puisé quelques leçons de la Chine,
des artistes chinois?

P. C. — Certainement. Dans les mœurs chinoises,
il y a une chose qui m'a beaucoup plu, c'est la politesse.
Ce qui domine en Chine, c'est l'art de vivre les uns avec
les autres. Dans toutes les circonstances de la vie, il y a
une manière polie, une manière noble, une manière
convenable de faire les choses, et il y en a une mauvaise.
Toutes les circonstances de la vie, il y a une espèce de
code de la politesse qui les règle, et ça existe aussi bien
chez les paysans, chez l'ouvrier, chez l'homme le plus
simple, que ça existe chez les bourgeois ou chez l'homme
distingué. Évidemment, vous voyez le Chinois cracher
par terre, roter, etc., mais tout ça ils n'ont pas le même
code que nous, mais ils en ont un extrêmement incarné

chez eux, qui est extrêmement devenu une habitude, qui donne un cachet d'élégance et de satisfaction à la vie que j'appréciais beaucoup.

Quant à la philosophie chinoise, j'ai beaucoup apprécié le Tao. Je ne peux pas dire que le confucianisme m'ait spécialement plu, mais le Tao a eu beaucoup d'influence sur moi. Le Tao est une espèce de glorification du vide, une recommandation à l'homme de se toujours trouver dans un état de disponibilité parfaite. Par exemple, le Tao nous dit que l'homme sage agit en n'agissant pas, qu'il gouverne en ne gouvernant pas. Enfin, c'est plutôt une attitude de disponibilité continuelle, de tâcher toujours d'être en état de simplicité et de disponibilité à l'égard des circonstances. Ce serait trop long à expliquer, n'est-ce pas, parce que le Tao est une chose en somme assez complexe. Mais il y a un livre sur le Tao que j'ai beaucoup fréquenté et que je trouve admirable, c'est le livre de Tchouang-Tseu, Tchouang-Tseu qui était un philosophe taoïste qui a succédé à Lao-Tseu, qui vivait vers le v<sup>e</sup> ou le vi<sup>e</sup> siècle. C'est Tchouang-Tseu qui a fait cette maxime, que je me suis souvent amusé à citer en France, pour mettre dans tous les établissements d'instruction : *Les choses qu'on peut apprendre, les choses qu'on peut enseigner, ne valent pas la peine d'être apprises.* (*Rire.*) C'est une des maximes familières du Tao.

J. A. — C'est une maxime qui est plus qu'une boutade.

P. C. — Ah! Ah! Oui c'est plus qu'une boutade. Ça a l'air d'une boutade, ç'a en est une mais il y a quelque chose de vrai là dedans. Ça donne un aperçu très profond sur l'état d'esprit chinois. Il y a beaucoup du Tao chez les Chinois.

J. A. — Oui, en somme, si je me permets de résumer ainsi, ce que vous paraissez avoir beaucoup apprécié dans le Tao, c'est la liberté que l'on peut prendre à l'égard des circonstances et un certain détachement intérieur.

P. C. — C'est ça. Un état de souplesse et de disponibilité à l'égard des choses.

J. A. — Mais vous n'avez pas rencontré en Chine que le Tao et le confucianisme, vous avez aussi rencontré le bouddhisme, et quelle est votre position?

P. C. — Le bouddhisme en Chine ne m'a pas spécialement intéressé, je dirai. Le bouddhisme tel que je l'avais vu à Ceylan m'avait profondément répugné, ça je dois le dire. Ces énormes bouddhas étendus, couchés dans des autels obscurs, dans des temples obscurs, m'avaient répugné. Le bouddhisme chinois ne m'avait pas beaucoup plu non plus. Le bouddhisme sous sa forme japonaise m'a beaucoup plus intéressé. Dans ce bouddhisme japonais, il y a une espèce de mélancolie amère et profonde qui est vraiment intéressante. Sous sa forme japonaise, la forme amidaïste du bouddhisme m'a plu davantage que le bouddhisme chinois.

J. A. — Oui, cette répugnance et cette réprobation à propos du bouddhisme, vous l'avez exprimée d'ailleurs avec une grande vigueur dans un des poèmes de *Connaissance de l'Est*...

P. C. — Il s'agit du bouddhisme indien surtout.

J. A. — ... quand vous dites : *La méthode est que le sage, ayant fait évanouir successivement de son esprit l'idée de la forme et de l'espace pur et l'idée même de l'idée, arrive enfin au néant, et, ensuite, entre dans le nirvana. Et les gens se sont étonnés de ce mot. Pour moi, j'y trouve à l'idée de néant ajoutée celle de jouissance. Et c'est là le mystère dernier et satanique, le silence de la créature, retranchée dans son refus intégral, la quiétude incestueuse de l'âme assise sur sa différence essentielle.*

P. C. — Eh bien, je pense encore à peu près comme ça. Seulement, le bouddhisme japonais est beaucoup plus artistique et il s'y ajoute une nuance de mélancolie paisible qui est assez attrayante.

J. A. — Mais nous reprendrons...

P. C. — Dans le bouddhisme chinois, je ne dois pas oublier non plus ce temple de Kouchang, qui était près de Fou-Tchéou, où j'allais quelquefois, qui était au milieu d'une grande forêt, ce qui est rare en Chine, n'est-ce pas, il y a très peu de forêts en Chine, au moins dans les parties les plus anciennement cultivées. Il y avait une cloche qui était mue par une chute d'eau, qui sonnait régulièrement à peu près toutes les minutes. Cette cloche avait un son admirable. Je l'entends encore qui résonnait à travers la forêt de cèdres quand je montais au temple de Kouchang.

J. A. — C'est cette cloche dont vous racontez la légende dans *Connaissance de l'Est ?*

P. C. — Non, non, j'en parlerais plutôt dans *Le Repos du Septième Jour*. La cloche qui dit « non », vous savez...

J. A. — Ah bien !...

P. C. — Vous vous rappelez ça ?

J. A. — Parce que la cloche, et d'une façon générale tous les instruments à percussion, jouent un grand rôle dans votre œuvre...

P. C. — Oui, dans *Le Repos du Septième Jour*, je parle de cette cloche qui dit continuellement : non, non, non, non...

J. A. — Eh bien, puisque vous citez vous-même le nom de ce drame : *Le Repos du Septième Jour*, j'aimerais bien que vous nous en parliez un peu. C'est un drame très difficile, dont la représentation me paraît presque impossible. Je ne sais si elle sera entreprise un jour, si vous y avez pensé vous-même, mais c'est un drame pour moi encore plein de ténèbres et de mystère. C'est un drame théologique assez étonnant, et peut-être pourriez-vous donner quelques éclaircissements sur ses origines et sur son sens.

P. C. — Je suis très gêné pour vous en parler, parce qu'il y a énormément de temps que je ne l'ai relu. Je

ne sais pas, je ne suis pas sûr de l'avoir jamais relu
depuis le moment où je l'ai écrit. Autant que je me rappelle, c'était un drame d'étude, à la fois un moyen pour
moi d'explorer ce que je commençais à comprendre ou
à apprendre de la Chine, et d'autre part un moyen de
sonder et de me faire une idée sur certains problèmes
théologiques qui se posaient également à mon esprit,
parce qu'en même temps que je l'écrivais, je poursuivais
cette étude de saint Thomas dont je vous ai parlé.

J. A. — Oui, c'est le problème du mal surtout qui
est au centre du drame.

P. C. — Alors il y a beaucoup de ce mélange à la fois
de mes études chinoises et de mes études théologiques
qui se trouvent tant bien que mal amalgamées dans
le drame dont vous parlez.

## *Vingtième entretien*

Jean Amrouche. — Nous avions abordé la dernière
fois *Le Repos du Septième Jour*, drame théologique sur
le problème du mal. Il ne me paraît pas inutile de pousser un peu notre examen.

Nous sommes en Chine, l'Empereur s'est retiré en
un lieu écarté, et sa cour l'a suivi, ou du moins les grands
dignitaires de la cour. Et le pays, le peuple chinois, sont
aux prises avec un drame effroyable : les vivants sont
envahis par les morts. Aucun vivant ne peut faire quoi
que ce soit : ni dormir ni manger, sans éprouver la
sensation d'un attouchement absolument horrible,
et il s'agit de savoir comment se défaire de cette invasion
des morts, de leur présence multiple, aussi bien diurne
que nocturne.

PAUL CLAUDEL. — Eh bien, ce que vous dites là me donne une clé, me donne en effet la clé du drame. Les pays païens sont une chose dont on ne peut pas faire idée si on n'a pas contact avec eux. Il y a deux choses qui sont très propres au paganisme, et spécialement au vieux paganisme chinois, qui touche aux premières expériences de l'humanité, deux choses font le paganisme : primo, le contact des morts et secundo la crainte du diable. Les morts jouent un très grand rôle en Chine. Le culte des morts, les rapports qu'on a avec eux, tiennent une énorme place dans la vie chinoise, du moins dans la vie chinoise telle qu'elle existait à ce moment-là. Et en second lieu, la crainte du diable. Là où j'étais, jamais mes domestiques n'auraient consenti à sortir, dans le petit ermitage où je vivais dans la montagne, le soir jamais ils n'auraient consenti à sortir : ils avaient peur des « koueî », des démons. La présence du démon et la présence des morts sont une chose universelle en Chine. Les vivants, les morts et les démons vivent en contact continuel. De là vient justement cette ambiance dont vous me parlez du premier acte du drame en question.

J. A. — Alors l'Empereur, pour refouler les morts dans leur domaine et leur interdire l'accès du monde des vivants, accepte de tenter l'expérience d'une descente aux enfers. L'Empereur est obligé, à son corps défendant, d'user de la magie noire, et c'est grâce aux artifices d'un sorcier qu'il parvient à faire surgir, sous la forme d'une flamme, l'antique empereur Hoang-Ti, qui lui apparaît tout armé et tout vêtu des vêtements impériaux, tandis que les dignitaires de la cour qui sont là ne voient pas Hoang-Ti. Et un dialogue s'engage entre les deux empereurs. Puis Hoang-Ti, arrivé au bout de ce qu'il peut enseigner à son successeur, rejoint les lieux souterrains, et l'Empereur reste seul, mais il n'a pas obtenu d'autre réponse que celle-ci : que les vivants mangent le bien des morts, et que par le fait même qu'ils mangent le bien des morts, ils commettent un péché extrêmement grave. Mais l'Empereur ne sait pas quels rites il faut accomplir pour se laver de ce péché...

P. C. — C'est le second acte, ça.

J. A. — C'est le second acte. Et c'est à ce moment-là qu'il descend aux enfers et qu'il rencontre successivement sa mère, puis le démon lui-même, Lucifer, et enfin l'Ange de l'Empire, et c'est là qu'il apprend le secret dernier : c'est qu'il faut travailler six jours de la semaine et qu'il faut sanctifier le septième... Vous vous rappelez cela ?

P. C. — Oui, maintenant je me rappelle. Eh bien, ce que vous me dites me rappelle beaucoup mon admiration pour le théâtre chinois. J'ai été en contact avec le théâtre chinois pour la première fois à l'exposition de 89. Il y avait à ce moment-là des acteurs annamites que Claude Debussy avait également beaucoup admirés. J'ai vu ça dans les *Souvenirs* de Debussy et de Debussy lui-même, parce que j'ai connu un peu Debussy. Nous sympathisions beaucoup l'un avec l'autre. Et alors, quand j'ai été en Chine, je fréquentai beaucoup le théâtre chinois et, dans la mise en scène dont vous parlez, il y a beaucoup de ces souvenirs du théâtre chinois, évidemment.

Quant à ces idées de l'enfer, l'idée de l'enfer est une des idées les plus difficiles de la théologie chrétienne. Je commençais déjà à l'étudier, je ne peux pas dire que j'étais parvenu complètement à la pénétrer, mais enfin elle me préoccupait énormément. Les premières idées que j'en avais, qui sont exposées dans le second acte, sont des idées bien grossières et bien rudimentaires. Depuis, je suis arrivé à d'autres conceptions, mais enfin c'est tout ce qui était nécessaire au point de vue que je poursuivais à ce moment-là, qui était un point de vue purement scénique. C'est un drame transitoire, c'est un drame qui m'a servi à compléter, à extérioriser certaines idées que je poursuivais, soit sur la Chine, soit sur les mystères théologiques.

J. A. — Vous ne pourriez pas être un peu plus expli-
cite quant à ces mystères théologiques, et particulièrement quant à ce problème du mal ?

P. C. — Oh ! ça me pousserait très loin, et aujourd'hui
spécialement je ne me sentirais pas apte à en parler,
parce que ça touche à des choses très complexes et très
profondes.

J. A. — Eh bien, nous allons passer à un autre sujet,
à un sujet peut-être plus intime, et peut-être plus indiscret aussi.

Aux environs de 1900, lorsque vous commencez à
écrire la deuxième partie des poèmes de *Connaissance
de l'Est*, il semble que vous entriez dans une crise profonde. Vous vous demandiez, et sans doute avec beaucoup d'incertitude et d'angoisse, quelle devait être votre
voie, si vous ne deviez pas renoncer à la vie du monde
pour entrer dans les ordres. D'ailleurs, en septembre 1900,
vous avez fait une assez longue retraite à l'abbaye de
Ligugé.

P. C. — Eh bien, oui. Toute ma vie en Chine, ces
cinq ans, avait été le théâtre de grandes réflexions de
ma part. Je me demandais de quel côté je devais m'engager ; et alors avec autant de sincérité que je le pensais,
je voulais me faire, mon Dieu, me faire moine, je le
croyais à ce moment-là. J'ai d'abord été à Solesmes, ensuite à Ligugé, et j'étais absolument décidé à ce moment-
là à renoncer complètement à l'art et à la littérature.
C'était un sacrifice pénible. A quel degré de sincérité
étais-je parvenu à ce moment-là ? Il est très difficile de
s'en rendre compte ; mais enfin je croyais être tout de
même aussi sincère que je pouvais l'être. C'était le moment des Boxers, le moment du siège de Pékin. La Chine
était très bouleversée. Et après que j'aie été nommé, reçu
oblat au monastère de Ligugé, les supérieurs, probablement pour m'éprouver davantage, ont jugé que je devais
revenir en Chine. Alors ça a été un grand déchirement

pour moi, parce qu'un sacrifice comme celui que j'avais
fait ne se refait pas deux fois dans l'existence. Je me
rappelle qu'à ce moment-là je suis monté dans la chapelle des novices, qui était là à Ligugé, et je suis resté
là en grande perplexité pour savoir ce que je devais faire.
Et alors j'ai reçu une réponse très nette, très catégorique,
et parfaitement simple : *non*. Pas d'autres commentaires,
rien que ça, une négation pure et simple, aussi claire et
aussi nette que possible. Mais d'alternative, aucune autre
indiquée, simplement : non, voilà tout. Je ne pouvais
pas, la voie m'était barrée.

J. A. — Puis-je vous demander de préciser sous quelle
forme cette réponse vous fut donnée ?

P. C. — Ça, je vais vous dire, c'est de ces mystères
de la prière, n'est-ce pas ? Je ne peux pas vous les expliquer. Je serais bien embarrassé de le faire moi-même.

J. A. — A Ligugé, dans cette chapelle des novices,
vous avez été éclairé d'une façon décisive sur la voie à
suivre. Il fallait donc rester dans le monde et persévé-
rer dans ce combat où vous étiez engagé...

P. C. — Non, non, non! Rien de positif, simplement :
*non*. Pas autre chose.

J. A. — Mais quelle était la question que vous formu-
liez dans votre prière ?

P. C. — Dois-je me faire moine, dois-je entrer à Ligugé ? — *Non*. Et voilà.

J. A. — Pas autre chose que cela, et vous avez été
suffisamment éclairé.

P. C. — Enfin, naturellement, j'essayais de discuter.
Je n'étais pas encore complètement convaincu, n'est-ce
pas ? Après tout, je croyais avoir fait un sacrifice épouvantable en sacrifiant toute ma vie, renonçant à l'art,
renonçant à la littérature, renonçant enfin à tout ce qui
était en général l'intérêt de l'existence. Je croyais avoir
fait un sacrifice considérable. Et alors, je me suis trouvé
en face tout à coup de ce mur interposé me disant : *non*.

J. A. — Mais en quoi ce sacrifice était-il accompli, et en quoi était-il si douloureux ?

P. C. — Ça, en quoi était-il douloureux ? En somme, je suis, vous le voyez que j'ai une carrière artistique assez importante, et une carrière littéraire. Eh ben, tout ça était en moi en puissance. Il y avait tout un monde, d'idées, de personnages, de mots, de paroles, enfin « ce peuple en moi mouvant » dont on parle dans les *Vers d'Exil*. Tout ça, j'avais décidé d'y renoncer, simplement de me soumettre à une volonté extérieure. Alors, c'était un sacrifice tout de même assez pénible, quelles que soient les sournoiseries de la nature humaine ainsi bravée, qui essaie de protester tout de même et qui cherche des échappatoires. Mais ma volonté éclairée était bien de me soumettre et de renoncer complètement à tout ça.

J. A. — Excusez-moi, je crois avoir très mal posé ma question, et je dois dire qu'il ne m'est pas très facile de questionner, car vous venez de parler avec tant de simplicité d'une chose qui constitue évidemment un drame déchirant, et j'en ai été tellement ému que j'ai perdu le fil de la question que je voulais vous poser ; j'y reviens. Je voulais dire ceci : pourquoi pensiez-vous que pour vous faire moine, pour vous consacrer entièrement au service de Dieu, il vous fallût sacrifier en vous la poésie et ce monde de personnages qui demandaient justement à naître ?

P. C. — Parce que l'Évangile dit : *Malheur à ceux qui regardent en arrière*, n'est-ce pas, *malheur à celui qui met la main à la charrue et qui pense à autre chose, malheur à celui qui monte sur le toit de sa maison et qui redescend pour aller chercher ses vêtements*. Eh bien, le don à Dieu, tel que je le comprenais, était total et ne comprenait aucune espèce de réticence ou de refus. Par conséquent, c'était la table rase, c'était tout ou rien. Du moment où c'était tout, je ne voulais pas garder aucune espèce d'attachement à ce que j'avais auparavant. Ça c'est le

b a ba de la vie chrétienne, si je peux dire, ce n'est pas
une chose tellement exceptionnelle. C'est, du moment
où on se donne à Dieu, il faut se donner complètement.
Sans ça, c'est pas la peine de se donner.

J. A. — Mais en fait, le sacrifice, n'était-il pas le sacrifice du passé ? Le passé était le passé. C'était le sacrifice
du futur.

P. C. — Parfaitement, oui, oui.

J. A. — Par conséquent, le sacrifice du futur, ce futur
que vous pensiez devoir supprimer à l'avance, empêcher
d'être, ne tombait pas sous le coup de la condamnation
évangélique.

P. C. — D'ailleurs, la vocation religieuse, ou elle n'est
rien, ou elle est la substitution de la volonté de Dieu à la
vôtre propre. Eh bien, ma volonté je la coulais à fond.
Je ne sais pas si vous avez lu un poème de moi qui
s'appelle *Sainte Thérèse* ; ces choses-là sont expliquées.
La vocation religieuse, c'est... on coule à fond son bateau,
les vaisseaux sont brûlés, si je peux dire. Et alors, tout
ce qui viendra après, eh ben c'est l'inconnu, c'est la
volonté de Dieu qui aura à écrire sur une page complètement blanche. Si vous emportez avec vous quelque
chose du vieil homme, ou si vous ne faites pas votre
sacrifice complet, eh ben vous n'êtes pas fait pour la
vie religieuse.

J. A. — Mais, pardonnez-moi, il me semble que ce
que vous dites est un peu contradictoire à certains
enseignements que nos auditeurs auront pu tirer de
ces conversations, particulièrement sur le fait que
l'homme soit indéchirable et qu'il ne soit pas possible,
ni souhaitable même, de sacrifier de lui quelques forces
que ce soit ; qu'il s'agit de les orienter, de les diriger, de
les mettre au service de Dieu certes, mais qu'il n'est
pas possible de les détruire.

P. C. — Oui, il ne s'agit pas non plus de les détruire ;
mais il s'agit du commandement de toutes ces forces

complexes, de les abandonner, et de l'abandonner à
Dieu. Et là c'est là où est la difficulté. Personne ne renonce
au commandement de ses propres forces, de sa propre
individualité, avec plaisir. Évidemment, vous êtes un
individu : comme tel vous êtes une image de Dieu,
mais vous avez cessé d'en prendre le commandement. Le
commandement, vous le remettez à Dieu, ou à son supérieur humain si vous êtes moine.

J. A. — Cette question me paraît si importante que
je me permettrai de la poser sous deux formes encore.
Celle-ci, qui est une proposition tout à fait générale :
pensez-vous que la vocation poétique soit contradictoire à la vocation sacerdotale et qu'un prêtre ne puisse
pas être un poète ?

P. C. — Je crois que... non... Précisément ce n'est pas
défendu. Mon Dieu, un prêtre de campagne par exemple, qui a beaucoup d'heures libres dans sa vie, qui
s'amuse de temps en temps à écrire des petits poèmes,
eh ben, mon Dieu, c'est comme s'il faisait de la menuise-
rie, ou comme s'il s'amusait à faire du jardinage. Ça
n'a pas plus d'importance que ça, n'est-ce pas. Souvent,
des prêtres me demandent conseil à ce sujet-là. Je leur
dis : si ça vous amuse de faire des vers, ou de faire de la
poésie, faites-le, ce n'est pas spécialement estimable.
Vous élèveriez des lapins ou des poules que ça serait à peu
près la même chose, n'est-ce pas ? C'est tout autre chose.
La question essentielle est de faire de la poésie le but
principal de la vie. Or, si vous êtes moine, ou si vous
êtes religieux, ou si vous êtes prêtre, ce but principal de
la vie ne peut pas être la poésie ou la littérature. Ça ce
n'est pas possible. Il y a une contradiction dans les termes.

J. A. — Il est possible de sacrifier, dans une certaine mesure, la poésie, non pas en tant que vocation,
mais en tant qu'acte, à l'exercice du sacerdoce.

P. C. — Oui, mais c'est des choses moitié moitié
pour lesquelles je n'étais pas fait. Du moment...

J. A. — Vous aviez bien fait cette chose moitié moitié avec la diplomatie.

P. C. — Ah oui, mais c'est pas pareil! *(Rire.)* La diplomatie n'exige pas, n'est pas un don d'homme à homme, un don comme le mariage. C'est une chose complètement différente. Je ne vole pas mon patron, si je peux dire, en employant les heures que j'ai libres comme il me convient de le faire. Ça, ça fait partie de mon contrat avec lui. Mais quand je promets à Dieu d'être entièrement à lui et que je lui vole n'importe laquelle de mes pensées ou de mes mouvements, je commets une malhonnêteté. Ce n'est pas honnête.

J. A. — Vous pensez par conséquent qu'entre le chrétien qui vit dans le siècle et le chrétien qui se retire du siècle et qui vit dans les ordres, il y a une différence essentielle, que le contrat entre lui et Dieu n'est pas le même?

P. C. — Essentielle n'est pas le mot, parce que les obligations profondes restent les mêmes ; mais un prêtre fait un contrat particulier avec Dieu, il s'y engage comme une femme s'engage à son mari. Il y a une question d'honneur profond, d'honneur essentiel qui est engagé. Le prêtre donne tout à Dieu. S'il fait des réserves, s'il se réserve quelque chose, ce n'est pas honnête, en tout cas ce n'est pas honorable.

J. A. — Mais le poète chrétien, croyez-vous qu'il ne donne pas tout à Dieu?

P. C. — Oh non! Ça touche à bien des choses. C'est là en général, c'est là, puisque vous touchez un sujet très délicat, c'est un sujet évidemment de remords pour un chrétien : quand il a compris l'exigence de Dieu évidemment même quand sa vocation de chrétien, mon Dieu, est utile aux autres, il a tout de même le sentiment de quelque chose d'inférieur. Il est certain que le poète sera toujours inférieur au saint. Il n'y a pas de comparaison entre un saint comme saint François ou un poète

aussi distingué qu'il puisse être et qui joue du violon
en l'honneur de la gloire de Dieu.

## *Vingt et unième entretien*

JEAN AMROUCHE. — Durant notre dernier entretien, vous avez évoqué ce que j'ai cru devoir appeler la
tentation du sacerdoce, le séjour que vous avez fait en
1900 à l'abbaye de Ligugé pour savoir si vous deviez
ou non renoncer au monde et à la poésie pour entrer dans
les ordres, et à ce propos nous avions abordé un problème général : il s'agissait de savoir si l'état sacerdotal
est ou non compatible avec l'état de poète.

PAUL CLAUDEL. — Il n'est pas exclusif de l'état de
poète, si vous faites des sonnets ou des petits poèmes
agréables, n'est-ce pas, qui ne tiennent pas à l'essentiel
de votre existence. Mais l'attention complète, l'exigence
totale et profonde qu'exige le service de Dieu n'est pas
compatible avec la profonde attention qu'un vrai poète
doit à son œuvre. Sans qu'il y ait opposition proprement
dite, il y a une question assez méprisable, enfin. Je trouve
que quand on est prêtre, il faut l'être tout entier, depuis
les pieds jusqu'à la tête, n'est-ce pas, donner tout ;
sans ça, si on fait des réserves, vous êtes moitié moitié,
enfin ce n'est pas chic...

J. A. — Eh bien, ce problème, ce n'est pas moi qui
l'ai abordé, en réalité c'est vous parce que ce problème
c'est vous qui m'avez amené à l'aborder, parce qu'il
était au centre de vos préoccupations.

Et il m'avait paru en effet que vous étiez le siège et
l'enjeu d'un conflit qui s'était traduit par cette tentation du sacerdoce, et d'ailleurs tout dans votre œuvre

y menait, et déjà dans *La Ville*, que je vous rappellerai, quand le poète Cœuvre, à la fin de la pièce dans la deuxième version, réapparaît devant son fils Ivors qui doit être le prince de la nouvelle cité, devant le fils qu'il a eu de la femme Lâla, Cœuvre n'est plus le poète, il est l'évêque. Il porte la mitre et il tient la crosse à son poing. A ce moment-là, Cœuvre a renoncé à la poésie, selon vous...

P. C. — Oui.

J. A. — Par conséquent, pour vous aussi, c'était ce genre de choix qu'il convenait de faire : ou la poésie, et le monde, et ses embûches, et ses difficultés, et ses drames, et notamment ce drame terrible dans lequel vous entriez me semble-t-il, ou bien alors le renoncement à ce monde et le service de Dieu sans aucune réserve de quoi que ce soit, et par conséquent l'oblation totale même de ces créatures futures, de ces œuvres que l'on porte en soi et dont on sent la pression et le bouillonnement...

P. C. — Eh ben, c'est ça. A ce moment-là, dans cette petite chapelle de Ligugé, j'ai senti que je n'appartiendrais jamais à la classe A, que j'étais relégué pour à jamais dans la classe B, n'est-ce pas... *(Rire.)*

J. A. — Oui, et pourtant ces gens...

P. C. — C'est-à-dire dans les gens qui, mon Dieu, exploitent des dons naturels qu'ils ont pu recevoir, mais que le bon Dieu n'égalera jamais à ses vrais saints, n'est-ce pas, eux qui ont tout donné.

J. A. — Sans doute, mais ne pensez-vous pas que nous soyons tous appelés à être ses vrais saints ?

P. C. — Oui, certainement. Seulement, il y a des catégories diverses. Alors, on n'appartient pas à la catégorie vraiment la plus relevée, n'est-ce pas ?

J. A. — Car vous-même, en tant que poète, vous n'avez cessé d'appeler les hommes à entrer, à participer dans cette catégorie A. Déjà, dans *Connaissance de l'Est*, vous écriviez :

*Tel est le rythme respiratoire et vital de ce monde dont l'homme doué de conscience et de parole a été institué le prêtre pour en faire la dédicace et l'offrande, et de son néant propre uni à la grâce essentielle par le don filial de soi-même, par une préférence amoureuse et conjugale.*

Ainsi, c'est vous-même qui faisiez ce rapprochement non seulement entre le poète et le prêtre qui offre le sacrifice, mais entre tout homme doué de conscience qui doit comprendre qu'il a reçu en dépôt le monde, et que sa fonction propre d'homme est de se saisir du monde et de l'offrir perpétuellement à Dieu. Et il me semblait que par cette façon de concevoir et le destin de l'homme, et particulièrement la vocation du poète, cette antinomie dont nous avons si longuement parlé était abolie.

P. C. — Oui, elle est abolie d'une certaine manière. Ça n'empêche pas qu'il y a toujours plus de mérite et plus de noblesse à ne pas faire le choix soi-même et à se mettre complètement entre les mains de Dieu qu'à agir suivant ses goûts, suivant ses propensions naturelles, suivant... enfin suivant l'homme, quoi. C'est la différence d'obéir à l'esprit ou d'obéir à la chair. Or, dans cette vocation du poète, telle que vous la décrivez, il y a beaucoup de chair et de sang, il n'y a pas de doute.

J. A. — Mais il y a beaucoup de chair et de sang que nous n'avons pas faits nous-mêmes. Il y a beaucoup de chair et de sang qui nous ont été donnés pour être sanctifiés et qui ressusciteront au dernier jour...

P. C. — Enfin, on se console comme on peut. C'est ce que j'ai fait.

J. A. — Vous pensez donc que c'est une consolation ?

P. C. — Oui, mais j'ai eu l'impression tout de même de ne pas faire le maximum, il aurait pu y avoir... ce n'est pas complètement impossible. Si j'avais été vraiment un saint ou un héros, qui sait si je n'aurais pas passé outre à cette défense de Dieu, et si malgré tout je n'aurais pas pu être véritablement un saint? Mais la voie m'a été barrée.

J. A. — Oui, mais je dois dire que nous autres hommes nous aurions été peut-être bien privés, et privés de tout ce que vous vous prépariez à nous donner, car enfin jusqu'ici, jusqu'à *Connaissance de l'Est*, on peut dire que vous avez écrit une œuvre de jeunesse, très belle, très riche, pour laquelle j'ai personnellement non seulement une très vive admiration, comme j'espère vous l'avoir un peu montré, mais une sorte d'affection passionnée ; — cependant il s'agit bien d'œuvres de jeunesse, et vous alliez vers 1900 vous montrer sous votre véritable jour, c'est-à-dire maître de vos moyens, maître d'un style, maître d'un langage, d'un art, dans tout le sens que l'on peut donner à ce mot. On a le sentiment que jusque-là, jusqu'à la deuxième partie de la *Première Ode*, *Les Muses* ; que jusqu'à *Partage de Midi*, il y avait eu dans votre œuvre comme une aperception lointaine de ce qui allait devenir une réalité, qu'il y avait eu dans votre œuvre la Femme — avec un grand F, — l'Amour — avec un grand A —, que vos personnages d'ailleurs avaient chanté magnifiquement, mais en quelque sorte chacun d'entre eux avait projeté dans le verbe une soif, et une peur de s'abreuver à cette source brûlante qu'est l'amour.

Vers 1900, ou entre 1900 et 1905, voici qu'il ne s'agit pas de la Femme, mais d'une femme, voici qu'il ne s'agit pas seulement de l'Amour, mais d'un amour. Est-ce exact?

P. C. — Oui, vous avez très bien défini la situation. Seulement, je regrette de ne pas pouvoir vous ajouter beaucoup de renseignements à ceux que le lecteur peut puiser à la lecture même de mon drame qui se rapporte à cette époque-là, c'est-à-dire *Partage de Midi*, et aux quelques commentaires que j'en ai faits quand ce drame, après beaucoup d'hésitations de ma part, a fini par être représenté au Théâtre Marigny. J'ai vraiment dit à peu près à ce moment-là tout ce que j'ai à dire sur ce sujet, n'est-ce pas?

J. A. — Je ne voudrais pas être indiscret, mais ce n'est pas tant ce sujet lui-même, ce sujet tout intime et confidentiel, qui m'intéresse. Je veux dire qu'il ne m'intéresse pas en lui-même. Il m'intéresse uniquement en ce que nous avons le sentiment qu'à partir de ce moment-là, votre œuvre part sur de nouvelles bases, ou, sinon sur de nouvelles bases, qu'il y a quelque chose d'intime qui se trouve transformé par cette épreuve, et j'aurais voulu savoir dans quelle mesure au moment où vous avez commencé à écrire après 1900, vous aviez eu vous-même le sentiment de cette espèce de modification de substance.

P. C. — C'est pour ça que mon drame s'appelle *Partage de Midi*. J'ai en effet la sensation d'être arrivé à un tournant, ou si vous aimez mieux, à un versant complètement différent. Cette période, au point de vue de ma production, est très pauvre en œuvres. Il n'y a guère que la seconde partie de *Connaissance de l'Est*, la seconde partie de la *Première Ode*, et puis alors *Partage de Midi* qui en marque la conséquence. Mais, s'il y a une œuvre extrêmement importante, au contraire, qui domine à un point de vue intellectuel toute mon œuvre, c'est *Connaissance*, les traités sur la *Co-naissance* et la *Connaissance* qui ont été écrits à ce moment-là. A ce moment où j'avais renoncé à l'expression poétique proprement dite, il y a eu une espèce d'efflorescence intellectuelle. Toute la philosophie de mon œuvre, tout le côté purement philosophique et intellectuel s'est cristallisé dans deux traités, qui sont *La Connaissance du Temps*, et le *Traité de la Co-naissance au monde et de soi-même*, ce livre très important, auquel je n'ai cessé de puiser dans tout le reste de ma création littéraire, à la fois intellectuelle et artistique, et sur lesquels un Père jésuite canadien, le Père Angers, a récemment écrit tout un traité, tout un commentaire que j'ai lu moi-même avec intérêt, parce qu'il sert de base à toute ma production actuelle sur la Bible et sur les théories religieuses auxquelles la Bible sert de fondement.

J. A. — Je comptais d'ailleurs consacrer un de ces entretiens à l'étude, très sommaire malheureusement, de cet *Art poétique* qui est évidemment la pierre angulaire, tout au moins sur le plan théorique, de toute votre œuvre.

Aujourd'hui, c'est surtout des *Muses* que je voulais parler, et à vrai dire à peine de *Partage de Midi*. Des *Muses*, parce que c'est dans cette première *Ode* que vous vous désignez vous-même comme le poète nouveau, comme le poète nouveau qui apporte un langage nouveau, une poésie nouvelle, quant à sa conception et quant à sa mise en œuvre. Et il me semble que c'est une chose extrêmement importante que Paul Claudel, vers la trentaine, après avoir écrit une œuvre sur laquelle je crois tout le monde s'accorde pour en reconnaître l'importance, par une sorte de décision délibérée ou de prise de conscience en profondeur de lui-même et de son art, se reconnaît et se proclame le créateur ou le héraut d'un nouveau langage.

P. C. — Dans *Cœuvre*, j'en ai déjà parlé. Tout ce que vous trouvez dans *Les Muses* n'est guère que le développement de ce que le poète Cœuvre dit dans *La Ville*. Il y a beaucoup de rapports.

J. A. — Il y a beaucoup de rapports, mais il ne semble pas malgré tout que Cœuvre en ait eu une conscience aussi nette et aussi exacte, et en tout cas Cœuvre se reconnaît encore comme l'héritier de ses devanciers, tandis que l'auteur de la *Première Ode* rend hommage certes à Virgile, il rend hommage à Dante, il rend hommage plus encore à Pindare, mais en même temps il

leur dit adieu. Et c'est ce nouveau langage lorsque vous
dites, saluant Polymnie :

*C'est assez attendu, maintenant, tu peux attaquer le
chant nouveau. Maintenant, je puis entendre ta voix,
ô mon unique !*

C'est ce moment qui me paraît particulièrement
pathétique sur lequel j'aurais voulu, si cela vous est
possible, obtenir quelques lumières.

P. C. — Tout ça est réuni, comme je vous le dis, à
ce drame dont tous les moments sont on peut dire
simultanés, n'est-ce pas. Que ça soit avant, que ce soit
après, il s'agit d'une crise, d'une transformation
dont moi-même je serais incapable de vous dire en
détail tous les stades, n'est-ce pas, c'est presque impossible. Puisqu'il y a dans *Les Muses*, comme vous le
dites très bien, il y a une séparation. On voit très bien,
au moment où Érato entre en scène, qu'il y a une
coupure. Ce moment-là est parfaitement défini dans
cette *Ode*, justement.

J. A. — Ah oui, la coupure est extrêmement sensible
entre ce qui a été écrit avant 1904 et ce qui a été écrit
après 1904.

P. C. — Non, toute la première partie a été écrite en
1900, et l'invocation à Érato est de 1901.

J. A. — 1901 ? Parce que l'*Ode* elle-même est datée
de 1905...

P. C. — Oui, le moment où j'ai recopié toute la pièce
est 1904, mais le moment où ça a été écrit c'est 1901.

J. A. — 1901. De sorte que la distance dans le temps
entre les deux principaux mouvements de l'*Ode* est
à peine de quelques mois...

P. C. — Ces mois ont été bien occupés... *(Rire.)*
Toute la première partie, 1900, a été écrite en grande
partie quand j'étais à Solesmes, justement quand je
recherchais ma vocation ; je causais avec un jeune
Anglais extrêmement intelligent, un converti qui

s'appelait Algar Thorold, qui a fait beaucoup parler de lui depuis, je crois. J'étais sous l'impression de ce magnifique bas-relief que j'avais vu au Louvre. Enfin en grande partie, ç'a été écrit sous l'impression de mes visites à Solesmes et à Ligugé. On ne le croirait pas, n'est-ce pas, mais moi, c'était cette atmosphère. Et puis alors, *Érato*, c'est sur le bateau, alors... Mais c'est contemporain de *Partage de Midi*.

J. A. — Si, on le croit, on croit parfaitement et on conçoit très bien que toute cette *Ode* soit, si j'ose dire, musicalement dominée par le chant de l'orgue. C'est très sensible. De même que cette jointure que vous faites, et qui est si particulière, qui vous est si personnelle, entre tout l'héritage du paganisme, si vous voulez, et le christianisme, on le voit très bien par exemple dans l'essai qui termine votre *Art poétique*, essai très singulier à bien des égards, et qui est ce *Développement de l'Église*, où vous montrez bien que l'Église ne part pas de zéro, que l'Église part du temple, et que le temple lui-même n'est pas créé *ex nihilo*, et vous rattachez par conséquent le culte chrétien et l'Église chrétienne, comment dirais-je, aux premières manifestations des cultes les plus primitifs.

P. C. — Oui, ce morceau : *Développement de l'Église*, a été écrit en 1900, justement, à ce moment où je cherchais ma voie, comme je vous l'ai dit.

## *Vingt-deuxième entretien*

Jean Amrouche. — Je voudrais en revenir maintenant à la conception de la poésie, telle qu'elle est exprimée dans *Les Muses*, et qui me paraît très impor-

7

tante, et dont je voudrais savoir dans quelle mesure elle est encore aujourd'hui la vôtre. Voici ce que vous disiez :

*Ton chant, ô Muse du poète,*

*Ce n'est point le bourdon de l'avette, la source qui jase,*
*l'oiseau de paradis dans les girofliers !*

*Mais comme le Dieu saint a inventé chaque chose, ta joie est dans la possession de son nom,*

*Et comme il a dit dans le silence « Qu'elle soit ! » c'est ainsi que, pleine d'amour, tu répètes, selon qu'il l'a appelée,*

*Comme un petit enfant qui épelle « Qu'elle est ».*

*O servante de Dieu, pleine de grâce !*

*Tu l'approuves substantiellement, tu contemples chaque chose dans ton cœur, de chaque chose tu cherches comment la dire !*

*Quand Il composait l'Univers, quand Il disposait avec beauté le Jeu, quand Il déclenchait l'énorme cérémonie,*

*Quelque chose de nous avec lui, voyant tout, se réjouissant dans son œuvre,*

*Sa vigilance dans son jour, son acte dans son sabbat !*

*Ainsi quand tu parles, ô poète, dans une énumération délectable*

*Proférant de chaque chose le nom,*

*Comme un père tu l'appelles mystérieusement dans son principe, et selon que jadis*

*Tu participas à sa création, tu coopères à son existence !*

PAUL CLAUDEL. — Ce passage est assez curieux, parce qu'il marque vraiment la charnière, comme vous dites, entre mes deux conceptions poétiques. Vous y trouvez des passages purement, j'appellerai décoratifs, ornementés, qui ne sont pas sans rappeler fâcheusement d'Annunzio et certains écrivains de cette époquelà ; et puis alors quelque chose de nouveau qui se dégage et que je dois probablement à mon étude et de la Bible et de saint Thomas, c'est-à-dire la résolution d'arriver à la substance, d'arriver au fait, au substantif, c'est-à-dire pas seulement de ne pas borner ma poésie à un rôle décoratif, mais à un rôle substantiel, réel, de tâcher de voir les choses telles qu'elles sont dans leurs rapports philosophiques les unes avec les autres. Ces deux tendances sont mélangées justement dans ce passage que vous avez choisi d'une manière très heureuse, parce qu'on voit le mélange des deux tendances qui sont presque inextricablement mêlées.

J. A. — Mais dans quelle mesure cette poésie, qui est donc l'expression...

P. C. — Vous la voyez toute mêlée d'idées philosophiques...

J. A. — Mais elle est profondément mêlée d'idées philosophiques...

P. C. — Tandis que les girofliers, etc., restent un peu dans le côté un peu frivole de la toute jeunesse.

J. A. — Mais, précisément, les girofliers c'est la poésie qui n'est plus la vôtre, si j'ose dire, la poésie dont vous vous écartez, cette poésie qui n'a pas pris conscience d'elle-même et, si j'ose dire, de son rôle créateur et sacré, de son rôle séminal, pour prendre votre vocabulaire.

P. C. — J'arrive, je résume tout en disant que je suis arrivé à la substance.

J. A. — C'est cela. Mais en arrivant à la substance, dans quelle mesure pensez-vous que ce pouvoir de la poésie soit en même temps un pouvoir d'exorcisme et de purification ?

P. C. — *(Rire.)* Une question complexe. Le mot purification, au milieu de cette crise terrible que j'ai traversée, il est certain que la contemplation intellectuelle, l'étude purement intellectuelle dont le témoin est les *Traités sur la Co-naissance*, ont été un puissant secours pour moi. Elles ont beaucoup contribué à me dégager. Si j'avais été abandonné simplement au monde des sensations, des impressions, au monde esthétique proprement dit, ç'aurait été extrêmement mauvais pour moi. L'étude intellectuelle, l'étude basée sur Aristote et sur saint Thomas a été extrêmement salutaire, et a beaucoup contribué à me maintenir la tête hors de l'eau.

Quant à mes théories sur l'art, je dois avouer que je n'ai jamais réfléchi, n'est-ce pas. Je marche à tâtons. Quand je relis les choses à distance, comme vous venez de me le faire, alors je comprends comment les choses se sont mélangées, mais sur le moment même, j'ai agi, mon Dieu, presque toujours par inspiration, sans que je puisse me rendre un compte exact de mes idées. C'est comme ça que je m'exprimais à ce moment-là. Il y a derrière cette manière d'expression tout un drame, soit intellectuel, soit des sens, soit de l'imagination, dans lequel il m'est assez difficile de me débrouiller maintenant. Tout ce que je peux vous montrer, ce sont les résultats. Ces résultats sont assez significatifs, d'après cette lecture que vous venez de me faire.

J. A. — Si j'ai parlé de purification, c'est sans doute d'abord au sens tout à fait général, au sens même je crois qu'on doit accorder à ce mot dans la conception même d'Aristote, mais c'est aussi dans un sens, comment dirais-je, beaucoup plus personnel, parce que voici qu'à la fin de l'*Ode* surgit tout à coup une muse sauvage, farouche, insaisissable, et qu'il est absolument impossible de maintenir liée par les mesures du chant et même par les mesures de la danse. Elle arrive et elle bouleverse tout, et après son passage à la fois éblouissant et terrible, il ne subsiste plus d'elle, même plus un visage, même plus une forme de femme, il ne subsiste plus qu'une question et une réponse, sur lesquelles nous n'avons d'ailleurs absolument aucune lumière, si ce n'est beaucoup plus tard sans doute dans *Partage de Midi :*

*Voici celle qui n'est point ivre d'eau pure et d'air subtil !*
*Une ivresse comme celle du vin rouge et d'un tas de*

*roses ! du raisin sous le pied nu qui gicle, de grandes*
*fleurs toutes gluantes de miel !*

*La Ménade affolée par le tambour ! au cri perçant du*
*fifre, la Bacchante roidie dans le dieu tonnant !*

*Toute brûlante ! toute mourante ! toute languissante !*
*Tu me tends la main, tu ouvres les lèvres,*

*Tu ouvres les lèvres, tu me regardes d'un œil chargé de*
*désir. « Ami !*

*C'est trop, c'est trop attendre ! prends-moi ! que faisons-*
*nous ici ?*

*Combien de temps vas-tu t'occuper encore, bien régu-*
*lièrement, entre mes sages sœurs,*

*Comme un maître au milieu de son équipe d'ouvrières ?*
*Mes sages et actives sœurs ! Et moi, je suis chaude et*
*folle, impatiente et nue !*

*Que fais-tu ici encore ? Baise-moi, et viens !*

*Brise, arrache tous les liens ! prends-moi ta déesse avec toi !*
*Ne sens-tu point ma main sur ta main ! »*

*(Et en effet je sentis sa main sur ma main.)*

*« Ne comprends-tu point mon ennui, et que mon désir*
*est de toi-même ? ce fruit à dévorer entre nous deux, ce*
*grand feu à faire de nos deux âmes ! C'est trop durer ! »*

Et le poète répond :

*O mon amie sur le navire (Car l'année qui fut celle-là,*
*Quand je commençai à voir le feuillage se décomposer*
*et l'incendie du monde prendre,*

*Pour échapper aux saisons le soir frais me parut une*
*aurore, l'automne le printemps d'une lumière plus fixe,*

*Je le suivis comme une armée qui se retire en brûlant*
*tout derrière elle. Toujours*

*Plus avant, jusqu'au cœur de la mer luisante !)*

*O mon amie ! car le monde n'était plus là*

*Pour nous assigner notre place dans la combinaison de*
*son mouvement multiplié,*

*Mais décollés de la terre, nous étions seuls l'un avec*
*l'autre,*

*Habitants de cette noire miette mouvante, noyés,*

*Perdus dans le pur Espace, là où le sol même est lumière.*

*Et chaque soir, à l'arrière, à la place où nous avions laissé le rivage, vers l'Ouest,*

*Nous allions retrouver la même conflagration*

*Nourrie de tout le présent bondé, la Troie du monde réel en flammes !*

*Et moi, comme la mèche allumée d'une mine sous la terre, ce feu secret qui me ronge,*

*Ne finira-t-il point par flamber dans le vent ? qui contiendra la grande flamme humaine ?*

*Toi-même, amie, tes grands cheveux blonds dans le vent de la mer,*

*Tu n'as pas su les tenir bien serrés sur ta tête ; ils s'effondrent ! les lourds anneaux*

*Roulent sur tes épaules, la grande chose joconde*

*S'enlève, tout part dans le clair de la lune !*

*Et les étoiles ne sont-elles point pareilles à des têtes d'épingles luisantes ? et tout l'édifice du monde ne fait-il pas une splendeur aussi fragile*

*Qu'une royale chevelure de femme prête à crouler sous le peigne !*

P. C. — Eh bien, vous sentez vous-même la différence de ton entre cette deuxième partie et la première. Il y a une grande différence. On voit déjà les mêmes accents qu'on trouvera dans *Sainte Thérèse*, par exemple, beaucoup plus tard n'est-ce pas ? Il y a quelque chose de plus viril, de plus mâle, n'est-ce pas, de plus rauque.

J. A. — Quelque chose d'infiniment plus tendre aussi, de sauvagement tendre, si j'ose dire, dont il y avait déjà dans votre œuvre comme des accents qui le préfiguraient, on trouve dans *La Ville*, on trouve dans *Tête d'Or*. Mais les mots ne sont plus les mêmes. Chacun d'eux a passé par le feu.

P. C. — Eh ben *(rire)*, je ne peux pas dire mieux.

J. A. — *Partage de Midi* occupe dans votre œuvre

une place insigne, mais avant d'entrer dans le vif du
sujet de *Partage de Midi* — et quand je dis le vif du
sujet, je ne veux pas dire du drame personnel qui a été
seulement l'occasion et comme le prétexte du drame
lui-même, car une grande œuvre, nous le savons bien,
est toujours transcendante aux circonstances et aux pré-
textes qui ont été seulement l'occasion de son déclen-
chement. Ysé, qu'il ait existé ou non un prototype
terrestre de cette femme, Ysé reste ce qu'elle est, c'est-à-
dire le personnage de votre drame et quelque chose de
tout autre, et c'est en tant qu'elle est Ysé, comme elle
se définit elle-même : *Mésa, je suis Ysé, c'est moi,* c'est
en tant qu'immortellement elle porte ce nom qui est
le sien, qui est celui que vous lui avez donné, celui en
vertu duquel vous l'avez appelée à l'existence, c'est donc
en tant qu'elle est Ysé qu'elle nous intéresse.

Je voudrais vous demander de nous parler un peu
des relations que vous pouviez entretenir, entre 1900 et
1905, et tel ou tel de vos amis, ou de vos, comment
dirais-je, de vos compagnons de travail dans les lettres,
illustres ou non. C'est vers cette époque-là que vous
avez connu par exemple Gabriel Frizeau, qui a été
nourri de vos premiers drames et sur lequel vos premiers drames ont exercé une action décisive.

P. C. — J'ai connu Frizeau quand ce drame était
déjà arrivé à sa conclusion. Francis Jammes et Frizeau,
je ne les ai connus qu'en 1905, quand j'étais déjà retourné en France et que le drame en question était
somme toute fini. A ce moment-là, la grande amitié que
j'ai formée, c'est avec mes amis Berthelot. Les Berthelot
étaient à ce moment en voyage en Extrême-Orient.
M. et M^{me} Berthelot, je les avais rencontrés en Indo-
chine et ils m'avaient fait le grand plaisir de venir passer
quelques jours, quelques semaines même avec moi à
Fou-Tchéou. C'était le début d'une grande amitié, que
je m'explique mal d'ailleurs, de la part de Philippe,

parce que nous étions, nous sommes tellement différents
à tous les points de vue l'un de l'autre qu'il m'est difficile
de comprendre ce qui a pu l'intéresser en moi. Mais enfin,
le fait est là. Une amitié s'est formée entre nous, qui
était plus que fraternelle. Je ne peux pas dire à quel
point Philippe a été bon, a été fraternel, a été secourable
pour moi dans les moments les plus difficiles de mon
existence. J'ai essayé de le dire dans le discours que j'ai
prononcé sur sa tombe, mais qui est bien loin de répondre
à toute la gratitude que je sens à son égard. C'est à ce
moment-là justement, en plein drame de *Partage de
Midi*, que j'ai fait leur connaissance à tous les deux.

J. A. — J'ai relu, il n'y a pas très longtemps précisément, ce discours que vous avez prononcé sur la tombe
de Philippe Berthelot. Je l'ai lu avec beaucoup d'émotion, parce que je pense que ceux qui n'ont pas pu appro-
cher Philippe Berthelot sont loin de se douter des qualités, comment dirais-je, de sensibilité profonde qui
pouvaient être les siennes. Il passait plutôt pour une
sorte de sphinx...

P. C. — C'est le fond de Philippe qui était un des
cœurs les plus ardents, les plus sincères que j'aie jamais
connus. Il a été pour moi, comme je vous dis, un ami
incomparable. Une amitié qui s'est traduite non seulement par des paroles, mais par un secours continuel
qu'il m'apportait. Dieu sait que je ne le méritais pas et
que je lui ai donné souvent bien des ennuis. Mais enfin,
il a été toujours inlassable dans la bonté qu'il m'a té-
moignée.

J. A. — Mais ce secours, est-ce que vous en avez
eu besoin au cours de votre carrière diplomatique?

P. C. — Ah! Ah! je crois bien!

J. A. — Car enfin, vous avez passé par des épreuves
difficiles, puisque 1905 c'est la période de la séparation
des Églises et de l'État, et un diplomate, comment dirais-je, catholique jusqu'à... intransigeant, si j'ose dire,

jusqu'à l'insolence, comme vous l'êtes, devait se sentir un peu mal à l'aise.

P. C. — Je dois dire que certainement, je dois beaucoup à Philippe dans ces circonstances-là et dans les moments difficiles que j'ai traversés à ce moment-là. Mais il faut aussi rendre justice au ministère des Affaires étrangères, dont j'étais l'employé. Je dois dire que j'ai toujours rencontré la plus grande libéralité, le plus grand esprit de compréhension et de libéralisme de tous mes chefs sans exception. Je dois dire que je n'ai jamais souffert de ce côté ultra-catholique qui était le mien et que j'étais loin de dissimuler. Personne ne m'en a voulu et je ne me suis jamais aperçu que ça m'ait nui dans ma carrière.

J. A. — Il m'avait semblé justement, en lisant une partie de votre correspondance, qu'à certains égards vous aviez pu éprouver diverses craintes...

P. C. — Oui, mais c'était plutôt dans mon esprit, dans ma crainte, que dans les faits. Vous voyez qu'en fait ma carrière s'est poursuivie d'une manière on peut dire exceptionnelle, parce qu'il n'est pas normal qu'un simple petit consul comme je l'étais arrive à des postes somme toute culminants, comme ceux que j'ai occupés à la fin de ma carrière. Évidemment, je dois beaucoup à Philippe, mais je dois dire aussi que je n'ai pas rencontré d'opposition extraordinaire autour de Philippe. Enfin, je n'ai jamais eu d'ennemi déclaré au ministère, au contraire j'ai rencontré, à ce qu'il m'a semblé, la plus grande bienveillance de tout le monde.

## Vingt-troisième entretien

Jean Amrouche. — Vous évoquiez la dernière fois l'amitié et la reconnaissance qui vous liaient à Philippe

Berthelot. Est-ce à la même époque que vous avez connu Francis Jammes ?

PAUL CLAUDEL. — Eh ben, nous nous sommes écrit deux ou trois fois pendant que j'étais en Chine. Dans la correspondance de Francis Jammes on en trouve des traces. Et puis alors, c'est en revenant en France, au moment de cette crise dont je vous parle, que Francis Jammes qui traversait une crise analogue ou parallèle m'a demandé de venir le voir à... à...

J. A. — A Orthez ?

P. C. — A Orthez. Alors je suis resté là quinze jours, je crois, à côté de lui. C'est le moment où il s'est converti et nous avons contracté une amitié qui s'est prolongée jusqu'à sa mort. De même avec Frizeau, qui était le grand ami de Francis Jammes.

J. A. — Mais c'est du poète Francis Jammes que j'aurais voulu vous entendre parler aussi, car j'ai relevé dans votre correspondance un propos qu'on vous prête. On vous a prêté le propos suivant : vous auriez déclaré, par exemple, que *L'Église habillée de feuilles*, de Jammes, était un poème bien supérieur à *Sagesse*, de Verlaine. Alors j'ai épinglé ce jugement, et je voudrais vous demander ce que vous en pensez aujourd'hui.

P. C. — C'est très difficile d'établir des degrés de supériorité ; les deux poètes sont tellement différents : Verlaine, qui appartient à une génération antérieure, qui a tout un passé derrière lui qui n'est pas celui de Jammes ; Jammes, au contraire, ayant toujours vécu sur son territoire, ayant eu une existence en grande partie provinciale... On a tort. Ce sont des choses qu'on dit au courant de la plume, mais qui n'ont pas grand sens. Maintenant, je dois dire, pour être tout à fait sincère, que *Sagesse* n'est pas à mon avis le meilleur livre de Verlaine. Ce n'est pas celui que je préfère. Je préfère de beaucoup *Amour*, et même *Bonheur*. C'est dans *Amour*, je trouve, que Verlaine est arrivé à la pleine possession de son instrument. Il y a en particulier dans *Amour* un poème appelé *Bournemouth*, un poème qu'il a composé quand il était en exil en Angleterre que je trouve une des plus belles choses de la langue française. Certainement, si j'avais connu *Bournemouth* à ce moment-là, je n'aurais pas dit que je préférais Francis Jammes à Verlaine, qui est quelque chose de tout à fait inégalable. J'ai une admiration qui n'a cessé de croître pour Verlaine. Peut-être étais-je moins juste envers Verlaine que je ne le suis maintenant. C'est plus tard, et spécialement après mon séjour en Belgique, que j'ai apprécié toute l'originalité et toute la qualité véritablement exceptionnelle de la poésie de Verlaine.

J. A. — Est-ce que vous appréciez aussi, sur le plan littéraire purement s'entend, un poème comme *Crimen Amoris* ?

P. C. — Oui, je l'aime, mais comme je vous dis, pour moi, le vrai Verlaine, enfin l'époque où il atteint son sommet comme j'ai pu l'atteindre au moment de *Partage de Midi*, c'est ce livre dont témoigne *Amour*.

J. A. — Et à propos de Jammes, est-ce que vous aimez vraiment sa poésie, qui me paraît si éloignée de la vôtre, si éloignée non pas seulement de votre propre poésie, mais de l'idée que vous vous faites de la poésie...

P. C. — Oui, je l'aime, parce qu'elle est authentique. C'est un homme qui dit ce qu'il pense. A un point de vue technique, la technique de *L'Angélus du Matin et du Soir* m'a beaucoup intéressé, parce que je compare ça à un homme qui tire une cloche, la corde d'une cloche, qui ne sait jamais le nombre de coups que la cloche donnera, mais on sent la force de l'attraction et l'espèce de complicité qu'il y a entre le sonneur et la cloche elle-même. Quand vous lisez ces poèmes de Francis Jammes, vous sentez que la mesure du vers est exactement ce qu'elle doit être et qu'elle n'est due à aucune espèce de conception extérieure. C'est très différent des

Parnassiens, à ce point de vue-là. Les Parnassiens sont toujours guidés par un métronome : taratatata, taratatata... tandis que pour la première fois, dans Francis Jammes, nous sentons la poussée d'un vers qui compose lui-même son nombre et son rythme. Plus tard alors, dans *Géorgiques chrétiennes*, Francis Jammes atteint à la maturité et il adopte une mesure plus régulière, mais une mesure qui répond justement à son état d'esprit, beaucoup plus plan, si je peux dire. Il arrive à ces plateaux d'une grande moisson où les blés arrivent à une hauteur égale, et alors la forme du distique qu'il a adoptée se rapporte très bien à sa conception prosodique de l'époque.

J. A. — Mais vous parliez tout à l'heure d'une cloche que le sonneur tire. N'avez-vous pas le sentiment que cette cloche rend toujours un peu le même son ?

P. C. — Eh bien, que voulez-vous, le clocher de mon village aussi donne toujours le même son, mais je l'écoute toujours avec le même plaisir. Une rose est toujours la même, une jacinthe est toujours la même, mais enfin, on a toujours plaisir à la voir. Alors, Jammes peut rester un peu toujours dans le même registre, mais ce registre est toujours sincère, authentique, intéressant, et il y a tout de même une différence entre le Jammes des *Géorgiques chrétiennes*, et le Jammes de l'*Angélus*, et je dirais le Jammes de son dernier recueil que j'apprécie beaucoup, qui s'appelle *Source*, qui est très intéressant aussi. Il revient à la forme prosodique de la laisse des Chansons de Geste.

J. A. — Oui...

P. C. — D'ailleurs, j'ai beaucoup parlé de Jammes dans une longue étude que j'ai publiée à son sujet dans *Accompagnements*. J'avais dit à peu près tout ce que je pensais de Jammes à ce moment-là.

J. A. — Je l'ai lue, et je me demandais justement dans quelle mesure un homme comme vous, qui êtes le

plus souvent un critique si sévère, si exigeant et si attentif, si j'ose dire, à la valeur cosmique des œuvres, même
les plus brèves, car quand nous parlions de la cloche
tout à l'heure, vous évoquiez la cloche de votre village,
c'est vrai, mais la cloche, quand on la retrouve dans
votre œuvre, éveille tant d'harmoniques, tant d'échos,
qu'on a le sentiment qu'elle est elle-même comme une
sorte de résumé de la terre tout entière et que les harmoniques qu'elle émet seraient, si j'ose dire, un peu les
mêmes harmoniques, aussi riches, aussi nombreux, que
ceux que l'on obtiendrait si la terre elle-même était une
cloche sur laquelle un énorme battant viendrait frapper
ses coups, et pour moi la cloche de Jammes reste une
petite clochette, très émouvante, certes, mais...

P. C. — C'est déjà beaucoup, n'est-ce pas. La cloche
de mon village, elle est toujours la même, elle n'est pas
la cloche du Vatican, mais elle a sa valeur par elle-même
et on est toujours heureux de l'écouter. *(Rire.)*

J. A. — Vous avez aussi connu à cette époque, vers
1904, Charles-Louis Philippe...

P. C. — Oui.

J. A. — Quels souvenirs avez-vous gardés de Philippe ?

P. C. — J'ai fait un petit poème sur lui.

J. A. — Nous le connaissons bien.

P. C. — Ces dix lignes résument à peu près tout ce
que je pense de Philippe. Nous avons causé trois ou
quatre fois et Gide, dans sa correspondance — je crois,
il doit y avoir une lettre de lui à ce sujet-là — prétend
que je l'avais beaucoup impressionné, enfin que des
idées qu'il n'avait jamais eues lui étaient venues en
tête à la suite de nos conversations. Et puis alors, tout
à coup j'ai appris qu'il était mort. Ça m'a laissé peut-
être le regret — puisque ma correspondance avec Gide
me montre dans mon rôle j'appellerai apostolique,
n'est-ce pas ? *(rire)* — ça m'a laissé le regret de ne pas

avoir été peut-être plus éloquent, plus pressant que je ne l'ai été avec lui. Mais enfin, les circonstances ont été ce qu'elles sont. C'était un pauvre être, très touchant et très pathétique, qui ne manquait pas de talent, loin de là. Son dernier livre, *Charles Blanchard*, est assez intéressant parce que c'est une technique assez particulière du roman. C'est un roman, ce sont les débuts des débuts de roman : il commence un roman, il montre les quatre ou cinq manières dans lesquelles ça pourrait commencer, et ça ne finit pas. C'est assez curieux.

J. A. — C'est vers la même époque que vous avez connu aussi André Suarès, avec qui vous avez été lié d'amitié très longtemps, puisqu'il est mort seulement l'année dernière.

P. C. — Oui. Eh ben, avec lui aussi, toujours dans cette même veine dont je vous parle, nous avons eu une très longue correspondance, qui équivaut à peu près en longueur à celle que j'ai eue avec Gide et qui n'a pas tourné à de meilleurs résultats. Toutes ces conférences, toutes ces correspondances, que j'appellerai apologétiques, c'est un peu toujours ce qu'on appelait au Moyen Age la quintaine, où le chevalier avec sa lance poussait une espèce de tourniquet, et alors le tourniquet cédait et l'autre branche du tourniquet venait le frapper par-derrière. Ça pouvait continuer indéfiniment. Le chevalier pouvait pousser la quintaine indéfiniment, et la quintaine se défendait en venant le taper par-derrière. Les mêmes arguments revenant indéfiniment dans un cercle vicieux, alors quand ce jeu s'est prolongé pendant trois ou quatre ans et qu'aux mêmes arguments répondent toujours les mêmes réponses, alors on finit par se lasser, n'est-ce pas. C'est pas la peine de continuer. *(Rire.)*

J. A. — Vous avez eu aussi...

P. C. — D'ailleurs, maintenant, quand les gens viennent me poser les mêmes questions que me posaient

Gide et Suarès, je ne réponds plus du tout de la même manière. Maintenant c'est complètement différent.

J. A. — Comment répondez-vous?

P. C. — Je leur réponds en leur disant : il vaut mieux s'adresser au bon Dieu qu'à ses saints. Je leur donne quelque méthode. Je leur dis de lire trois ou quatre choses que je crois très fortes, ou bien d'aller eux-mêmes à l'église et de faire silence en eux et d'écouter. N'est-ce pas, je crois que ce système-là vaut mieux que tous les raisonnements apologétiques. Après tout, le bon Dieu a la parole lui aussi. Qu'ils s'adressent à lui, qu'ils le questionnent, et il répondra beaucoup mieux que moi. *(Rire.)*

J. A. — Mais pendant toute cette période, et qui s'est prolongée d'ailleurs assez longtemps...

P. C. — J'avais la naïveté de croire à ce moment-là que les arguments rationnels pouvaient avoir une importance et une portée quelconque, ce qui n'est pas le cas.

J. A. — Dans le domaine apologétique?

P. C. — Oh oui! *(Rire.)*

J. A. — Et vous pensiez...

P. C. — Faut pas tout de même pousser les choses à l'extrême. Ça a eu une valeur, mais ça n'a pas une valeur décisive. Enfin, ce que je veux dire, simplement : ce sont des arguments qui peuvent à un moment donné rester dans la tête du bonhomme et lui servir. Là aussi, j'en ai eu des exemples. Mais compter sur un résultat immédiat serait erroné.

J. A. — Je voudrais vous poser quelques questions autour de la publication de *Partage de Midi*. Je voudrais d'abord vous demander pourquoi vous avez retardé si longtemps la publication de ce drame?

P. C. — Parce que ça touchait à des questions personnelles très intimes dont les acteurs étaient encore vivants, et c'était quelque chose d'encore très personnel,

et une souffrance qui n'était pas complètement apaisée.
Et de plus, j'avais consulté un ecclésiastique qui m'avait
dissuadé de le publier. Alors, je me suis rangé à son
avis, je dois dire sans regret. Alors, les mêmes raisons
ont subsisté très longtemps. Et il a fallu — j'avais à peu
près oublié ce drame — il a fallu l'insistance de Jean-
Louis Barrault pour que je me décide à le réexaminer
de nouveau. D'ailleurs, vous avez vu qu'à la scène je
l'ai pas mal modifié, surtout la version définitive qui
a paru il y a quelques mois.

J. A. — Pourquoi ne vous êtes-vous pas simplement
contenté de garder le texte en manuscrit, car vous avez
fait cette fameuse publication à cent cinquante exemplaires...

P. C. — Bien, les écrivains sont une curieuse race.
Un livre n'est réellement, ne commence réellement à
exister que quand il a vu le jour. C'est comme un enfant
qui ne peut pas rester dans le ventre de sa mère, il faut
absolument qu'il sorte, n'est-ce pas. Il avait sa vocation qui était de sortir au grand jour, alors il est sorti,
il est sorti aussi peu que possible. Ce sont de ces contradictions qu'il n'est pas toujours facile d'expliquer.

J. A. — Mais je ne pense pas qu'il s'agisse d'une
contradiction. D'ailleurs, vous avez toujours apporté de
grands soins, tout au moins au début, à la présentation
typographique de vos livres. Vous aimez le caractère
d'imprimerie pour lui-même, pour sa beauté et pour sa
signification, et la relation intime que vous apercevez
toujours entre un caractère typographique et le texte
lui-même...

P. C. — Le cas de *Partage de Midi* au fond est un
peu analogue à celui de mes premiers drames, de *Tête
d'Or* et de *La Ville*, qui ont été publiés sans nom d'auteur, à la fois publiés et pas publiés, à la fois la publicité
et le mystère : alors deux besoins probablement qui
sont soit contradictoires, soit simultanés.

J. A. — Est-ce que vous sentez aussi une espèce d'éloignement de la dactylographie par rapport au texte manuscrit, alors que le caractère pour ainsi dire définitif, l'existence même du texte exige l'impression ?

P. C. — Ah oui, certainement. Je dois vous dire que j'ai horreur de la dactylographie. Quand je relis mes livres dactylographiés, j'ai une impression que je n'ai pas quand je lis l'imprimé. Je ne peux pas supporter ça au point de vue de l'œil.

J. A. — De sorte que c'est la raison, et c'est une raison profonde, qui vous a déterminé à publier néanmoins le livre, du moins à le faire imprimer.

P. C. — C'est certainement quelque chose... L'imprimerie donne une forme en somme définitive à la pensée. Il y a quelque chose de ça. Peut-être est-ce un préjugé, mais enfin c'est incontestable.

J. A. — Eh bien, je voudrais vous demander maintenant si pendant même que vous écriviez ce drame, vous éprouviez comme le sentiment d'une délivrance et comme l'effet d'un exorcisme et d'une purification ?

P. C. — Oh ! incontestablement. C'était une nécessité absolue. Et l'écriture et la publication de ce drame m'ont fait un bien énorme. C'était une question vitale pour moi. Il fallait absolument que je sorte ça.

J. A. — Est-ce que c'est particulier à ce drame, ou avez-vous le sentiment que cette vertu de l'écrit, et notamment de l'écrit poétique, est valable pour presque tous vos textes de poésie ?

P. C. — D'une certaine manière, mais beaucoup moins caractérisée que pour *Partage de Midi*, qui était une véritable délivrance, tandis que les autres étaient un besoin moins impérieux et moins immédiat que pour *Partage de Midi*. Évidemment, il y a ce besoin d'extériorisation qui est le fait de toute œuvre qui se sert de l'écrivain pour sortir de lui, n'est-ce pas. L'écrivain n'est que l'intermédiaire entre l'œuvre et le public.

J. A. — Et la sanction du public vous paraît-elle aussi nécessaire que l'acte d'extérioriser l'œuvre elle-même ?

P. C. — Le public est une chose vague, n'est-ce pas ? Qu'appelle-t-on le public ? Est-ce le public immédiat ? Est-ce celui qu'il y aura dans l'avenir ? Est-ce les anges, comme dit saint Paul ? Enfin, tout ce qu'on voudra. C'est quelque chose de très vague. C'est simplement l'extérieur. C'est un appel à l'écho, si vous voulez, ce serait le terme exact.

Si vous parlez dans le vide, ou dans une chose dont vous ne sentez pas la répercussion, la chose n'existe pas. C'est un peu comme dans la théorie que j'émets dans ce livre, dans *L'Art poétique*, que la conscience ne résulte que d'une opposition. Si par exemple vous levez la main en l'air, vous ne sentez pas votre main. Si au contraire vous l'appuyez sur un objet dur, sur une table par exemple, vous devenez conscient à la fois de votre main et de votre existence à vous. Vous comprenez ?

J. A. — Oui, oui.

P. C. — De même, c'est la même chose dans l'amour. Dans l'amour, vous avez beau avoir des sentiments vagues, si vous tenez une femme entre vos bras, vous devenez conscient à la fois d'elle et de vous-même. C'est une des choses qui accompagnent, une des raisons de l'amour, une des choses qui font partie de sa psychologie. Alors justement la publication donne ça, elle donne l'impression d'une résistance, d'un ressort, d'une conscience que vous avez de votre propre œuvre.

## Vingt-quatrième entretien

Jean Amrouche. — Vous disiez, à la fin de notre dernier entretien, que l'écrivain n'est que l'intermédiaire

entre l'œuvre et le public, que le public est un appel à
l'écho. J'avoue que j'aurais préféré qu'il fût plutôt question de vos relations à vous, Paul Claudel, avec le public,
car pendant toute cette période qui est tout de même
longue, qui va de *Tête d'Or* à *Partage de Midi*, vous avez
eu certes des amis, des compagnons, quelques confidents
très rares, mais dans l'ensemble vous étiez très seul, et
vous m'avez même dit, au cours d'un de ces entretiens,
que vous vous gardiez bien, dans le temps que vous
composiez quelque écrit que ce soit, de le communiquer
à qui que ce soit, c'était un secret que vous gardiez jalou-
sement, et que ce secret il vous semblait que vous fussiez contraint de vous y tenir, sans quoi l'œuvre elle-
même aurait en quelque sorte avorté. Je me souviens
que vous aviez employé l'image de la mayonnaise qu'il
ne faut pas regarder pendant qu'on la tourne, n'est-ce
pas ? C'est donc vos relations avec votre public qui nous
intéressent maintenant.

PAUL CLAUDEL. — Parler de mon public c'est beaucoup dire, parce que je peux dire que je n'en ai eu aucun
dans toute la période que vous indiquez, sauf quelques
amis, qui d'ailleurs se sont bien gardés de parler de moi,
en dehors de Duhamel et de Mauclair qui, très généreusement, m'ont soutenu, mais la plupart des amis gar-
daient le silence, et je suis resté complètement muet en
ce qui concerne l'extérieur à peu près jusqu'à l'époque
de la représentation de *L'Annonce faite à Marie*, c'est-à-
dire en 1912. Il n'y a guère qu'à ce moment-là qu'on a
commencé à s'occuper de moi, et même d'une manière
très insuffisante à mon avis. *(Rire.)*

J. A. — Pourtant, à cette époque-là, *La Nouvelle
Revue Française* était fondée depuis trois ans. Depuis
1909, elle publiait vos écrits, et le groupe de *La Nouvelle
Revue Française* avait pour votre œuvre une admiration
extraordinaire.

P. C. — Admiration qui se traduisait par le silence.

Vous pouvez feuilleter toute la collection de la *N. R. F.*,
vous ne verrez pas beaucoup d'articles qui me sont
consacrés. La *N. R. F.* a presque toujours gardé le
silence sur moi, même du temps de Rivière, qui cependant était mon ami, n'est-ce pas ? Vous verrez des articles
innombrables sur tel ou tel, mais vous ne verrez presque
aucune place qui me soit réservée dans la *N. R. F.*

J. A. — Cela me paraît assez singulier...

P. C. — C'est comme ça.

J. A. — Parce que c'est en contradiction par exemple
avec toute la première partie de la *Correspondance* de
Gide, qui ne tarit pas d'éloges et d'admiration sur votre
œuvre.

P. C. — Oui, mais regardez la presse à ce moment-là
ou les revues. Vous ne verrez pas mon nom. Il n'y a
guère que Souday qui se soit un peu occupé de moi, et
d'une manière fort peu aimable.

J. A. — Oui, bien sûr.

P. C. — Ou monsieur, comment s'appelait-il, Pierre
Lasserre, dont j'ai parlé dans *Le Soulier de Satin*...

J. A. — L'auteur des *Chapelles littéraires*, oui.

P. C. — Don Léopold Auguste, c'est Pierre Lasserre.
*(Rires.)*

J. A. — Est-ce que vous en avez souffert de ce silence
du public et de la critique ?

P. C. — Je suis ainsi fait que j'en ai souffert. Ça ne
veut pas dire que ce que vous disiez tout à l'heure ne
soit vrai et que l'écrivain en train d'écrire ça soit plutôt
salutaire pour lui de ne penser à rien d'autre que son
œuvre. Mais l'œuvre une fois parue, une fois publiée,
c'est autre chose de se rendre compte des réactions. Et
comme je l'ai dit, d'ailleurs, dans un texte que je ne me
rappelle plus beaucoup, on souffre de parler dans de la
ouate, tout le temps. C'est un peu l'impression que
j'avais. Je publiais des livres et des livres et rien ne sor-
tait. Je ne me rendais pas compte de l'impression. Regar-

dez *Le Soulier de Satin*, par exemple, qui est une œuvre considérable, ça m'a suivi longtemps ce silence, eh ben voyez combien peu d'écho ce livre a eu. Regardez la *Corona Benignitatis*, qui est un livre important, pas un compte rendu, pas un livre, pas un journal, pas une revue n'en a parlé. Même la *N. R. F.* Vous pouvez chercher dans la collection de la *N. R. F.*, il n'y a pas un mot pour signaler la *Corona*.

J. A. — Est-ce que vous pouvez apporter quelques explications à ce trop long silence ?

P. C. — Eh ben, il y a de tout. Je crois que l'impression générale, c'est que c'était quelque chose de tellement nouveau, de tellement étranger à la plupart des préoccupations actuelles, que les gens étaient embarrassés d'en parler, et craignaient de dire des choses, des bêtises, en d'autres termes. Je crois qu'il y avait beaucoup d'intimidation dans leur fait. C'était un aérolithe qui tombait du ciel et qu'on ne savait pas où prendre. Les gens étaient de bonne foi à mon égard, je crois, animés de bonnes intentions, mais réellement ils ne savaient que faire avec cette espèce d'éléphant blanc qui leur tombait de je ne sais où. Et c'est un peu encore ce qui se produit maintenant avec mes livres sur l'exégèse biblique. On se rend compte qu'il y a quelque chose là dedans, mais les gens sont intimidés. Il y a eu tellement d'erreurs dans la critique qu'ils se disent : qu'est-ce que c'est que ça, qu'est-ce que c'est que cet aérolithe qui tombe du ciel, par où faut-il le prendre ? Alors, ils sont intimidés. Alors il fallait des gens courageux, sans respect humain, pour oser s'y prêter.

J. A. — Vous ne pensez pas que ce soit aussi autre chose, du même ordre d'ailleurs et peut être un peu plus simple : que toute œuvre vraiment neuve est en avant de son temps et que par conséquent elle doit créer son public ?

P. C. — C'est possible. Il y a quelque chose de ça

aussi certainement. Il est certain que maintenant le
public avale sans mot dire, et avec plaisir, des choses
qui certainement l'auraient révolté quand elles ont paru.

J. A. — Oui, ou le public est-il maintenant assez
profondément contaminé, si j'ose dire, par votre langage
et votre pensée ?

P. C. — De même que je vois ce travail se faire lentement pour mes exégèses bibliques. Je vois que petit à
petit la Bible commence à gagner, et mon interprétation
de la Bible commence à exciter beaucoup moins d'étonnement et de scandale, si je peux dire, qu'elle ne le faisait au début. Je crois que ce travail se fait lentement.
Il faut un certain temps au public pour s'habituer, comme
pour toute chose.

J. A. — Eh bien, si nous revenions à *Partage de
Midi*, j'aimerais vous demander maintenant si vous
considérez ce drame comme une œuvre unique et comme
insolite dans l'ensemble de votre œuvre, ou bien si au
contraire vous y voyez comme une étape nécessaire, et
à la fois la fin d'une période et l'ouverture d'une ère
nouvelle ?

P. C. — Il est certain que *Partage de Midi*, ou plutôt
l'état d'esprit dont elle est l'expression et le symbole a
continué pour moi à peu près exactement pendant vingt
ans. Entre *Partage de Midi*, certains poèmes de *Corona*
que je vois là sur votre table, et surtout *Le Soulier de
Satin* qui termine cette longue crise, il y a un lien de
parenté, un lien de continuité. La vibration initiale partie du drame dont *Partage de Midi* est l'expression ne
s'est en somme jamais complètement éteinte pendant
vingt ans. Il n'y a rien pendant toute cette période, qui
comprend la plus grande partie de mon œuvre, où on
ne sente l'influence de cet état d'esprit.

J. A. — Mais n'avez-vous pas le sentiment qu'il y a
dans votre œuvre antérieure à *Partage de Midi* comme
une préfiguration de ce drame ?

P. C. — Vous l'avez dit...

J. A. — Déjà Tête d'Or, et Laine lui-même, encore
que dans un ordre inverse, ont connu la femme sous deux
espèces et reçu d'elle un enseignement essentiel. Dans
la première partie de *Tête d'Or*, nous voyons Tête d'Or
qui procède lui-même à l'ensevelissement de cette première femme mystérieuse, qu'il rejette ainsi de sa vie,
pour rencontrer ensuite la Princesse et s'unir à elle mys-
tiquement dans la mort.

P. C. — C'est un phénomène curieux, mais incontestable. Vous avez tout à fait raison. C'est à peu près
ce qui s'est passé pour Verlaine, par exemple, quand
dans ses premiers poèmes, dans les *Poèmes saturniens*,
il disait :

> *Mon âme, vers d'affreux naufrages appareille,*

on dirait qu'il avait par avance la notion de ce tout qui
lui arriverait dans l'avenir. De même, ce vers de Baudelaire :

> *... Tous les êtres aimés*
> *Sont des vases de fiel qu'on boit, les yeux fermés...*

Il écrivait ça en rhétorique, à Louis-le-Grand.

J. A. — Oui, en effet, je me souviens que vous
nous aviez rappelé ces très beaux vers. Mais dans votre
cas il ne s'agit pas simplement d'une aventure qui se
termine dans l'affreux échec, il s'agit de tout autre chose,
et c'est pourquoi j'y insiste. Il s'agit, semble-t-il, d'une
expérience cruciale qui est à la fois celle de l'amour et
celle du péché, par laquelle votre héros — je parle de
Mésa — sort de l'adolescence, par laquelle d'ailleurs
Laine aussi est sorti de l'adolescence, et Tête d'Or lui-
même est sorti de l'adolescence : il ne prend possession
de lui-même et de son destin qu'après avoir procédé à
cet enterrement, sans solennité d'ailleurs.

Au début du drame nous voyons Mésa encore intact ;

c'est ainsi que le définit celui qui se donne lui-même comme l'homme, et qui est votre personnage Amalric. De même, dans *Le Repos du Septième Jour*, j'ai retenu ce vers très singulier, vous dites :

> *Le mal est comme un esclave qui fait monter l'eau,*

et j'aurais voulu que vous essayiez d'expliciter cette image qui est à la fois très parlante et très sibylline, la façon dont le bien et le mal sont liés mystérieusement, et comment peut jaillir l'eau de la grâce sous l'effet de l'embrasement d'un amour interdit, d'un amour qui est maudit — mais je n'ose prononcer le mot de « maudit » car je crois qu'il est faux. C'est plutôt d'amour interdit qu'il faudrait parler, ou d'amour impossible...

P. C. — Ah ! pour cela, il faudrait que je vous fasse de la théologie, ce serait un peu long. Mais tout ça est expliqué un peu par l'épigraphe de *Soulier de Satin*, épigraphe empruntée à saint Augustin, qui d'ailleurs complète saint Paul, en disant qu'à l'homme élu, si on veut, tout sert pour le bien, « même les péchés », dit saint Augustin. Le bon Dieu est un être économe qui se sert de tout. Et le mal lui-même il s'en sert pour le bien comme d'innombrables exemples le prouvent, n'est-ce pas ? Alors, c'est une espèce de vérité théologique qui est presque une banalité, n'est-ce pas ?

J. A. — Elle est une banalité dans sa formulation courante, mais elle reste bien obscure et bien mystérieuse.

P. C. — Oui, je ne dis pas le contraire, mais enfin c'est tout de même une preuve de la Providence à qui rien n'est inutile.

C'est une chose tout de même remarquable, une espèce de preuve du talent d'imprésario du bon Dieu, si je puis dire, qu'il sache se servir de tout avec un art paradoxal, et quelquefois même amusant, qu'il se serve des choses les plus invraisemblables pour atteindre des résultats inattendus.

J. A. — Aviez-vous le sentiment, lorsque vous fîtes cette fameuse rencontre, d'un certain caractère de nécessité par rapport à vous-même, à votre destinée ?

P. C. — Ah! j'ai eu le sentiment, et bien forcé, que je ne pouvais pas être autrement. *(Rire.)* Lisez le *Partage de Midi*, et dans quelles conditions les choses se sont passées ; humainement, il était presque impossible qu'elles tournent autrement. Tout semblait réuni pour ça. J'ai d'ailleurs eu le sentiment que j'étais garrotté, que j'étais pris dans une espèce de guet-apens d'où il était impossible de m'échapper. Le *Partage de Midi* en dit plus long là-dessus que je ne pourrais vous l'expliquer.

J. A. — Oui, bien sûr, mais je pense que ce que vous avez expliqué est tout de même très éclairant pour nous, parce qu'il y a une distance entre l'œuvre qui est en quelque sorte transcendante à l'aventure, qui n'a été que l'occasion de sa création, et cette occasion elle-même. Et si je vous ai interrogé sur cette occasion, et je m'en excuse, c'était en quelque manière pour vous rapprocher davantage humainement de votre public, car c'est peut-être une vue un peu romantique de la critique, et que l'on peut discuter, que l'on peut attaquer, que cette vue selon laquelle les œuvres ne prennent tout leur sens que lorsque le lien qui les rattache à l'arbre qui les porte n'est pas complètement rompu, et nous éprouvons le besoin pour les enrichir, pour les animer, de les rattacher précisément à cet arbre que vous êtes.

P. C. — Eh bien, ce que vous dites est particulièrement exact pour *Partage de Midi*. Pour d'autres œuvres, ça le serait moins. Il y a des œuvres qui tombent dans l'esprit d'un artiste on ne sait d'où, et qu'il serait bien embarrassé d'expliquer avec sa propre psychologie. Par exemple, certaines aventures qu'il y a dans mes drames ultérieurs, eh ben ils doivent tout à l'imagination, ils ne se rapportent à l'auteur que par des liens

sentimentaux très obscurs et qu'il serait bien en peine
d'expliquer.

J. A. — Oui, la psychanalyse s'y acharne en vain
selon vous ?

P. C. — Oui, oui. Seulement, malgré tout, il y a un
lien. Une œuvre n'est vraiment une œuvre d'art que si
elle sort du plus profond de l'esprit de l'auteur, pas seulement de l'esprit mais de ses boyaux, je dirais...

J. A. — C'est cela, et c'est ce que vous avez exprimé
dans ce bref poème de la *Corona*, que je vous demande
la permission de lire ici, parce qu'il est certainement
la meilleure et la plus belle introduction à l'intelligence
de *Partage de Midi*. C'est ce poème intitulé *Ténèbres :*

*Je suis ici, l'autre est ailleurs, et le silence est terrible :*
*Nous sommes des malheureux et Satan nous vanne dans*
son crible.

*Je souffre, et l'autre souffre, et il n'y a point de chemin*
*Entre elle et moi, de l'autre à moi point de parole ni de*
main.

*Rien que la nuit qui est commune et incommunicable,*
*La nuit où l'on ne fait point d'œuvre et l'affreux amour*
impraticable.

*Je prête l'oreille, et je suis seul, et la terreur m'envahit.*
*J'entends la ressemblance de sa voix et le son d'un cri.*

*J'entends un faible vent et mes cheveux se lèvent sur ma*
tête.
*Sauvez-la du danger de la mort et de la gueule de la*
Bête!

*Voici de nouveau le goût de la mort entre mes dents,*
*La tranchée, l'envie de vomir et le retournement.*

*J'ai été seul dans le pressoir. J'ai foulé le raisin dans
mon délire,*

*Cette nuit où je marchais d'un mur à l'autre en éclatant
de rire.*

*Celui qui a fait les yeux, sans yeux est-ce qu'il ne me
verra pas ?*

*Celui qui a fait les oreilles, est-ce qu'il ne m'entendra
pas sans oreilles ?*

*Je sais que là où le péché abonde, là Votre miséricorde
surabonde.*

*Il faut prier, car c'est l'heure du Prince du monde.*

P. C. — Eh ben, vous reconnaissez là bien des thèmes
du *Partage de Midi, (il se reprend :)* du *Soulier de Satin.*
Si vous avez vu *Le Soulier de Satin,* vous reconnaissez
bien des paroles de Rodrigue là-dedans.

J. A. — Il y a bien des paroles de Rodrigue, mais il
y a plus encore, et presque littéralement, des paroles
de Mésa, et ceci nous rapproche maintenant directement des personnes du drame.


## *Vingt-cinquième entretien*


JEAN AMROUCHE. — Il y a dans *Partage de Midi* un
quatuor, comme de joueurs de poker, c'est Amalric qui
le constate au début du drame. Un quatuor, c'est l'expression même que vous avez employée à propos de
*L'Échange.* Et enfin un personnage invisible et présent,
comme dans toute tragédie, le Maître du Jeu. La présence de ce personnage n'étant d'ailleurs, au début,
éprouvée profondément et jusqu'à la torture, que par
Mésa. Mais ici nous n'avons pas, comme dans *L'Échange,*

deux figures de femmes, nous n'en avons qu'une, c'est Ysé, dont je me demande si son nom a ou non un sens symbolique.

Paul Claudel. — A vrai dire, comment les noms s'imposent-ils à nous ? C'est toujours difficile à savoir. L'origine première est obscure. Ce qu'il y a, c'est que chacun des personnages du drame représente en somme une idée de milieu. Ysé, en grec, c'est égalité, *isos*, *isé*, c'est égal. Mésa, c'est la moitié, naturellement. Amalric, phonétiquement, vous avez la coupure en deux. C'est le nom d'un marchand de parapluies du boulevard Magenta, comme je vous l'ai dit. A-mal-ric : c'est partagé en trois. Et enfin, de Ciz, c'est la coupure. Alors, il y a un certain lien, si vous voulez, figuré entre les noms de ces personnages et leur identité.

J. A. — Et pour chacun d'eux vous dites : il est midi, et cette heure de midi, et ce moment de midi, dans le destin de chacun d'eux, a un sens très profond. Ils sont seuls, tous les quatre, isolés sur un pont de navire, au milieu de l'océan Indien, dans un espace qui est réduit par l'effacement de tout ce qui peut retenir le souvenir, à l'espace pur.

P. C. — Par conséquent, c'est le milieu classique, somme toute.

J. A. — C'est cela.

P. C. — Dans les tragédies classiques, le milieu est inexistant également.

J. A. — Oui, et là dans ce milieu, chacun des personnages est en quelque sorte dépouillé de son histoire, malgré les quelques références que le dialogue peut y apporter quelquefois, chacun d'eux est donc contraint à une présence totale à ce moment de midi où se noue son destin, où une question va lui être posée, question dont il ne pourra pas éluder la réponse. C'est bien cela ?

P. C. — C'est ça.

J. A. — Eh bien, je voudrais savoir maintenant

quelle est la situation de ces personnages par rapport à leur auteur. Est-ce qu'ils ont une existence purement et totalement objective et symbolique, ou bien sont-ils, comme les personnages de *L'Échange*, parties de vous, des aspects de vous ?

P. C. — Ils sont très différents du quatuor de *L'Échange*. Le quatuor de *L'Échange* représentait quatre aspects de la même personne, si vous voulez, comme ces statues que j'ai vues à Angkor : une idole qui a quatre visages, tournés vers les quatre points cardinaux. Tandis que les personnages de *Partage de Midi* sont les personnages objectivement réels avec qui j'ai eu un contact profond, n'est-ce pas, de partenaire. Dans la dernière version de *Partage de Midi*, il y a une lutte entre Mésa et Amalric, et Mésa dit une chose que Jean-Louis Barrault trouvait très vraie : *J'en ai plus appris dans ces quelques secondes où nous avons lutté ensemble que dans toute ma vie je ne l'aurais fait en le fréquentant.* C'est un peu la même chose avec des personnages avec lesquels on est engagé dans un rapport extrêmement étroit. On ne peut pas dire qu'ils vous soient étrangers, parce qu'on a lutté avec eux d'une manière, on les a pris corps à corps pour ainsi dire, et cependant ils restent différents de vous. Ils sont à la fois chargés d'une vertu d'expression à votre égard, et cependant ils restent eux-mêmes. Je crois qu'Ysé a une forte personnalité qu'on voit au théâtre d'une manière évidente, de même Amalric, de même de Ciz, de même Mésa lui-même. Mais on voit très bien que chacun de ces personnages a une existence autonome, individuelle, et qu'il est différent de l'auteur, ce qu'on ne sent pas dans *L'Échange*, où au contraire on voit très bien qu'il y a une répartition des rôles d'un même personnage.

J. A. — De sorte que *Partage de Midi* est plus profondément un drame que *L'Échange* ?

P. C. — Ça dépend l'idée qu'on se fait d'un drame,

mais en réalité ce sont quatre personnages bien réels et bien extérieurs à l'auteur, n'est-ce pas ? Même Mésa est lui-même extérieur à l'auteur qui a pris du recul, qui juge du dehors. Vous voyez d'ailleurs dans la dernière version que l'auteur est assez sévère pour son prototype et qu'il ne se fait pas d'illusion à son égard sur sa situation.

J. A. — De sorte que la mort de Mésa a vraiment sa vertu entière d'exorcisme et d'éloignement définitif de ce personnage ?

P. C. — Oui, somme toute, oui, il y a de ça.

J. A. — Car peu de personnages de votre œuvre sont aussi proches, semble-t-il, de la confidence directe. Quand Mésa parle avec Ysé, dans la fameuse scène de la déclaration de Mésa à Ysé, il dit ceci à Ysé, qui le conjure en quelque manière de supporter le temps :

*Je l'ai tellement supporté! J'ai vécu dans une telle solitude entre les hommes!*

*Je n'ai point trouvé ma société avec eux.*

*Je n'ai point à leur donner, je n'ai point à recevoir la même chose.*

*Je ne sers à rien à personne.*

*Et c'est pourquoi je voulais Lui rendre ce que j'avais.*

*Or, je voulais tout donner,*

*Il me faut tout reprendre. Je suis parti, il me faut revenir à la même place.*

*Tout a été vain. Il n'y a rien de fait. J'avais en moi*

*La force d'un grand espoir! Il n'est plus. J'ai été trouvé manquant. J'ai perdu mon sens et mon propos.*

*Et ainsi, je suis renvoyé tout nu, avec l'ancienne   vie, tout sec, avec point d'autre consigne*

*Que l'ancienne vie à recommencer, l'ancienne vie à recommencer, ô Dieu! la vie séparée de la vie,*

*Mon Dieu, sans autre attente que Vous seul qui ne voulez point de moi,*

*Avec un cœur atteint, avec une force faussée !*

*Et me voilà bavardant avec vous ! Qu'est-ce que vous comprenez à tout cela ? qu'est-ce que cela vous regarde ou vous intéresse ?*

P. C. — Eh ben, vous retrouvez là à la fois les thèmes des *Vers d'Exil* et ceux du *Soulier de Satin*, n'est-ce pas, vous voyez combien toutes ces œuvres font partie d'un même climat, si je peux dire.

J. A. — Elles font partie d'un même climat, d'un climat profondément tragique. Mais ici ce climat est en quelque sorte éclairé, illuminé par l'irruption soudaine de cet amour qui va tout consumer, qui va à la fois précipiter vos personnages, entendons Mésa et Ysé surtout, dans la catastrophe, et cette catastrophe va faire un tel brasier que les âmes elles-mêmes vont s'y trouver fondues et en quelque sorte régénérées. Est-ce bien le sens que vous donnez précisément à cet amour humain porté, pour ainsi dire, à l'absolu de son incandescence ?

P. C. — Oh! je suis bien forcé de lui donner ce sens. C'était... Une épreuve n'a de sens que si elle est vraiment une épreuve et que si elle sert à quelque chose. Alors, une épreuve comme celle-là, ce serait extraordinaire si elle n'avait en effet servi à rien. Ça ne veut pas dire que je m'y sois soumis ou que Mésa s'y soit soumis particulièrement de bonne grâce, et que l'épreuve ait consisté simplement dans un seul moment du drame, comme j'ai été obligé de le raccourcir. Cette épreuve-là a duré beaucoup plus longtemps que quelques minutes, ou quelques heures, ou quelques jours, ou quelques années. Elle a duré vingt ans, somme toute.

J. A. — Avez-vous été satisfait des représentations qui ont été données récemment de *Partage de Midi* sur la scène du Marigny ?

P. C. — Eh bien j'ai été pour ainsi dire jeté presque

de force dans cette aventure de *Partage de Midi*. Je ne
m'y suis aventuré qu'après avoir pris l'avis d'hommes,
d'ecclésiastiques en qui j'avais grande confiance, qui
pour ainsi dire m'y ont presque obligé. Ils ont dit que
ça pouvait faire énormément de bien. Alors j'ai repris
ce drame, je l'ai vu de l'extérieur. J'ai beaucoup mieux
compris, après tant d'années qui m'en séparent, ce qui
s'était passé. J'ai eu en plus à examiner à un point de
vue que j'appellerai technique, au point de vue, à mon
point de vue d'ingénieur du théâtre, le drame tel qu'il
était. J'ai eu, par conséquent, à le modifier profondément parce que l'autre drame était fait d'une espèce
d'explosion inconsciente de mes sentiments intérieurs.
J'ai eu, connaissant mieux le drame, à le mettre en
scène, comme on dit. Je crois qu'il est supérieur de
cette manière à la première version.

En ce qui concerne le troisième acte, j'ai longuement
hésité. J'ai beaucoup discuté avec Barrault. Je lui ai
soumis trois ou quatre versions successives et différentes, entre lesquelles Barrault a longuement hésité,
et enfin j'ai fini par en adopter une, la dernière, que
Barrault n'a pas acceptée. Et la version qui a été jouée
au théâtre Marigny a été prise, on a pris quelque chose
à chacune des trois ou quatre versions successives, ce
qui en réalité n'est pas mon idée. J'aurais préféré que
Barrault prît la dernière version telle que je l'ai choisie,
qui me semblait plus exacte et plus conforme à la psychologie du personnage Mésa, tel que je le voyais maintenant, parce qu'il ne faut pas croire que je considère
Mésa comme un héros romantique, comme un personnage
intéressant, et que je veuille qu'il soit un agneau ou
un petit saint dans toute cette histoire. Ce n'est pas du
tout mon idée. Comprenant mieux les choses telles que
je les vois, je vois dans Mésa en somme un petit bourgeois extrêmement égoïste, extrêmement préoccupé de
lui-même et à qui il s'agissait, de gré ou de force, de

donner la sensation de ce que j'appelle *l'autre.* Si vous
connaissez la dernière version, n'est-ce pas, vous avez
vu l'importance que je donne à *l'autre.* Eh bien, Mésa
tel qu'il existait jusqu'au moment de *Partage de Midi*
était en somme un personnage assez antipathique, très
égoïste, très préoccupé de lui-même, très dur, très sec : il
fallait absolument le transformer de gré ou de force, lui
donner l'impression de *l'autre,* de quelque chose de
différent de lui, qui lui apprenne ce que c'est que
l'humanité, somme toute.

J. A. — Oui, sans doute, est-il assez désagréable...

P. C. — Alors j'ai également tâché d'être plus juste
à l'égard d'Ysé en particulier, et de montrer ce qu'elle
avait à dire de son côté. Il n'y a rien qui m'exaspère
davantage que ces rôles de drame ou de mélodrame
dans lesquels la femme trompe un homme et ensuite
vient lui demander pardon, et alors l'homme est grand
et généreux et lui pardonne généreusement. Eh ben,
je n'aime pas ça. Je trouve ça assez stupide et je trouve
ça assez peu humain. Quand Ysé revient dans la dernière
version, le premier mot qu'elle dit, elle ne demande
pas pardon, qu'est-ce qu'elle dit à Mésa? Elle dit :
*je te pardonne.* N'est-ce pas *(rire),* c'est elle qui donne
pardon à Mésa, et il y a du vrai, parce que dans le fond,
en le quittant, elle lui a rendu un immense service.
Elle s'en rend compte, elle lui dit : *tu vois que j'ai bien
fait de te quitter, tu devrais me remercier.*

J. A. — Oui, cette modification de la réplique va
mieux d'ailleurs dans le sens du caractère même d'Ysé,
qui est un caractère plein de grandeur dans toute
l'œuvre.

P. C. — Ça, elle a de la branche!

J. A. — Oui...

P. C. — Edwige Feuillère en a aussi d'ailleurs.

J. A. — Oui, certes, mais je voudrais revenir sur une
chose que vous avez dite tout à l'heure : en quelque

sorte, Barrault a collaboré au texte de *Partage de Midi* qui a été représenté. Vous vous êtes laissé faire! Je trouve cela surprenant!

P. C. — Ben, c'était tout à fait au dernier moment, les représentations étaient commencées. Elles étaient déjà même complètement sur pied, quand moi, ça n'était pas fini dans mon esprit, n'est-ce pas, je commençais. Il est assez naturel que Barrault, pris entre le théâtre, les nécessités du théâtre, et mes exigences à moi, m'ait envoyé promener ; — n'est-ce pas, somme toute qu'il ait préféré continuer. Vous savez, ou vous ne savez pas, combien il est difficile, une fois qu'un acteur ou une actrice sait un rôle, qu'elle le possède, de lui faire changer. C'est presque impossible. Il y a une question de dressage là-dedans. Alors moi, arrivant à deux ou trois jours de la représentation, et arrivant avec un autre texte qui bouleversait complètement les idées de Barrault, l'obligeant par exemple à sacrifier une grande partie du *Cantique de Mésa* auquel il tenait énormément, alors il a préféré son métier de metteur en scène. On ne peut pas demander à un homme de changer de but en blanc ses idées, d'autant plus, comme vous vous en apercevez, que je sais très mal m'exprimer, que je n'ai pas le don de persuasion, de conviction. Et alors il est possible que j'aie été maladroit en essayant de lui imposer mes vues. Il a préféré les siennes propres. C'était assez naturel.

J. A. — Je ne suis pas sûr que ce soit ses vues, ce sont peut-être aussi les vôtres, car dans un entretien qui a eu lieu il y a déjà quelque temps, vous m'avez dit vous-même qu'au théâtre le rôle l'emportait sur le personnage et que le rôle devait précéder le personnage.

P. C. — Mais le fait est que le rôle était encore obscur, n'est-ce pas? C'est comme dans un appareil photographique, il y a un moment où l'image est encore floue, elle n'est pas au point, il faut trouver exactement le

focus pour la situer où elle est. Or, dans ces dernières
répétitions de *Partage de Midi*, comme d'ailleurs dans
*Le Soulier de Satin*, je sentais très bien, en la voyant sur
l'écran si je puis dire, que le focus n'était pas atteint.
Dans *Le Soulier de Satin*, à quelques jours de la représentation, j'ai tout bouleversé et j'ai fait le final tel
que vous le connaissez, qui est incontestablement
meilleur. Ben, dans *Partage de Midi*, j'ai essayé de
faire la même chose, mais j'ai eu beaucoup moins de
temps à moi, et probablement moins de force de conviction, de sorte qu'au lieu du final parfaitement net
et parfaitement défini que vous voyez dans le livre,
nous avons eu une sorte de compromission entre deux
ou trois versions qui ne sont pas complètement d'accord,
et j'ai idée que le public l'a senti. Moi, en tout cas,
je l'ai senti fortement.

J. A. — Je l'ai senti aussi très fortement et si la
pièce...

P. C. — J'ai senti qu'il y avait, vous l'avez senti que
c'était quelque chose de composite, qui n'était pas au
point.

J. A. — Très nettement, et dont je ne voyais pas très
bien d'ailleurs la nécessité, mais c'est vous qui venez
de m'éclairer à ce sujet.

P. C. — Tandis que maintenant, dans la dernière
version, où il y a beaucoup de sacrifices, où il y a des
choses que j'aurais en effet voulu garder, mais qui
étaient incompatibles avec l'idée que je me faisais
de la forme dernière. Alors, il faut être courageux en
art, et ne pas hésiter à faire des sacrifices, même pénibles.
Alors, Barrault, je n'ai pas pu lui demander les mêmes
sacrifices. Il y avait des choses auxquelles il tenait
énormément, par exemple le début du *Cantique de
Mésa*, le « clergé de la nuit », etc.

J. A. — Oui, toutes ces magnifiques images d'ailleurs...

P. C. — Moi, je ne pouvais plus les supporter. Elles

n'étaient pas d'accord avec l'idée que je me faisais de Mésa. Alors, je les ai carrément supprimées. Je comprends que ça ait pu être pénible à Barrault.

J. A. — Oui, vous pensez que...

P. C. — C'est difficile de changer complètement de point de vue. Qu'un auteur le fasse, ça lui est peut-être plus facile, mais qu'un homme qui a étudié la chose, qu'on bouleverse ses idées sans qu'il ait toute la justification qu'un auteur peut avoir en lui-même, je comprends très bien qu'il hésite et qu'il rélucte.

J. A. — Eh bien, je crois que nos auditeurs seront heureux de voir que vous vous êtes comporté en la circonstance avec beaucoup d'humilité.

P. C. — *(Rire.)* Ah! C'est un défaut qu'en général on ne m'impute pas énormément. Vous voyez, je suis heureux que vous me rendiez justice. *(Rires.)*

## Vingt-sixième entretien

Jean Amrouche. — Nous avions laissé de côté un livre composé en même temps que vous songiez à *Partage de Midi,* en même temps que vous viviez la crise qui a produit *Partage de Midi;* ce livre, c'est votre *Art poétique.*

Cet *Art poétique* occupe dans votre œuvre une place exceptionnelle, je dirai même une place dominante. Vous l'avez marqué vous-même dans la lettre-préface que vous avez écrite pour l'ouvrage du Père Angers, pour ce *Commentaire à l'Art poétique,* qui est si précieux. Voici ce que vous lui écriviez, le 12 juillet 1948 : « Il ne s'agit pas d'une fabrication abstraite : cet *Art poétique,* je le vis moi-même depuis cinquante ans, je le prie, je l'agis sous toutes les formes et sous tous les aspects dans une œuvre qui s'étend à toutes les régions du sentiment et de la pensée. » On ne saurait plus exactement marquer l'importance de cet ouvrage. Mais je crois qu'il ne sera pas très facile de résumer ces *Traités*.

Paul Claudel. — Eh bien, je pense que l'idée fondamentale de cet ouvrage est dans le fond assez simple et qu'il n'est pas impossible de le résumer en très peu de mots.

J'ai été toujours frappé du fait que la connaissance proprement dite, c'est-à-dire de la perception de l'influence extérieure, soit par l'organe des sens, soit par celui de l'intelligence, n'est pas le résultat d'une faculté particulière, mais de l'être tout entier. Il y a une tendance professorale qui consiste à vouloir séparer complètement les différentes facultés humaines. Il y a la sensation, il y a la mémoire, il y a la volonté, il y a l'intelligence, et on dirait que ces facultés occupent un petit compartiment et n'ont, l'une avec l'autre, que des relations, si l'on peut dire, « mondaines », officielles, mais qu'elles peuvent opérer séparément chacune d'elles. Je trouve que cette idée-là est absolument fausse, je trouve qu'il n'y a aucune faculté humaine qui soit isolée et séparée des autres et qui puisse fonctionner sans que toutes les autres soient intéressées. Même dans les mathématiques, la mémoire, la volonté, la sensation, la sensibilité, l'affectivité elle-même, jouent un rôle, chacune dans un ordre séparé. De même, dans la connaissance artistique, dans la connaissance sensible, comme c'est d'ailleurs prouvé scientifiquement, derrière les sens proprement dits se trouve l'intelligence, se trouve la mémoire, enfin tout l'être en particulier est intéressé. Étant admis le principe disant que l'homme est entier, inséparable et que, comme disent les Anglais, on ne peut pas *unseramble the omlet*, c'est-à-dire « débrouiller l'omelette une fois qu'elle est faite ». Je trouve qu'on ne peut pas, comme le pensent les Hindous, par exemple, dissocier l'être humain en une série d'enveloppes, comme on ferait, par exemple, pour les oignons ; que les oignons ont dix-sept enveloppes et on dirait que l'être humain a aussi des enveloppes superposées dont il peut être dépouillé. Je n'en crois rien. L'être humain est total, il est complet, et chacune de ses facultés, tel que le Créateur l'a fait, lui est indispensable.

Ceci étant admis, cet être-là se trouve dans un milieu extérieur avec lequel il doit entrer en relations. Eh bien, je dis que ces relations avec l'extérieur ne sont pas l'ouvrage d'une seule faculté, qu'elles sont l'ouvrage de l'être lui-même. C'est l'être lui-même qui, par une espèce de contact, un peu comme ce que les physiologistes remarquent chez les amibes, entre en relations avec les différents objets au milieu desquels il se trouve en contact et en tire un profit et, selon le mot habituellement employé, connaissance. C'est par une espèce de projection de son être qu'il entre en contact avec les différents objets et qu'il en tire profit.

Étant donné ce principe, j'en tire plusieurs conséquences :

Le premier est que la sensation, à mon avis, n'est pas une sensation qui va de la périphérie au centre. On admet généralement qu'il y a une espèce de télégraphie, — quand vous touchez par exemple une partie du corps — qu'il y a un courant nerveux qui s'établit et qui va de cette partie-là au poste central qui en prend connaissance. La sensation est, comme on dirait, afférente. Je crois, au contraire, que l'être est continuellement en état de vibration, qu'il peut être comparé à un violon dont la corde est mise en mouvement par l'archet et que la note — c'est-à-dire la connaissance, — résulte d'une modification de ce courant continuel qui va du centre à la circonférence. Quand un violon donne une note, il y a la vibration qui existe sur la corde et cette vibration est modifiée par l'index du violoniste

qui se pose sur le courant et qui qualifie cette connaissance... Vous me suivez?

J. A. — Oui, oui, oui, bien sûr!

P. C. — Ce n'est pas très obscur, n'est-ce pas, vous
comprenez?

J. A. — Non, c'est très clair.

P. C. — Je crois que les dernières découvertes de la
physiologie confirment cette vue qui, d'ailleurs, a été
approuvée par différents physiologistes allemands qui
m'ont écrit à ce sujet-là.

La sensation, par conséquent, vient de l'intérieur :
elle est le résultat d'une vibration continuelle qui va
du poste « A », si vous voulez, au poste « B » et qui est
qualifiée par l'intervention, par l'interception de la
touche qui se pose sur elle. Cette touche n'est pas le
doigt du violoniste, mais elle est tout ce que vous voudrez, elle est ce fauteuil, etc. ; tout ça, notre courant
intérieur est qualifié.

Ça me semble une théorie de la connaissance extrêmement simple et beaucoup moins compliquée que celle
de saint Thomas, pour qui j'ai une profonde vénération,
mais qui me semble un peu trop complexe, que je n'ai
jamais pu suivre complètement.

Alors, à quoi ressemble cette espèce d'émission intérieure, cette émission du fluide nerveux? A quoi elle
ressemble? Elle ressemble le plus à quoi? A une naissance! L'être ne cesse pas de naître, il ne cesse pas de
remplir la forme qui lui a été attribuée. Il a une certaine
forme que l'on peut représenter par un cercle ; eh ben
il remplit continuellement ce territoire circulaire, il le
remplit par une vibration qui ne cesse pas un moment
et qui va du centre à la périphérie, et la sensation résulte
de l'interception de l'objet sur ce courant circulaire qui
s'impose à lui.

C'est ce que j'exprime en disant que toute connaissance est une « naissance », et que connaissance, par une

espèce de jeu de mots qui, somme toute, est confirmé
par l'étymologie est une naissance : « connaissance »
est une « co-naissance ». Nous ne cessons pas de co-naître
au monde, c'est-à-dire que notre connaissance c'est
l'œuvre de l'épanouissement circulaire constamment de
notre être en état constamment de vibration, et sur
lequel viennent s'insérer les touches diverses qui sont
les objets de cette co-naissance spéciale.

Alors, je développe l'idée en la reportant du domaine
des sens à celui de l'intelligence et, finalement, des
conséquences que ça peut avoir au point de vue de la
vibration de l'âme séparée après la mort, qui n'est pas
dépendante de ses organes mais qui dépend toujours de
ce mouvement de vibration, de plus et de moins, de ïambe,
de la brève et de la longue, la systole et la diastole du
cœur ; toujours, vous trouvez dans la nature, et spécialement dans l'être vivant, ce rythme d'une rémission
suivie d'une tension.

De là, toute mon idée au sujet de *L'Art poétique*,
c'est l'art de la nature de fabriquer tout ce qu'elle fait.

J'espère que je ne suis pas trop obscur ?

J. A. — Mais, je crois que ce que nos auditeurs auront
surtout remarqué, c'est le caractère singulier de cet *Art
poétique* où, semble-t-il, il est si peu question, pour le
moment tout au moins, de poésie ! Cela ressemble plutôt à un exposé métaphysique ; et ce que je voulais
vous demander c'est pourquoi vous avez donné à cet
*Art poétique* ce caractère de traité et d'exposé systé-
matiques. Ce n'était pas, pour vous, des idées tellement
nouvelles ! En réalité, on retrouve ces idées dans vos
œuvres antérieures.

Ce qui est singulier, c'est que vous ayez éprouvé le
besoin de faire cet exposé systématique !

P. C. — Eh bien, il faut remarquer d'abord que
ce *Traité* intervient au moment où j'avais fini de digérer
complètement les deux gros tomes de saint Thomas

que m'avait recommandés mon confesseur, et qu'elles en sont en quelque sorte l'émanation. Un livre, à mon avis, un livre important dégage, lui aussi, cette aura dont je parlais, cette atmosphère, et il arrive un moment où l'écrivain, le penseur éprouve le besoin de mettre ses idées au clair et de résumer ses idées. Ce livre a été inspiré, en grande partie, par saint Thomas, soit que je sois d'accord avec lui, soit, au contraire, que ses idées m'aient ouvert de nouveaux horizons et m'aient paru s'engager dans une voie, non pas opposée, mais latérale.

Ce qu'il y a d'admirable dans saint Thomas, c'est que saint Thomas ne donne pas une idée une fois pour toutes de la réalité telle qu'il la conçoit, mais qu'il ouvre des perspectives magnifiques sur tous les points. Il n'y a pas de lecture plus excitante et plus nourricière que saint Thomas à ce point de vue-là ; de tous les côtés il vous ouvre des horizons, et c'est un de ces horizons que j'ai développés dans ce livre, et qui est le résultat de la longue fréquentation que j'ai eue avec ce grand penseur pendant cinq ans.

J. A. — Mais je me demande si la raison d'être profonde de cet ouvrage ne doit pas être recherchée dans une nécessité autre qu'une nécessité purement intellectuelle ? J'ai l'impression que cet ouvrage correspond, en ce qui vous concerne, à une nécessité presque organique. Elle n'est d'ailleurs pas absolument insolite en ce sens qu'à peu près à la même époque, vos contemporains — Valéry — en écrivant son *Introduction à la Méthode de Léonard de Vinci*, *Une Conquête méthodique* et même *Monsieur Teste*, — Gide lui-même, en écrivant certains traités, éprouvaient aussi le besoin de mettre au clair tout un système du monde !

P. C. — Vous pourriez ajouter Edgar Poe avec *Eurêka*.

J. A. — Avec *Eurêka* que vous signalez d'ailleurs dans votre correspondance à Gide avec la plus vive admiration !

P. C. — Oui, c'est vrai.

J. A. — Vous éprouvez donc le besoin de vous posséder vous-même tout entier sous le regard de l'esprit et de posséder en même temps le monde, et de définir très exactement votre position d'homme et de poète dans l'Univers par rapport au monde réel, par rapport à Dieu et par rapport à vous-même, et que vous éprouviez vitalement le besoin de connaître l'heure, votre heure, l'heure que vous marquez et de faire le point, comme disent les navigateurs. Et c'est ce besoin qui me paraît une chose au fond singulière, car la plupart des hommes ne sont pas tellement préoccupés de faire le point, de savoir où ils vont : ils sont agis et n'agissent point, c'est cela.

P. C. — Eh bien, au fond, tout cela, c'est la conséquence de la grande leçon que m'a donnée Mallarmé, à peu près la seule que j'ai retenue de son enseignement, car Mallarmé était surtout un enseigneur, un professeur ; cette grande leçon consiste dans ces mots : « Qu'est-ce que ça veut dire ? » c'est-à-dire que l'écrivain n'est pas seulement fait pour constater et pour décrire d'une manière plus ou moins agréable le spectacle qu'il a en vue, il est là pour essayer de le comprendre ; et, pour essayer de le comprendre, toutes les facultés humaines il n'y en a aucune qui soit de trop. Pour comprendre ce qui se passe, on a besoin, non seulement de ses sens, on a besoin comme je vous le disais de toutes ses facultés.

C'est cet ensemble de réflexions qui a été la conséquence pour moi de l'espèce de retour sur moi-même qui m'a été procuré pendant ces quatre années d'isolement du monde, si je peux dire, qui ont accompagné une partie de mon séjour en Extrême-Orient. A ce moment-là, il m'était impossible de me consacrer à un travail spécialement artistique et c'est alors que le travail intellectuel, le travail à la fois physique et métaphysique —

parce que je ne distingue pas les deux — s'est imposé
à moi et où j'ai écrit ces deux *Traités* dont vous avez
raison de constater qu'il y avait déjà des prodromes dans
mon œuvre précédente, et qu'ils ont eu de très larges,
de très vastes conséquences dans mon œuvre postérieure,
comme une pierre qu'on jette dans un étang et dont
les ondes ne cessent pas de se propager jusqu'au bout.

J. A. — Oui, mais vous parlez de ce besoin de comprendre le monde et de vous comprendre vous-même,
et je me demande si le besoin d'être *compris* dans le
monde n'était peut-être pas encore plus intense que le
besoin de comprendre?

P. C. — Oh! je ne crois pas que j'aie eu beaucoup
de retours sur moi-même à ce sujet-là. J'étais tellement
intéressé à ce qui se passe au-dehors que je faisais en
somme assez peu de retours sur moi-même. Je n'ai jamais été tenté par l'introspection ; je ne me suis jamais
trouvé moi-même spécialement intéressant ; je trouvais
toujours, ce qui s'obligeait à moi, les problèmes extérieurs que j'avais à résoudre beaucoup plus intéressants
que mon observation intime. Je crois que l'introspection,
que le regard retourné sur soi-même, est quelque chose
contre nature, d'assez malsain et qui, finalement,
n'aboutit pas à grand-chose : plus on retourne sur soi-
même, plus on travaille à se fausser.

Dans la science actuelle, il y a ce qu'on appelle l'équa-
tion de Heisenb rg qui dit « que quand l'observateur se
mêle trop à ses observations, il fausse son observation ».
Eh bien, c'est un peu la même chose : si vous vous re-
tournez votre observation sur vous-même, vous en faus-
sez l'objet. C'est ce qui arrive pour Proust, pour tous les
gens qui s'occupent d'introspection, pour qui l'introspection a un intérêt spécial ; c'est que très vite ils arrivent
à poser pour eux-mêmes et, loin d'arriver à se découvrir
eux-mêmes, ils ne font que se tromper, ils faussent l'objet
de leur regard.

Rien, par conséquent, ne me semble plus faux que la maxime socratique γνῶθι σεαυτόν : « Connais-toi toi-même. » C'est absurde, on ne se connaît pas soi-même parce que le fond de soi-même n'est rien, est le néant. Le vrai moyen de connaissance serait plutôt : « Oublie-toi toi-même », oublie-toi toi-même pour être absorbé dans le spectacle qui s'offre à toi et qui est infiniment plus intéressant, du moins à mon avis.

## Vingt-septième entretien

Jean Amrouche. — Je m'étais sans doute fort exprimé à la fin de notre dernière conversation, quand, à propos de L'*Art poétique*, j'ai parlé du désir d'être compris mais — et cela vous a conduit à préciser votre position à propos de l'introspection et même, peut-être un peu trop brièvement d'ailleurs, à propos de Proust.

Quand je parlais d'être compris, je voulais dire, en employant le jargon moderne, « intégré » dans le monde, étant donné l'état de solitude dont vous parlez, étant donné aussi le sentiment qui n'a pas cessé de vous habiter à cette époque-là d'avoir été rejeté, d'avoir été refusé — je fais ici allusion à votre séjour à Ligugé —, je me suis demandé dans quelle mesure vous n'éprouviez pas le besoin de vous retrouver intégré, exactement compris dans l'ensemble de la création, car, sans être compris dans l'ensemble de la création, il est à peu près impossible de la comprendre !

Paul Claudel. — Eh bien, moi, mon idée a été toujours que l'homme n'était pas fait pour être compris, comme vous dites, dans la création, mais pour la vaincre. C'est un peu la parole de saint Jean, je crois : *Ceci est la*

*chose qui vainc le monde, la parole de Dieu.* Eh ben, je
trouve que l'homme n'est pas fait pour être pris dans un
engrenage, mais peut-être pour s'imposer à lui ; c'est
plutôt une lutte où il semblait parfaitement possible et
naturel d'avoir le dessus, non pas d'être compris, mais
de surmonter.

J. A. — Oui, mais je tiens quand même à la formule que j'ai employée, non pas par le vain désir de
m'opposer à vous mais surtout peut-être pour vous amener à préciser davantage l'expression de votre pensée.
Car la connaissance que l'homme peut avoir des objets,
c'est — vous le dites vous-même — une connaissance
créatrice. Lorsque vous corrigez, dans une certaine
manière, la Genèse et que vous dites : *Quand Dieu fit
l'homme à son image, c'était son image de Créateur ;* dans
le fait de connaître, il y a, en quelque sorte, le fait de
reproduire, de recréer — ceci, c'est une de vos définitions
de la connaissance — et pour reproduire il est, je crois,
assez nécessaire de porter en soi ?

P. C. — Ce que je veux dire, c'est que, pour moi, la
connaissance n'est pas une soumission à l'objet, elle est
plutôt une victoire sur l'objet. Elle est sur une domination de l'objet qui permet de comprendre, si vous voulez, la manière dont c'est fait, de le reprendre et de le
recréer soi-même, ce qui comporte tout de même une
victoire, enfin quelque chose qui surmonte l'objet lui-
même.

Rien n'est plus loin de moi que la conception pan-
théiste, l'idée d'être comme noyé dans un monde où on
se dissout avec volupté. Cette conception, que paraît
avoir eue mon grand ami Romain Rolland pendant une
grande partie de son existence, m'a toujours été étrangère. J'ai toujours eu une aversion profonde pour le
panthéisme et pour les idées hindoues et pour tout ça ;
j'ai le sentiment très fort de ma personnalité, le sentiment que je ne suis pas fait pour être englouti dans un

ensemble, mais au contraire pour le dominer et pour lui
arracher le sens qu'il peut avoir.

J. A. — Oui, mais vous êtes partie de cet ensemble,
et, tout en le dominant, vous savez et vous devez savoir,
en tant qu'homme et en tant que poète, que vous avez
cette partie à composer avec toutes les autres parties
qui constituent cette Création ?

P. C. — Enfin, c'est un matériel que j'emploie.

J. A. — C'est un matériel que vous employez, mais
comment définissez-vous alors la fonction du poète
parmi l'univers créé et son rôle ?

P. C. — Ah, là, elle est très simple, elle est d'en dégager le sens, n'est-ce pas, c'est aussi une idée mallar-
méenne que j'ai développée, que j'ai employée à ma
manière. Le monde étant une matière, il s'agit d'en dégager le sens, et comme je suis chrétien, pourquoi en dégager le sens ? c'est pour un sacrifice offert à Dieu. Le monde
est une immense matière qui attend le poète, si vous
voulez, pour en dégager le sens et pour le transformer
en action de grâce. Telle est la conception que je me fais
du monde.

J. A. — C'est la conception même que se faisait
Cœuvre dans *La Ville*.

P. C. — Oui, c'est ça. Il faut croire, par conséquent,
que c'est très ancien et, au fond, c'est la conception du
roi David, c'est la même chose.

J. A. — Oui, mais je me demande dans quelle mesure
cette conception n'aurait pas été antérieure même à
votre conversion ?

P. C. — Il y a certainement des germes ; comme je
vous le disais, l'être est complet, il se développe depuis
sa naissance ; c'est toujours le principe : *genitum non
factum :* tout être vivant développe une certaine nature,
de même que le gland devient un chêne, on en retrouve
toujours des traces, du moins chez un écrivain authentique, qui se développe lui-même, qui ne doit rien à un

travail extérieur, ce que les prophètes hébreux appellent
« le travail de sculpture » ; le deuxième commandement
du Décalogue est : *Tu ne feras pas de sculpture :* eh ben,
c'est ce que font les écrivains ou les poètes qui se fa-
briquent, pour ainsi dire, du dehors, par le travail de la
lime et du marteau. Moi, je me suis développé par un
travail... mon Dieu, comme celui du gland.

J. A. — Vous vous êtes développé de cette façon
parce que vous pensez que c'est non seulement votre loi,
mais que c'est la loi du développement naturel appli-
cable à l'univers tout entier ?

P. C. — Oui. Remarquez que je ne nie pas du tout
le très grand talent et le très grand plaisir qu'on peut
trouver chez les écrivains d'une autre classe que moi,
n'est-ce pas, qui doivent tout à la fabrication ; cette
fabrication peut être charmante, ingénieuse et il s'y mêle
toujours un élément naturel. Je considère que des poètes
comme Horace, par exemple, ou comme Valéry, ou
comme d'autres, sont des poètes extrêmement remarquables et estimables. Ce travail de main-d'œuvre appliqué du dehors peut produire des résultats charmants et
très agréables. Seulement, ça n'est pas ma voie personnelle, c'est tout ce que je peux dire.

J. A. — Mais, précisément, beaucoup de vos détrac-
teurs, car vous n'avez pas que des admirateurs, ce n'est
pas moi qui vous l'apprends, vous reprochent et reprochent
à votre façon de vous exprimer, même à ce langage
« claudélien », d'être un langage artificiel et tout inventé,
et c'est peut-être ici le moment de préciser comment
vous pensez que votre vers se trouve façonné sur, comment dirai-je, sur un ordre naturel de choses ?

P. C. — Est-ce que nous n'en avons pas parlé déjà
dans nos conversations antérieures ?

J. A. — Eh bien, si vous voulez, nous n'allons pas
parler de votre conception du vers, mais je voudrais
quand même que vous parliez de votre conception de

la parole considérée comme une force naturelle, et de
votre conception du mot, car vous notez quelque part
qu'on parle toujours de la couleur et de la saveur des
mots mais que ce dont on ne parle jamais c'est de la tension et de la charge de ces mots. Et j'ai le sentiment que
l'on devrait relier ça à la conception de la connaissance
que vous avez exprimée lorsque vous parliez de cette
interposition d'une touche sur cette espèce de champ
magnétique dans lequel s'étendent les vibrations qui
émanent de nous ?

P. C. — C'est là, en effet, un domaine intéressant et
peu exploré qui est surtout frappant pour un dramaturge. Quand un poète dramatique voit son œuvre trans-
crite sur le théâtre, il sait combien les mots peuvent
changer complètement de force et de sens suivant la
manière dont ils sont réalisés par l'acteur. Ça, j'en ai
fait bien des fois l'expérience et la forme du mot elle-
même, le timbre, la réalisation dirai-je, linéaire, puisque
le mot est un ensemble de lignes, la réalisation écrite,
si vous voulez, la forme orthographique, tout cela n'est
que le résultat, n'est que le concentré, si on peut dire,
la mise en boîte d'une certaine force, d'une certaine
énergie dont le mot était porteur. Il y a tout un livre
de Mallarmé, justement, qui est appliqué aux mots
anglais, où il essaye de définir les mots anglais précisément d'après la « charge » dont les consonnes sont
représentatives, parce que, avec beaucoup de raison,
il attache de l'importance encore plus aux consonnes
qu'aux voyelles qui sont un élément purement musical,
tandis que la consonne est un élément énergétique, et
cet ouvrage philologique de Mallarmé a une très grosse
importance — je m'étonne qu'on n'en parle pas plus
souvent —, spécialement pour un auteur dramatique
et spécialement pour un poète, aussi pour un poète,
quand on parle des allitérations, de la valeur qu'ont les
consonnes placées l'une derrière l'autre, il s'agit juste-

ment de cet élément énergétique dont je vous parlais,
qui est surtout traduit par la consonne.

J'ai causé de ça bien des fois, ou quelquefois, parce
que je ne l'ai pas connu bien souvent, avec Dullin, et
Dullin était de mon avis ; et il avait pris pour base de
la diction qu'il enseignait à ses élèves, puisqu'il avait
organisé un cours, il basait la diction de l'acteur sur la
consonne. C'est un conseil que je donne toujours à mes
interprètes et sur lequel je suis entièrement d'accord
avec Barrault qui en a parlé.

Le mot est une espèce de condensé de l'énergie intrinsèque du sentiment ; le mot conserve le sentiment, si
vous voulez ; c'est une espèce de pile qui garde l'intensité
du sentiment dont il est l'expression et qui dégage à son
tour une énergie. A ce point de vue-là, le mot, comme
vous le disiez tout à l'heure, est un élément créateur, il
est un sentiment portatif, si je peux dire, qui traduit
au-dehors l'énergie créatrice de son auteur.

J. A. — Mais quelle distinction alors feriez-vous... ?

P. C. — Par exemple, une insulte. Une insulte dégage une espèce d'énergie considérable dont on se sent
frappé, une insulte est presque comme un soufflet !

Quand vous appelez quelqu'un : « Cochon », autour
de ce mot « cochon » rayonne tout de suite une quantité
d'ondes, c'est exactement comme si vous appliquiez
votre main sur la joue de l'individu. Dans le mot de
l'insulte, de même dans un mot caressant, si vous
voulez : « Mon amour », ou autre chose, il se dégage
également des ondes de ce mot-là, et l'art du poète est
justement d'arranger ces mots de telle manière que
l'effet recherché soit d'autant plus puissant qu'il est
soutenu par un concert d'autres mots qui viennent à son
aide, et qui en constituent une espèce de mot nouveau
qui, quelquefois, prend un paragraphe entier ou une
page même pour produire tout son effet.

Me suis-je fait bien comprendre ?

J. A. — Je crois. *(Rires.)*

P. C. —Excusez-moi de bégayer, mais nous sommes dans un domaine assez peu connu, alors il n'est pas étonnant qu'il y ait une certaine hésitation à traduire ma pensée.

J. A. — Nous n'aurons pas le temps aujourd'hui d'entrer dans quelques détails biographiques où je vous aurais invité à me suivre car, vous écriviez presque simultanément ces deux *Traités*, les *Cinq Grandes Odes* et *Partage de Midi*. Vous étiez en Chine et c'est l'époque où vous avez noué des relations ou des amitiés avec un certain nombre de personnages du monde des lettres qu'il n'est pas très facile de passer sous silence. Ainsi de Suarès, ainsi...

P. C. — De qui?

J. A. — D'André Suarès, avec qui vous avez eu une correspondance assez importante. Ainsi de Gide, dont il faudra bien parler d'une façon un peu plus complète, si j'ose dire : il faudra prendre le taureau par les cornes, si vous le voulez bien, simplement parce que le public évidemment s'y attend et vous attend à ce tournant. Ainsi de Marcel Schwob, bref, de la plupart des auteurs de l'époque avec qui vous aviez noué des relations, et des relations qui ont eu un caractère assez particulier. Je veux parler non pas tant de vos relations littéraires avec eux que de ce dévouement amical et apostolique qui vous a amené à essayer de les aider parce que vous pensiez qu'ils devaient être sur la voie de la conversion. Ceci est d'ailleurs très directement lié aux conceptions que vous exposez dans *L'Art poétique*, car lorsque vous disiez tout à l'heure : l'introspection, le « connais-toi toi-même », que sommes-nous sinon le vide ? — mais nous sommes le vide, nous ne sommes rien en attendant, comment dirais-je... que ce rien soit empli d'autre chose que nous et que ce rien que nous sommes appelle plus ou moins douloureusement.

P. C. — Oui. Alors, nous commençons à en parler maintenant ?

J. A. — J'aimerais bien, oui, ce serait autant de fait.

P. C. — Parce que nous abordons un sujet très étendu. Alors...

J. A. — Eh bien, écoutez, dans ce cas, je crois qu'il vaudra mieux le laisser pour mercredi prochain.

P. C. — Peut-être bien, parce que ça sortirait un peu du champ que nous avons couvert dans cette conversation d'aujourd'hui, d'autant plus que ces conversations dont vous me parlez, par lettres, de ces lettres, sont en somme postérieures, ne sont pas contemporaines de mon livre sur *L'Art poétique*, mais elles le suivent.

J. A. — Elles le suivent de très peu.

P. C. — De très peu, c'est vrai, mais il y a eu un changement de palier extrêmement important dans ma vie, à ce moment-là.

J. A. — Oui, entre-temps, le 15 mars 1905, Paul Claudel s'est marié.

P. C. — Ça fait un changement considérable.

J. A. — Très important, je crois. *(Rires.)* Ce n'est pas moi qui suis dans l'état d'en parler.


## *Vingt-huitième entretien*


JEAN AMROUCHE. — Au cours d'une récente conversation, vous m'avez dit, faisant allusion aux années qui ont suivi immédiatement la date de votre mariage, qui fut célébré le 15 mars 1905, à Lyon...

PAUL CLAUDEL. — 1906 !

J. A. — ... 1906 à Lyon, que vous n'étiez plus tout à

fait le même homme et que des changements profonds s'étaient produits dans votre esprit et dans votre façon de considérer le monde et peut-être même votre art. M'est-il permis de vous demander si vous ne pourriez pas préciser la nature de ces changements dont vous m'avez parlé ?

P. C. — Cette année 1906 marque, en effet, un changement radical dans mon existence qu'on ne peut comparer qu'à un changement de versant. Je me suis marié, ce qui veut dire que j'assumais de nouvelles responsabilités, que pour la première fois je voyais un terrain plan, pour ainsi dire, devant moi, avec une perspective assez étendue, ce qui me permettait de considérer mon art plus comme une exploitation que comme une exploration, c'est ce qui fait la différence.

Jusqu'en 1906, je faisais ma propre éducation, je faisais mon propre apprentissage, tandis que 1906, plutôt, marque le commencement de l'exploitation des ressources que j'avais plus ou moins inconsciemment amassées.

Je puis dire que ce n'est guère qu'à partir de ce moment-là que j'ai commencé à être vraiment satisfait de ce que j'ai fait. Tout ce que j'avais fait jusqu'à présent n'avait guère qu'une qualité de recherches, de recherches de différents côtés, de recherches plus ou moins réussies, tandis que là il commence à y avoir une réalisation dont je peux être raisonnablement satisfait. Je n'aurai plus de raisons aussi graves de changer, de travailler de nouveau à ce que j'ai fait que j'ai eues pour mes œuvres précédentes.

J. A. — Bref, vous considérez comme œuvres de recherches, d'exploration, ne disons pas comme tentatives ou balbutiements, tout ce que vous avez composé jusque vers 1906 et y compris *Partage de Midi* ?

P. C. — Y compris la première version de *Partage de Midi*.

J. A. — Y compris la première version de *Partage de Midi*.

P. C. — Ça marque, si vous voulez, un chevauchement.

J. A. — Un chevauchement. Mais, par rapport à la crise de *Partage de Midi*, est-ce que vous considérez qu'à partir de 1906, cette crise est définitivement révolue et qu'elle n'a plus de retentissement en vous ?

P. C. — Loin de là, seulement elle a pris un nouveau caractère. Il me faudra encore vingt ans pour en être complètement débarrassé.

J. A. — Parce qu'il me semblait que c'eût été peut-être un peu en contradiction avec ce que vous m'avez dit si souvent sur le développement en quelque sorte continu de l'homme et sur le fait qu'en réalité rien de nous-même n'est pas abandonné, tout est repris et utilisé sous d'autres formes et à d'autres fins.

P. C. — Eh ben, non, il me semble qu'il n'y a pas de contradiction. Un drame comme celui que j'avais vécu ne pouvait pas finir brusquement ; il a laissé des ondulations prolongées et on peut dire que *Le Soulier de Satin* marque la résolution définitive des différentes harmonies qui avaient agi avec tant de force sur mes jeunes années.

J. A. — Eh bien, je voudrais maintenant vous demander d'entrer dans une confidence peut-être un peu difficile, c'est celle qui concerne l'examen de vos relations avec un certain nombre d'hommes de lettres plus ou moins illustres de votre génération et, particulièrement, le récit, disons, de votre amitié avec Gide.

Je vous l'ai dit récemment : on vous attend à ce genre de récit. La publication, l'année dernière, de votre *Correspondance* avec André Gide, a soulevé de tels remous dans le public, elle a ému un si grand nombre d'admirateurs de votre œuvre et d'admirateurs de Gide, qu'il n'est pas possible, à mon sens, de passer cela sous silence dans ces *Mémoires improvisés*.

P. C. — Ces années dont vous parlez ont été, en effet, le champ, le théâtre de différentes relations suivies et très importantes que j'ai eues avec un certain nombre d'hommes de lettres. Ces relations se faisaient sur une longue distance, puisque de Tien-Tsin à Paris, il fallait compter six semaines et autant pour le retour. Par conséquent chaque lettre qu'on écrivait avait de longs prolongements dans l'esprit de celui qui la recevait et de celui qui l'envoyait. Les relations ne sont pas plus intimes parce qu'elles sont plus fréquentes ; au contraire, ces longs laps qui s'écoulaient d'une réponse à l'autre permettaient de réfléchir longuement à ce qu'on avait dit et à ce qu'on voulait dire.

Vous parlez de Gide, mais Gide n'est pas le seul avec qui j'ai eu des relations par lettres, à ce moment-là : il y a eu Jammes, avec qui je venais de passer quelques jours en France, il y avait Jacques Rivière surtout avec qui j'ai eu une correspondance extrêmement importante, à mon avis plus importante qu'avec Gide ; il y avait Suarès et, enfin, il y avait Gide.

Puisque vous insistez particulièrement sur Gide, je ne crois pas que je puisse ajouter grand-chose à l'idée que mes lecteurs peuvent s'en faire d'après le gros volume qui a été publié où, à mon avis, il y a pas mal de choses inutiles. Il ne faut pas oublier que je n'ai vu Gide, en somme, qu'un certain nombre, qu'un très petit nombre de fois dans ma vie, et les relations que j'ai eues avec lui portent en grande partie, pas seulement sur des sujets littéraires ou religieux, mais sur des sujets, sur des relations d'affaires, on peut dire, pour lesquelles il s'est mis à ma disposition avec une amabilité qui était la sienne, que vous connaissez ; il a toujours été très aimable et très serviable à l'égard de ses amis et je suis heureux de lui rendre justice à ce point de vue-là.

Quant à mes sentiments pour Gide, je ne puis guère faire autre chose que de vous référer à mon livre.

Bien des années se sont écoulées depuis et il m'est assez difficile de me remettre dans la position d'esprit où j'étais à ce moment-là. J'ai relu ce livre quand il a été publié, et je ne vois vraiment pas beaucoup ce que je pourrais ajouter aux lettres, aux sentiments que nous avons échangés à ce moment-là. Je crois, en relisant ces lettres, que je ne pouvais guère agir ou parler d'une manière différente que je ne l'ai fait, et si c'était à refaire je ne vois guère d'autres termes dont j'aurais pu me servir!

J. A. — Mais, permettez-moi de vous dire que nous ne nous adressons pas au même public ; vous vous adressez à un public différent et certainement beaucoup plus vaste que le public composé de ceux qui pourraient se reporter à cette *Correspondance* et en faire une étude minutieuse, et c'est pourquoi je me permettrai d'insister assez lourdement.

Ce qui m'étonne un peu, c'est que Gide et vous soyez devenus amis et, somme toute, amis assez intimes, dès le début, très tôt ; enfin vos relations ont commencé aux environs de 1899. Vous avez appartenu, l'un et l'autre, à l'entourage de Mallarmé, sans avoir été à proprement parler, comme le fut Valéry, des disciples de Mallarmé, et je voudrais donc vous demander tout simplement ce qui avait pu vous attirer d'abord chez Gide ?

P. C. — Eh ben, si je ne me trompe, il y a dans ce gros livre, une lettre qui donne toutes les explications possibles à ce sujet. Ce qui m'a attiré à Gide, ce n'est pas du tout la question littéraire — il y avait d'autres écrivains avec qui j'étais en relations d'idées plus étroites qu'avec Gide — ce qui m'a attiré c'est que je croyais voir en Gide un sentiment religieux sincère. Or, en me reportant à ces années-là, c'était une originalité extraordinaire. Dans ces années, que vous n'avez pas connues, la conviction religieuse, la conviction chrétienne, était quelque chose d'anormal et d'absolument, on peut dire, étrange. Ni Mallarmé que j'avais fréquenté, ni aucun des jeunes gens qui fréquentaient chez Mallarmé, ni aucune des personnalités littéraires qui occupaient la scène à ce moment-là, n'avait le moindre sentiment religieux et étaient plutôt hostiles de ce côté-là. C'était pour moi une souffrance ; j'étais déjà bien assez isolé par ma vie à l'étranger complètement, pour me trouver encore non seulement étranger mais, on peut dire, entouré d'une atmosphère hostile au point de vue religieux. Personne n'aime de vivre la vie d'un ermite complètement isolé ; on cherche les sympathies, on cherche les relations de cœur, les convictions naturelles qui peuvent vous sortir de votre isolement, surtout pour un homme aussi éloigné, aussi, on peut le dire, ermite que je l'étais à ce moment-là. Il m'a semblé voir ces convictions, ces idées religieuses chez Gide, qui les montrait sans scrupule à ce moment-là.

C'est beaucoup ce côté-là qui m'a attiré, c'est beaucoup ça qui m'a attiré à lui, c'est son côté religieux. Rappelez-vous le Gide de ces années-là, *Les Cahiers d'André Walter*, enfin de toute cette période où il ne cachait pas ses convictions religieuses, je dirai même chrétiennes, qui ont survécu encore longtemps puisque le dernier témoignage en a été le *Numquid et Tu* qui date, si je ne me trompe de...

J. A. — De 1916.

P. C. — De 1916.

J. A. — Oui, il a été écrit pendant la guerre.

P. C. — Ç'a été en effet à peu près la fin de notre correspondance.

J. A. — Presque...

P. C. — Eh ben, ce côté religieux, en dehors des relations très agréables, très séduisantes que pouvait avoir Gide, et auxquelles je rends hommage, ce qui m'a attiré de son côté, c'est le désir bien naturel que ces relations deviennent plus intimes, qu'elles soient basées sur des convictions communes, qui m'ont maintenu si longtemps dans cette entreprise, on peut dire sans espoir, dont notre correspondance est le témoignage.

J. A. — Disons la chose brutalement : espériez-vous convertir Gide et l'amener à confesser la vérité catholique ?

P. C. — Vraiment oui. Je peux dire qu'à certains moments... c'est à dire que je n'ai pas eu bien des doutes à ce sujet-là et de grandes incertitudes, mais à certains moments, on était autorisé à le croire. Vous avez vu certaines lettres de lui qui disent qu'il tremblait comme quoi ? comme un poteau.

J. A. — Oui, il balançait, il a balancé certainement très longtemps.

P. C. — Et dans une longue conversation que j'ai eue, au moment où je m'embarquais pour la Chine, avec lui et avec M^me Gide, cette conviction pouvait réellement s'appuyer sur des symptômes réels, d'autant plus que j'ignorais totalement, à ce point de vue, ses mœurs particulières.

J. A. — Mais ces convictions religieuses de Gide, pensez-vous, maintenant, qu'elles n'aient pas été des convictions sincères ?

P. C. — Il parlait tellement de sincérité, et ces sincérités m'inspirent de tels doutes, que je n'en sais rien, n'est-ce pas ! Je crois qu'il est resté certainement une inquiétude à ce sujet-là. Je lisais dernièrement, dans *La Table Ronde,* les très intéressants essais qui ont été écrits à ce sujet-là, qui montraient que, malgré tout ce qu'il peut dire, un homme qui n'est pas très sûr de lui-même. Je ne sais pas si vous avez cette impression mais j'ai retiré de là l'impression mêlée, de ma part, de beaucoup d'horreur, d'horreur..., disons d'horreur. *(Rire.)*

J. A. — Oui, mais ce n'est pas votre horreur présente, c'est surtout l'histoire de ces relations qui m'intéresse et elle ne m'intéresse pas, croyez-le bien, simplement d'un point de vue anecdotique. Si je me permets une confidence personnelle : j'ai été aussi profondément l'ami de votre œuvre que l'ami de celle de Gide ; et que votre amitié ait fini comme elle a fini, je crois que ç'a été une chose vraiment très douloureuse pour un grand nombre de vos admirateurs. C'est pourquoi je pense qu'il m'est...

P. C. — Permettez!

J. A. — Je vous en prie.

P. C. — Que pouvais-je faire, n'est-ce pas ? Ce n'était à ce moment-là... Nos relations ont fini avec la guerre. Pendant quatre ans, lui et moi, nous avons été partagés de différents côtés. J'ai été envoyé au Brésil, d'autre part je m'étais marié ; nos vies, vraiment, avaient complètement divergé. Il n'y a pas eu, à ce moment-là, de rupture absolument brutale. La meilleure preuve c'est qu'on retrouve dans ma correspondance une autre série de lettres où j'ai écrit à Gide encore sur un ton vraiment très cordial, autant que je peux m'en rendre compte, n'est-ce pas!

J. A. — Oui, mais jusqu'en 1926!

P. C. — Mais alors du moment où il a pris cette attitude et où a paru *Corydon*, alors je dois dire que ç'a été fini.

J. A. — Mais, pourtant, il y a eu encore des lettres après la publication de *Corydon*, et je me permettrai de vous dire qu'autant Gide était plus que Gide, autant vous, Paul Claudel, vous êtes plus que Paul Claudel. Je veux dire que l'un et l'autre vous êtes des représentants d'une certaine pente de l'esprit humain et de l'esprit français. Le dialogue français n'existerait pas s'il n'y avait pas perpétuellement le dialogue Claudel-Gide, et la chose intéressante c'est peut-être de voir sur quelle base d'entente ou de malentendus avaient pu peut-être d'abord se nouer vos relations.

Vers 1905, c'est-à-dire au moment où Gide pensait

peut-être déjà à fonder cette *Nouvelle Revue Française*
à laquelle vous avez collaboré, vous étiez unis par un
lien assez profond, c'est-à-dire une réaction contre ce
que vous n'avez cessé de dénoncer c'est-à-dire la bas-
sesse des Lettres françaises à cette époque-là, des organes de la presse littéraire. Et la *Nouvelle Revue Française* a été fondée en grande partie pour réagir contre
cet abaissement du niveau des Lettres.

Par la suite, certains problèmes moraux ont été gran-
dement éclairés, pour l'un et pour l'autre, et par la
lecture de vos œuvres et par la *Correspondance*. Je pense,
par exemple, à la très grande lettre si importante que
vous avez écrite au moment de la publication de *La
Porte étroite* dans *La Nouvelle Revue Française*. Je me
permettrai de vous en rappeler un fragment. Dans cette
lettre, il y a un jugement littéraire sur la façon d'écrire
de Gide, sur... disons, enfin, l'aura de son style :

*On se sent*, dites-vous, *partout enveloppé de cette solen-
nelle atmosphère de fin d'été, de cette extase dorée dont vous
parlez dans vos dernières pages. C'est un discours suave
et mûr, une suavité pleine d'angoisse, une douceur dan-
tesque, mais avec, au-dessous, quelque chose de terriblement
amer, je n'ose dire de désespéré.*

Et vous posiez cette question : *Votre livre est-il chrétien?*

P. C. — Vous croyez ?

J. A. — Après quoi vous ajoutiez que ce livre de
Gide, livre d'un protestant, vous avait mieux fait
comprendre ce qu'est le protestantisme, et que le protestantisme n'a pas de sacrements.

Gide lui-même m'a dit, il l'a écrit d'ailleurs aussi dans
ses *Lettres* comme dans son *Journal*, que cette lettre, à
la suite de la lecture de *La Porte étroite*, lui avait gran-
dement ouvert l'esprit sur la différence fondamentale
qui sépare le protestantisme qui, en définitive, est moins
une religion qu'un moralisme et le catholicisme qui est

au sens propre, une religion, et il s'est ouvert alors
entre vous et Gide une discussion qui est la discussion
éternelle entre les partisans... comment dirais-je : de la
vertu sans récompense et les catholiques, dont vous êtes,
qui considèrent que l'amour de Dieu entraîne nécessaire-
ment le désir de posséder Dieu comme de se donner à Lui.
Par conséquent que l'idée d'une sorte de gratuité de
l'élan religieux qui porte la créature vers Dieu est une
idée ou orgueilleuse ou, en tout cas, erronée. Est-ce que
je me trompe ?

P. C. — Certainement. Il faudrait plutôt dire qu'à
l'état pur, l'amour du chrétien pour son Dieu ne
comporte pas ce qu'on peut appeler une idée de récompense. L'abbé Bremond a insisté à ce côté d'une manière
excessive, à mon avis, sur les mystiques du xviie siècle
qui avaient bien soin d'éliminer l'idée de récompense,
disant qu'elle n'intervenait pas essentiellement dans
leurs rapports avec Dieu. L'idée du chrétien est de faire
la volonté de Dieu, qu'elle comporte une récompense,
comme l'on dit, une joie, un bonheur quelconque, ou
qu'elle n'en comporte pas. Tous les mystiques, tous les
grands mystiques ont dit que, devraient-ils séjourner en
enfer jusqu'à la fin de leurs jours, cependant ça ne
changerait rien à leur amour de Dieu et ils continue-
raient à faire pour Dieu tout ce qu'ils pouvaient. Il y a là
une exagération que, pour ma part, je trouve un peu
choquante, n'est-ce pas, mais on ne doit pas éliminer
complètement l'idée du bonheur qui arrive de l'exécution
de son devoir ; somme toute, je veux dire que ce n'est
pas là l'idée essentielle et que l'idée essentielle est celle
du devoir, je dirai organique, qui s'impose à un chrétien
de faire la volonté de Dieu ; il ne s'appartient plus, il
doit faire la volonté de Dieu. C'est comme l'idée d'un
féodal extrêmement dévoué à son Seigneur, pour qui la
vie n'est pas concevable s'il n'obéit pas à son Seigneur et
s'il ne fait pas exactement ce que son Seigneur lui de-

mande, que ce soit..., qu'il en résulte pour lui des conséquences agréables ou pas agréables.


# Vingt-neuvième entretien


JEAN AMROUCHE. — Durant notre dernière conversation, nous avons parlé de vos relations avec Gide. Rappelez-vous que votre confiance en lui, en l'admiration qu'il
a longtemps portée à vos écrits, et même à vos *Poèmes
liturgiques* comme l'*Hymne au Saint Sacrement* vous
avait fait lui confier le soin de corriger vos épreuves.
Rappelez-vous que pendant des années, on voit fréquemment venir sous sa plume, le mot « admirable » appliqué
à vos ouvrages.

PAUL CLAUDEL. — Le *Journal* marque des sentiments
un peu différents! *(Rire.)* Enfin...

J. A. — Mais c'est là peut-être une chose assez curieuse,
justement, qu'il y ait une telle distance entre le ton et le
contenu des *Lettres* de Gide et... comment dirais-je :
cette espèce de transposition qu'il en fait parfois dans
son *Journal*. Qu'en pensez-vous vous-même ? Pensez-
vous que ce soit... disons-le de l'hypocrisie, cette hypocrisie qu'on lui a si souvent reprochée, comme à vous,
d'ailleurs, votre orgueil ?

P. C. — « Hypocrisie » est un mot bien grossier pour
exprimer des sentiments comme ceux-là. Je dirai que
Gide avait une tendance à se donner, et une tendance
encore plus forte à se reprendre et, aussitôt qu'il s'était
donné, il trouvait qu'il était allé trop loin et essayait,
peut-être avec un certain excès également, de se reprendre. C'était un va-et-vient qui était dans son tempérament. C'est pour ça que je n'attache pas une impor-

tance particulièrement grande à ces contrastes entre sa
*Correspondance* et son *Journal*, parce que j'étais arrivé,
tout de même, à me faire une idée assez juste du tempérament de Gide! Mais, surtout que ses réserves sont
tellement peu sérieuses, n'est-ce pas, et portent sur des
sujets physiques ou d'habillement tellement peu sérieux
que, vraiment, ça n'impressionne pas. *(Rire.)*

J. A. — Oui, votre fameuse jaquette trop courte et
votre cravate couleur d'aniline!

Pensez-vous que Gide ait été vraiment sincère et qu'il
ait fait de grands efforts pour se dire sans réticences?
*(Silence.)*

P. C. — Oui... ça m'oblige à dire des choses pas très
agréables, n'est-ce pas? Je crois que, surtout à la fin,
une grande partie de sa sincérité tenait au défi, disons
ce vilain mot, d'exhibitionnisme. Il semble impossible
de croire qu'il n'y ait pas une espèce de cynisme, d'exhibitionnisme dans l'attitude qu'il a prise, spécialement
à la fin de sa vie, de défi, si vous aimez mieux, n'est-ce
pas. Quant à la sincérité... c'est un homme qui, évidemment, n'était pas sûr de ses sentiments, qui était — mon
Dieu, c'est dans la nature humaine, ce n'est pas spécial
à Gide — attiré vivement par certains côtés idéaux et,
d'autre part, retenu par un certain vice qu'il avait eu le
grand tort de laisser se dégénérer en habitude. « L'habitude est une seconde nature », cette seconde nature est
arrivée plus forte que lui. D'autre part, c'était un homme
riche, oisif, qui n'avait aucune espèce de devoir extérieur
qui l'oblige à prendre sur lui-même, à se dompter lui-
même, et alors il s'est un peu abandonné à vau-l'eau
avec le grand malheur qu'il y a de n'avoir pas de nécessité
dans l'existence. C'est un grand malheur pour un homme
que la nécessité ne joue aucun rôle dans votre vie, n'est-
ce pas? Quand on lit le *Journal* de Gide, on est frappé
de cette éternelle errance : il passe d'un endroit à l'autre
continuellement, il ne reste pas à la même place ; on voit

que c'est un homme qui cherche sa place et qui ne la
trouve pas. Eh ben, de même qu'il ne la trouve pas dans
le lieu, il ne la trouve pas non plus dans les convictions :
il erre d'un côté à l'autre, tantôt il est attiré d'un côté,
tantôt il est attiré de l'autre et, en même temps, il a une
certaine facilité à s'exprimer, un certain plaisir à s'exprimer et, alors, il trouve agréable de se servir de cette
instabilité comme d'un sujet de développement littéraire, n'est-ce pas ?

J. A. — Il est très étrange, me semble-t-il, que ce soit
vous qui fassiez à Gide reproche d'avoir été un errant
car, à cet égard, je crois que vous avez erré sur la planète
beaucoup plus que lui et infiniment plus loin !

P. C. — Mais, il y a une grosse différence, c'est que je
n'y ai pas erré volontairement, j'y ai été contraint pour
gagner ma vie, pas plus qu'un soldat n'erre parce qu'il
est envoyé au Cambodge ou ailleurs ! C'est pas pour
mon plaisir que je me trouvais expédié loin de ma famille,
loin des miens, pour aller tout seul pendant plusieurs
années, dans l'Amérique du Sud, par exemple.

J. A. — Oh ! je ne suis pas sûr que ce que vous dites
soit tout à fait exact !

P. C. — Eh ben, vous vous trompez.

J. A. — Je crois que c'est exact, en effet mais ne
pensez-vous pas que...

P. C. — Croyez que chacun de mes départs a été un
déchirement extrêmement pénible !

J. A. — Je crois, je crois bien sûr, mais ce déchirement,
vous l'avez cherché et vous en aviez besoin. C'était un
aliment dont vous ne pouviez pas vous passer. Quant
à la carrière errante, vous l'avez choisie précisément
parce qu'elle était une carrière « errante ».

P. C. — En principe, c'est vrai, mais en fait je n'ai
jamais été dans un poste que j'aie demandé. J'ai toujours été envoyé dans des postes que je n'attendais pas,
et que je n'avais jamais sollicités, n'est-ce pas.

J. A. — Ne pensez-vous pas que Gide ait cherché tout de même à se donner une loi intérieure et qu'il ait essayé de se soumettre, toute sa vie, à une certaine nécessité ?

P. C. — Il n'y a pas réussi, le pauvre garçon !

J. A. — C'est difficile à dire ! Je me demande aussi, en faisant allusion à un propos que vous teniez tout à l'heure, si, à propos de ce vice — qu'il faut bien nommer ainsi — vous ne croyez pas que Gide, à la fin de sa vie, ait eu, peut-être, dans une certaine mesure, une certaine tentation du martyre ? Il a été très frappé par certaines poursuites judiciaires, et je ne fais pas seulement allusion à la terrible histoire d'Oscar Wilde — qui l'a tout de même beaucoup frappé dans sa jeunesse — mais à un certain nombre de poursuites judiciaires qui se sont étalées avec tous leurs motifs dans la presse quotidienne française, et je me demande si les aveux de Gide, de la fin de sa vie, ces aveux d'un vieillard chargé de gloire et d'années, n'étaient pas autre chose que de simples aveux de provocation pure ? Je me demande s'il ne voyait pas là une sorte de devoir, et si toute cette question de la publication de *Corydon* n'a pas été pour lui une sorte de, disons-le, de « service moral et social » qu'il a cru devoir accomplir ?

P. C. — Disons qu'à ce point de vue-là, il a été bien désappointé puisque ça lui a valu d'être Docteur *honoris causa* d'Oxford, le prix Nobel — en fait de « martyre », c'était un martyre plutôt doux ! (*rire*) — et les hommages du président de la République et de tous les corps constitués !

Il y a un article de Jacques Laurent dans *La Table ronde* qui, justement, est assez cocasse à ce point de vue, n'est-ce pas !

J. A. — Je vous rappellerai, à cet égard, que presque en même temps que cette représentation de gala, qu'on pourrait considérer avec une certaine ironie, des *Caves du Vatican*, car, enfin, *Les Caves du Vatican* représentées

à grand renfort de robes du soir, d'uniformes, de cha-
marrures, en présence des autorités constituées, disons-
le : c'est une chose vraiment cocasse, et je suppose que
le Prothos qui dormait en Gide devait en rire intérieurement ; en même temps, ou presque en même temps,
c'était aussi votre triomphe, celui de *Jeanne au Bûcher*,
à l'Opéra !

P. C. — *(Rire.)* C'était un triomphe d'un ordre différent, tout de même !

J. A. — C'était un triomphe d'un ordre différent, mais
je vais vous attaquer sur ce point : vous faisiez allusion
à Jacques Rivière et, dans votre Correspondance à
Jacques Rivière, à propos d'une chose assez grave, c'est-
à-dire le choix d'une profession, vous écriviez ceci : *J'ai
toujours dans la mémoire les figures tragiques d'un Villiers
de L'Isle-Adam, d'un Verlaine, avec des restes de talent sur
eux comme les derniers poils d'une vieille fourrure mangée.
Il n'est pas honorable d'essayer de vivre de son âme et de la
vendre au peuple ; de là le mépris, en partie légitime, que
l'on a toujours eu des acteurs et des artistes.*
Est-ce que vous pensez encore de même ?

P. C. — Eh bien, mon Dieu... *(rire)* que voulez-vous
que je vous dise. Tout de même, il est impossible, pour
un auteur de ne pas vivre de sa pensée et de son âme.
Il y a tout de même un côté qui est assez vrai dans ce
que je dis. Aussi je ne considère pas non plus les écrivains — je l'ai dit bien des fois — comme des saints !
Jamais je n'ai considéré qu'un écrivain soit un saint et
j'ai toujours été frappé d'une chose, c'est qu'il y a bien
peu d'écrivains dont la vie soit estimable, tandis qu'on
compte parmi les savants, au contraire, beaucoup de
saints. Il y a quelque chose en effet à faire comme formation même pour moi. Il y a quelque chose d'un peu dé-
placé de faire montre de ses sentiments et d'en tirer
parti, cela je le reconnais, mais c'est ma triste profession...
qu'est-ce que vous voulez ! C'est comme d'être saltim-

banque! Remarquez, on ne peut pas faire autrement, c'est mon métier, c'est mon triste métier et, alors, je suis obligé d'en voir les inconvénients. En effet, il y a ce côté-là : montrer ses sentiments ; il vaudrait peut-être mieux les cacher, mais d'autre part ça peut avoir une certaine utilité, reconnaissez-le!

J. A. — Vous m'avez parlé un jour de ce que vous appeliez l'appauvrissement de Gide après qu'il eut abandonné le Christianisme, sinon le Christ. Ne pensez-vous pas que cet appauvrissement même, sur lequel il faudrait d'ailleurs s'expliquer, que toute la vie de Gide, que sa destinée peuvent être considérées comme exemplaires?

P. C. — Eh ben, là, je peux vous répondre par quelque chose de très particulier, et je ne sais pas si vous partagerez mon avis, et si la plupart des auditeurs qui nous écoutent partageront mon avis, mais il y a tout de même un livre terrible de Charles Du Bos qui, pour moi, chrétien, est extrêmement renseignant. Gide est un homme « occupé », n'est-ce pas.

J. A. — Gide est un homme « occupé », qu'est-ce que ça veut dire?

P. C. — Ça veut dire « possédé ».

J. A. — Un homme possédé du Démon?

P. C. — C'est ça, oui, oui. Lui-même, parfaitement, le reconnaît dans ces aveux terribles qu'il a faits à Du Bos, et que Du Bos, d'une manière vraiment un peu terrible aussi, a enregistrés, dont il a fait un livre qui est vraiment un acte d'accusation effroyable à l'égard de Gide.

J. A. — Oui, le fameux *Dialogue avec André Gide!*

P. C. — Que j'ai relu dernièrement et qui est redoutable, mais auquel je ne peux pas m'empêcher de donner raison. Que voulez-vous, pour moi, le diable existe! Je dirais même qu'il n'y a pas de péché, qu'il n'y a pas d'écorchure, si faible qu'elle soit, qui ne donne lieu à une contamination ; il y a plus ou moins contamination, il peut y avoir obsession et il peut y avoir, en effet, possession. C'était l'idée de Dostoïevski, et le *Numquid et Tu* et les aveux de Gide, dans le livre de Du Bos, sont redoutables à ce moment-là.

Gide, par dilettantisme, par faiblesse, par goût littéraire, enfin par toutes ces manies qu'il avait contractées dans cette époque terrible de la fin de siècle, n'est-ce pas, a dangereusement ouvert le passage à *Quelqu'un* qui a fini par être plus fort que lui et par l'occuper.

Je considère ça comme presque certain, n'est-ce pas, et je crois que ces phénomènes d'occupation diabolique sont beaucoup plus fréquents qu'on ne le dit. Il y a eu quelqu'un en lui qui était plus fort que lui. On peut appeler cela une seconde nature, si vous voulez mais il n'y a jamais de position invétérée dans la négation, dans le péché, sans une coopération, sans une collusion avec le Démon. Moi, je le crois.

J. A. — Mais, cette collusion avec le Démon, il l'a confessée lui-même a diverses reprises car, enfin, le fameux aphorisme, qu'on a trop souvent répété, « qu'il n'y a pas d'œuvre d'art sans la collaboration du Démon » et Gide...

P. C. — Ah oui! Mais, là, il jouait sur les mots, parce qu'il prenait le démon dans le sens de Gœthe, n'est-ce pas! Il y a un certain jeu de mots qui est bien « gidien » : le démon de Gœthe — qui, d'ailleurs, pour moi, est bel et bien le vrai Démon aussi — il le prenait comme le δαίμων de Socrate, une espèce de génie qui n'est ni bon ni mauvais, qui est une espèce de ludion qui excite les imaginations, mais il ne le prenait pas dans le sens biblique ou, du moins, il faisait semblant de ne pas le prendre...

J. A. — Mais, puisque nous parlons de Gœthe, je viens à l'un des reproches que Gide vous adresse tout au long de son *Journal*, et pas seulement à vous mais à la plupart des catholiques, et surtout à ses amis conver-

tis au catholicisme, comme Charles Du Bos à qui vous
faisiez allusion tout à l'heure. Ce dont il vous accuse,
surtout c'est, disons-le, d'orgueil et de satisfaction.
Il vous accuse, en tant que catholique, d'opposer une
fin de non-recevoir absolue à tous ceux qui confessent
une vérité qui n'est pas la vôtre. Pour un peu, tout en
reconnaissant, disons-le, votre génie, et en lui rendant
hommage, il vous aurait accusé d'une sorte de cécité
intellectuelle, disons-le d'inintelligence, et d'ininteli-
gence volontaire.

P. C. — Qu'entendez-vous par « une vérité qui n'est
pas la mienne » ? J'ai toujours cru qu'il n'y avait qu'une
vérité ! Si une vérité n'est pas celle qui est la vraie vérité,
ce n'est pas une vérité ! Alors, par conséquent, je ne peux
pas la considérer sur le même pied que la vérité vraie,
n'est-ce pas !

De deux choses l'une : ou je crois en la vérité, ou je
crois en ce qui n'est pas la vérité, et du moment où
quelque chose diffère de la vérité, c'est qu'elle n'est plus
la vérité, c'est qu'elle est une erreur ou un mensonge.

J. A. — Je crois que je me serai mal expliqué...

P. C. — Il n'y a pas deux vérités...

J. A. — ... Parce que je ne crois pas que ce soit
sur ce plan discussions à coups de syllogismes que
nous devions nous placer. Et ce que Gide veut dire par
là, je crois, c'est simplement qu'il estime qu'il y a un
devoir d'intelligence selon lequel nous devons toujours
nous efforcer à la sympathie, qui nous permette d'épouser le point de vue de l'adversaire ou le point de vue de
l'autre, plus généralement. Bref, il s'agit, comment
dirais-je, d'une véritable sympathie et d'une sorte
d'exercice de l'esprit qui puissent nous conduire à nous
laisser habiter pendant un certain temps, le temps de
l'épouser intérieurement, par le point de vue de l'autre.

Gide lui-même prétend qu'il y excellait. Je n'en suis
pas sûr...

P. C. — Oh! non.

J. A. — ... qu'en pensez-vous?

P. C. — Eh ben, je pense, je crois qu'il est assez facile de vous répondre. C'est distinguer la charité envers les hommes et envers les gens qu'on estime.

J'ai eu beaucoup d'amis, juifs surtout, quelques-uns protestants, beaucoup païens, avec lesquels, comme par exemple mon grand ami Berthelot, ses croyances, très opposées aux miennes, ne m'ont jamais empêché de l'aimer fraternellement, comme peu d'hommes se sont certainement aimés en cette vie. Ça, c'est une chose tout à fait différente. Mais, comment voulez-vous que je sympathise, ou que je comprenne même, ou que j'aie un intérêt quelconque pour des choses, qui sont non seulement différentes de la vérité, mais qui y sont opposées? Ce n'est pas possible! *(Rire.)*

On ne peut pas me demander cela.

J. A. — Oui mais alors, cette fin de non-recevoir totale à Gœthe, à Rousseau, à Renan...

P. C. — Attendez! Elle n'est pas complètement totale, parce que l'erreur ne peut jamais être totale, l'erreur n'est jamais qu'une corruption de la vérité. Par conséquent, dans tout ce que dit Renan, Gœthe, etc., il y a certainement une parcelle de vérité à laquelle des gens d'un tempérament très différent du mien, je le reconnais, peuvent sympathiser. Ils ne sympathisent pas avec l'erreur, mais ils sympathisent avec la partie de vérité qui se trouve dans l'erreur, qui s'y trouve forcément, parce que comme le mal est corruption du bien, l'erreur est toujours corruption de la vérité. Alors, vous pouvez voir l'erreur de deux manières : ou bien vous voyez la partie de vérité qui s'y trouve et alors vous vous montrez ce que vous appelez charitable, ou, au contraire, vous voyez la partie d'erreur, et alors vous avez un haut-le-corps, vous avez une révolte de ce côté-là. Or, moi, j'ai eu à lutter toute ma vie contre l'erreur. Je me suis trouvé seul, j'ai eu à lutter très durement et très énergiquement contre un tas de mensonges qui tâchaient de s'imposer à moi, et j'ai dû réagir avec la plus grande violence, avec la plus grande brutalité, à ce sujet-là.

C'est l'effet de ma formation spéciale, de mon tempérament, si vous voulez, des circonstances dans lesquelles je me trouvais, ça n'influe pas sur les positions différentes que peuvent avoir des gens comme l'abbé Bremond, par exemple, comme l'abbé Mugnier qui, au contraire, sympathisaient avec toutes les erreurs, et n'y voyaient que la partie de vérité. Moi, je suis différent. Le mensonge et l'erreur — ce que je considère comme le mensonge et l'erreur — m'inspirent une violente aversion, n'est-ce pas, que je traduirais volontiers aux dépens de ceux qui les professent... (*Rire.*) Je le reconnais.

J. A. — Oui, vous les avez traduites à diverses reprises parce que, enfin, c'est vous qui avez posé le bonnet d'âne sur la tête de Gœthe!

P. C. — C'est cela, et je ne le retire pas! (*Rire.*)

J. A. — Et vous ne le retirez pas.

## Trentième entretien

Jean Amrouche. — C'est en 1910 que vous avez achevé *L'Annonce faite à Marie*, qui, à ce jour, avec *Le Soulier de Satin*, est votre œuvre la plus connue. *L'Annonce faite à Marie* est peut-être la seule dont on puisse dire qu'elle est popularisée. Jusqu'à quel point? là n'est pas la question.

Je voudrais vous demander comment, par suite de quel cheminement spirituel, et par suite de quel mûrissement de vos personnages en vous, partant de *La Jeune Fille Violaine* de 1892, vous aboutissez, près de vingt ans plus tard, à cette *Annonce faite à Marie*.

PAUL CLAUDEL. — Ça va être assez difficile de vous indiquer les éléments constitutifs, parce que ce ne sont pas des morceaux, des morceaux complets, qui se sont ajoutés d'emblée l'un à l'autre. On pourrait plutôt comparer le travail qui s'est fait dans mon esprit pour la rédaction de cette pièce à une solution saline, dont les éléments divers restent suspendus pendant une assez longue période, mais ne se déposent qu'à des périodes différentes.

La première version de 1912 de *L'Annonce* était quelque chose d'assez informe. C'est assez curieux que l'avenir ait déjà une place en somme dans le présent, qu'il soit « en puissance », comme disent les scolastiques, en possibilité dans une œuvre qui n'est pas encore réalisée. Cette première version est déjà, comprend déjà la plupart des événements, des éléments qui seront réalisés plus tard dans les versions successives, mais d'une manière tout à fait diluée et, si je peux dire, informe.

Quels sont ces éléments, tels que je les revois ?

Il y a d'abord mon long contact avec ce pays de Villeneuve où j'ai longtemps... où je suis né, qui a énormément impressionné mon existence ; les histoires que me racontaient les gens du pays, la situation de ma famille, les conflits familiaux qui ont pu se produire, les idées politiques au même moment : tout ça, ce sont des éléments à la fois contemporains et séparés, qui n'ont trouvé leur forme que par des réalisations successives.

La première version de 1912 n'avait pas été longue sans que ses défauts se montrent. J'ai essayé de progresser sur cette première ébauche en... je crois que ça devait être à mon séjour en Chine : ça devait être, par conséquent...

J. A. — En 1898.

P. C. — Oui, en 1898.

J. A. — Pardonnez-moi, vous avez dit à deux reprises, vous avez employé l'expression : « première version de 1912 ». Vous vouliez dire : de 1892, et c'est à
*La Jeune Fille Violaine* que vous faisiez allusion ?

P. C. — Vous avez raison.

J. A. — C'est cela.

P. C. — 1892. J'ai écrit cette deuxième version qui,
à ce moment-là, se passait en Amérique... Je me demande
même s'il n'y a pas eu une version intermédiaire, ou en
tout cas des ébauches intermédiaires. Cette version a
paru dans le volume intitulé *L'Arbre*.

Alors ce n'est qu'à Tien-Tsin, au moment où je venais
d'achever *L'Otage* que tout à coup s'est imposée à moi
l'idée d'une rédaction nouvelle, qui alors serait située
au Moyen Age. Oui, c'est à ce moment-là, beaucoup plus
maître de ma plume, de mon métier de metteur en scène,
si je peux dire, à ce moment-là que la version définitive
s'est imposée — sauf le 4e acte, que j'ai conçu d'une
manière toute différente —, où intervenaient encore les
idées lyriques qui dominaient mon théâtre précédent.
Le dernier acte est encore conçu sous la forme ultra-
poétique et lyrique qui domine des œuvres comme *Tête
d'Or* ou comme *Le Repos du Septième Jour*.

J. A. — Oui, mais il y a eu un petit incident extérieur :
c'est que justement en 1909 Marie Kalff et Lenormand
— qui est mort, comme vous le savez, cette année — ont
eu l'idée de monter *La Jeune Fille Violaine*. Et ils
avaient demandé l'autorisation à André Gide, qui était
en quelque sorte comme votre représentant à Paris à
cette époque-là. Ils avaient demandé à André Gide
l'autorisation de monter *La Jeune Fille Violaine* au
Théâtre d'Art. Et voici le jugement que vous portiez
sur cette *Jeune Fille Violaine* — il s'agit de la deuxième
version —, c'est un jugement qui n'en laisse rien subsister.

P. C. — A quelle époque, dites-vous ?

J. A. — En 1909, le 18 février.

P. C. — C'est antérieur, par conséquent, à la rédaction de *L'Annonce*.

J. A. — Oui. Voici ce que vous en disiez :

*De toutes mes pièces,* La Jeune Fille Violaine *est celle que je considère en même temps comme la plus pénétrée de poésie et la plus imparfaite. La fable et l'action en sont puériles. Des parties entières, comme les divagations architecturales de Pierre de Craon, sont à supprimer ; le rôle lui-même en entier peut-être.*

*D'autre part, la componction, la dévotion, l'attendrissement qui forment tout l'intérêt de cette œuvre religieuse, qu'en resterait-il à la scène ? Ce serait comme une épreuve en négatif, où les blancs viennent en noir et les noirs en blanc : c'est-à-dire où l'affabulation naïve et même assez ridicule serait violemment tirée au premier plan.*

*La seule pièce qui pourrait peut-être être actuellement jouée serait* Partage de Midi. *Celle que j'écris en ce moment sera beaucoup plus dramatique et scénique...*

Celle à laquelle vous faites allusion, c'est évidemment *L'Otage*... Or, chose curieuse, quand vous écrirez *L'Annonce faite à Marie*, non seulement vous ne supprimerez pas les « divagations architecturales » de Pierre de Craon, non seulement vous ne supprimerez pas le rôle tout entier de Pierre de Craon, mais au contraire la figure de Pierre de Craon prendra dans *L'Annonce* une stature, une grandeur, une signification, surnaturelle et naturelle à la fois, qui contrediront étonnamment, comment dirais-je... la tentation que vous avez exprimée dans cette lettre.

P. C. — Peut-être... J'avais complètement oublié ce passage de ma correspondance. Mais peut-être justement, dans cette importance que j'ai donnée à ce rôle de Pierre de Craon [1], y avait-il une première tentation

---

1. Jean Amrouche prononçait Pierre de Cran (comme paon ou Laon), préfigurant ainsi la prise de position (un peu légère du grammairien du journal *L'Express,* mais Claudel, lui — qui était orfèvre —,

de m'en débarrasser. On pourrait interpréter cela comme ça également. J'étais à ce moment à une époque de débat intérieur, si vous voulez : il y avait mon Conseil d'Administration qui était réuni, et un des membres du Conseil d'Administration a proposé de laisser une chance à un de mes personnages, de manière à ce qu'il se réalise complètement et, cet apaisement donné à ce membre un peu prétentieux, les autres membres ont eu le dessus et ont voté en grande partie l'exclusion du personnage en question. *(Rire.)*

J. A. — Bien. Mais alors ce personnage que vous avez exclu en lui donnant...

P. C. — Je ne l'ai pas exclu, tant s'en faut!

J. A. — Vous l'avez exclu de vous-même en lui donnant un rôle extrêmement important dans l'action de *La Jeune Fille Violaine*, puisque, en fait, il est, dans une grande mesure, Pierre de Craon, l'instrument de la Grâce : c'est lui qui va arracher Violaine à sa destinée terrestre.

P. C. — C'est tout à fait vrai.

J. A. — C'est donc par lui que, si j'ose dire, que la main de Dieu va se poser sur Violaine et s'emparer de cette part divine en elle que peut-être elle n'avait pas su déceler.

P. C. — C'est vrai.

J. A. — Et d'autre part, en tant qu'architecte, il est lui-même porteur d'un certain nombre de vos idées fort importantes sur l'ordonnance du monde et sur la valeur de signification symbolique de l'église, de la cathédrale, ce qui rejoint le court traité de 1900 sur *Le Développement de l'Église.*

Mais je m'égare un peu dans l'anecdote, et je n'ai pas su vous amener au vrai sujet de cet entretien, qui est

dit Craon (comme Raon-l'Étape), ce qui ne peut pas ne pas faire foi et, ensuite, Jean Amrouche est bien obligé de prononcer de la même façon.

le progrès que l'on peut distinguer entre *La Jeune Fille Violaine* et *L'Annonce faite à Marie*, au point que les deux drames sont à la fois semblables par le germe, par l'origine, mais qu'ils sont profondément différents quant à la structure et quant aux proportions, aux rapports des personnages.

P. C. — La grande différence de toutes les pièces de théâtre qui sont postérieures à 1909 avec celles qui ont précédé c'est, pour employer un mot à la mode, un peu prétentieux, l'élément subjectif dominait chez moi jusqu'en 1909. C'est à partir de 1909 que j'ai eu un point de vue en quelque sorte extérieur, un point de vue de constructeur, et que j'ai vu l'œuvre à réaliser un peu du dehors. Ce côté objectif est devenu de plus en plus important chez moi. Tout en conservant l'*impetus*, la poussée intérieure, je l'ai beaucoup plus astreinte à un regard et à un sentiment de la construction vue pour ainsi dire du dehors. C'est là la grande différence de toutes mes œuvres à partir de *L'Otage* et de *L'Annonce faite à Marie*.

Les personnages de *L'Otage*, même de *L'Annonce*, me sont en grande partie extérieurs. Je les ai vus réalisés comme un peintre peut voir un groupe d'après les lignes, d'après la composition qu'ils font ensemble, et non pas simplement en aveugle, ou en réalisant une poussée intérieure « va comme je te pousse », si je peux dire. J'ai vu beaucoup plus ça d'un point de vue extérieur, tout en essayant de tirer parti des éléments anciens.

J. A. — Oui. Mais, cette transformation de point de vue, à quoi pensez-vous qu'on puisse l'attribuer, à quelle cause ?

P. C. — En grande partie à mon apaisement intérieur, à mon apaisement moral et à la domination sur le drame intérieur, que j'étais arrivé à calmer. A partir de 1910, la géologie de mon talent, si vous voulez, pour employer un mot très prétentieux, est changée : il ne s'agit plus d'une pente plus ou moins accidentée à grimper, il s'agit d'un terrain plan, permettant les points de vue, permettant l'exercice d'un talent de composition, si je peux dire. La composition domine l'inspiration. C'est là la grande différence de cette période, qui se prolonge jusqu'à la fin de ma période dramatique, c'est-à-dire jusqu'en 1930 à peu près, c'est la grande différence sur ce qui se passe avant : avant, c'est facile, avant j'essayais de donner jour à mon drame intérieur, comme je le pouvais, tandis que là je le domine et je lui impose une forme.

J. A. — Je voulais vous demander si vous ne croyez pas que le fait d'être maintenant marié, père de famille, ayant résolu un certain nombre de vos problèmes dramatiques, n'expliquerait pas que Tête d'Or qui, en quelque sorte, domine les premiers drames, s'efface maintenant devant un autre personnage, qui est celui du patriarche Anne Vercors.

P. C. — C'est possible, bien que jamais je ne puisse m'identifier avec un seul de mes personnages en particulier. Mes états d'esprit successifs ont été plutôt toujours exprimés par un ensemble de personnages différents. C'est ainsi que, plus tard, quand on parlera de *L'Otage*, je me reconnais aussi bien dans, disons dans Sygne, que je me reconnais dans Toussaint Turelure, ou dans Georges : tous ces trois, je reconnais des traits particuliers de mon caractère. Et de même dans *Violaine*, évidemment, le personnage de Pierre de Craon et le personnage d'Anne Vercors ont un relief, disons un champ, une perspective, un champ d'action beaucoup plus étendu que je ne leur aurais donné précédemment. A ce point de vue-là, vous avez tout à fait raison.

J. A. — Mais je voudrais vous demander maintenant qu'est-ce qui vous a déterminé à donner au fond comme sujet, ou disons comme étincelle créatrice, à votre drame de *L'Annonce faite à Marie*, le miracle ?

P. C. — Eh bien, ça vient d'une lecture accidentelle que j'ai faite de certains mystiques allemands du Moyen Age. Je me suis beaucoup occupé de mystique à un moment donné, comme tous les gens croyants, les gens religieux et j'ai trouvé dans une légende allemande du Moyen Age un trait qui m'avait beaucoup frappé : celle d'une mystique dont le sein fleurissait. Je ne me rappelle plus à quelle occasion, si c'était un enfant qu'elle voulait guérir, ou si c'était l'Enfant Jésus lui-même, que la Sainte Vierge lui donnait à allaiter.

Ça serait un peu ce qui s'est passé pour saint Bernard, par exemple : on dit que saint Bernard a été alimenté par la Vierge elle-même ; c'était représenté même par certains tableaux du Moyen Age. Ce serait une variante de cette idée, par exemple, qui aurait été... que j'aurais trouvée dans cette mystique allemande. Et alors ce trait m'a beaucoup frappé, et alors j'ai eu l'idée de me servir de cette éruption de lait, si je peux dire, comme l'élément miraculeux du Moyen Age, ce qui me paraissait relier tous ces éléments suspendus de l'intrigue de la pièce, qui jusqu'alors était dormante dans mon esprit. Toutes ces idées étaient pour ainsi dire suspendues, sans qu'il y ait un rapport avec elles, et tout à coup c'est l'idée de ce miracle qui les a reliées, et en a fait un corps organisé.

J. A. — Un corps organisé où l'on voit bien que votre préoccupation a été, non pas de juxtaposer le monde surnaturel au monde naturel, avec l'ensemble de ses liaisons familiales, sociales, mais de montrer qu'ils s'interpénètrent et qu'ils sont, dans une certaine mesure, semblables, au sens géométrique du terme, l'un à l'autre. De sorte que l'on voit bien cette espèce de clivage qui sépare les deux sœurs : Violaine, qui est toute à l'Esprit, parce que l'Esprit s'empare d'elle, et Mara, qui est toute à la chair, qui est toute à la terre ; et cependant ces deux sœurs sont indissolublement liées l'une à l'autre, au point qu'en définitive, à la fin de la pièce, l'enfant qu'elles ont, elles l'ont en commun : c'est Mara qui l'a enfanté, mais l'amour de Mara a, en quelque sorte, tué l'enfant et, pour que l'enfant vive, il faudra l'intervention à la fois de Violaine et de la Grâce, dont Violaine n'est que l'instrument.

P. C. — De là la très grande importance de ce personnage de Mara, qui était insuffisamment indiquée dans les premières versions : si je me souviens bien, dans les premières versions, il s'agissait d'une poignée de cendre qui avait rendu l'enfant aveugle. Il y avait là qulque chose d'insuffisant. Je voulais, il me semble...

J. A. — Non. Non. L'enfant était né aveugle, mais la poignée de cendre a aveuglé Violaine, alors que dans *L'Annonce faite à Marie* Violaine est lépreuse : elle contracte la lèpre au moment où, dans l'excès de sa joie de fiancée promise au bonheur, elle dit adieu à Pierre de Craon et lui donne un baiser. Et lui donnant ainsi un baiser, en toute innocence, et par cette espèce d'effet de surabondance de joie et de charité, Violaine va contracter la lèpre, et c'est cette lèpre qui fera d'elle un personnage interdit aux hommes et tout entier, comment dirais-je, capté par Dieu.

P. C. — En tout cas j'ai voulu que l'action soit beaucoup plus resserrée, et que Mara soit, en quelque sorte, absolument obligée, par une nécessité absolue, nécessité foncière qui est plus forte qu'elle, de s'adresser à sa sœur pour lui demander un miracle inouï, ce miracle de la résurrection de l'enfant. Entre Mara et Violaine, il y a une nécessité absolument impitoyable : il faut absolument que Violaine devienne une sainte, il faut que ce lait, qui représente la vie intérieure, la vie morale, la vie religieuse, serve à quelque chose et qu'il serve à cette mère. L'Évangile nous dit : *Ta foi t'a sauvé* ; il faut que la foi brutale, féroce, de Mara serve à quelque chose, qu'elle serve à faire une sainte et à obliger Dieu, pour ainsi dire, à un miracle.

De là, nous avons l'élément puissant, l'élément véhément qui fait toute la force et l'intensité de *L'Annonce faite à Marie*, qui en fait un drame tout à fait, je crois, à la fois humain et surhumain.

## Trente et unième entretien

Jean Amrouche. — Je voudrais encore aujourd'hui vous poser quelques questions à propos de *L'Annonce faite à Marie*. Vous parliez, à la fin de notre dernière conversation, de la véhémence du personnage de Mara. Certes la véhémence de Mara est très sensible, comme la nécessité qui l'unit au personnage de sa sœur, car sans Mara Violaine ne serait peut-être pas une sainte, ou bien nous pouvons dire qu'un autre instrument de la nécessité, de la prédestination, lui barrerait la route des hommes pour ne lui laisser ouvert que le chemin étroit qui mène à la sainteté...

Paul Claudel. — C'est pas tout à fait ça, ça serait plutôt : elle est une sainte, parce qu'on est une sainte quand on est soumise à la volonté de Dieu. Je veux dire : l'exercice de sa sainteté... Il faut que sa sainteté serve à quelque chose, qu'elle serve à l'humanité.

J. A. — Mais entre les deux pièces, entre *L'Annonce faite à Marie* et *La Jeune Fille Violaine*, il y a encore une autre différence qui est extrêmement sensible, et cette différence c'est celle du ton, c'est la part très grande de la liturgie et d'une certaine suavité liturgique qui semble être empruntée directement à la liturgie de la nuit de Noël. Et d'ailleurs il y a une coïncidence que vous avez

tenu à marquer entre le moment même où Mara va
chercher Violaine dans sa cabane de lépreuse et le moment où se célèbre la messe de minuit ; il y a coïncidence
entre la résurrection de la petite Aubaine, fille de Mara,
et le moment précis où se produit la naissance du
Sauveur.

P. C. — C'est toujours un de ces éléments dormant
dans ma mémoire, dans mon imagination, qui a trouvé
une réalisation. La nuit de Noël représente pour moi
des souvenirs émouvants, et c'est une nouvelle naissance
que j'ai reçue à ce moment-là. Et il est assez naturel
que je lui aie donné expression dans un drame qui
domine, en somme, toute mon existence.

J. A. — C'est vous-même qui marquez justement que
c'est le jour de Noël que vous avez reçu la Grâce, et le
fait d'avoir été ainsi frappé par la Grâce vous a suivi et
reparaît maintenant dans *L'Annonce faite à Marie*, et la
résurrection de la petite Aubaine, c'est en somme déjà
la résurrection de Paul Claudel.

P. C. — De là l'idée que j'ai eue également, bien qu'elle
soit tout à fait contraire à la réalité historique, de me
servir de cette nuit pour le sacre du roi Charles VII à
Reims. En réalité, le roi Charles VII a été sacré à Reims
au mois de juillet. Mais enfin je me suis permis de donner
un coup de pouce à l'histoire, et, comme dans *Jeanne au
Bûcher*, je fais arriver le roi de France à Reims le jour
de Noël. *(Rire.)*

J. A. — Oui, mais il y a un aspect justement de légende
historique dans *L'Annonce faite à Marie*, sur lequel le
préfacier de votre théâtre complet, Jacques Madaule,
qui est historien de profession, a insisté. Quand vous
avez écrit *L'Annonce faite à Marie*, est-ce que vous aviez
cette préoccupation de composer une sorte de grande
liturgie du Moyen Age, et qui soit, comment dirais-je,
l'expression même de l'ordre du Moyen Age et son achèvement ? Il y a cette relation, il y a l'ancien Monsan-

vierge, il y a l'ancien Combernon, qui sont Monsanvierge peuplé de ses recluses, Combernon qui est dominé par la haute figure d'Anne Vercors ; et, à la fin de la pièce, Monsanvierge est vide, Anne Vercors va rejoindre son épouse Élisabeth et Violaine, et c'est une autre vie qui commence pour Combernon, et c'est une autre ère de l'Histoire qui va commencer : le Moyen Age est clos. Est-ce que vous aviez cette idée ?

P. C. — Je l'ai eue, si je peux dire, en puissance. Je n'ai pas eu d'idée extérieure au drame lui-même. L'idée de Madaule serait exacte, mais à condition d'intervertir l'ordre d'importance des facteurs. En premier lieu, chez moi il y a eu l'idée de faire un drame qui boucle, dont tous les différents éléments se composent et finissent convenablement ; l'autre idée est, en quelque sorte, une conséquence que l'on peut tirer de ce drame lui-même, et je ne vois rien en dehors de l'enceinte du drame lui-même. Je n'ai pas eu l'idée de faire un drame pour exposer telle ou telle situation historique. Je me suis servi incidemment de tel ou tel événement historique pour servir au drame, au contraire, même en me réservant la possibilité de pas mal le modifier.

J. A. — Oui, ce que vous ne manquez pas de faire pour toutes vos pièces. Il n'y a qu'un instant, vous me signaliez que vous étiez en train de refaire à peu près complètement *L'Échange*, pour confier la nouvelle pièce aux soins de Jean-Louis Barrault et de sa Compagnie. Je vous avais même dit qu'après tout nous ne sommes pas si sûrs que votre nouvelle version sera supérieure à la première.

P. C. — Ah ! vous avez bien tort.

J. A. — Vous avez fait subir à *L'Annonce faite à Marie* des transformations considérables, ayant récrit complètement un 4e acte pour la scène, plus court que le 4e acte originel, et dans lequel vous avez complètement éliminé Pierre de Craon.

P. C. — Cette modification a été faite à la suite des

premières représentations de *L'Annonce faite à Marie*.
Je me suis aperçu, à un point de vue, disons technique,
à un point de vue ouvrier, que le 4ᵉ acte, qui se justifiait
à mon point de vue comme une espèce de final d'opéra,
ne se raccrochait pas au drame et laissait le public
insatisfait. J'ai par conséquent été obligé de réfléchir à
ce point-là. Et alors, quand il a été question de
jouer l'*Annonce* aux Français — parce qu'il en a été
question bien souvent et ça serait toute une histoire à
écrire que mes rapports avec les Français[1], avec
l'*Annonce*, avec un Copeau qui, à ce moment-là, devait
être chargé de mettre l'*Annonce* en scène —, je m'étais
aperçu à quel point ce 4ᵉ acte, tel qu'il était, ralentissait
la pièce et en somme la faisait finir dans une espèce de
brouillard lumineux, mais qui était étranger à l'atmosphère dramatique qu'il devait avoir. Quand, après
Copeau, le Français m'a indiqué Dullin pour mettre
la pièce en scène...

J. A. — C'était du temps du Cartel?

P. C. — Du temps du Cartel, c'est ça. Alors Charles
Dullin est venu me voir, nous avons causé ensemble et
Dullin m'a fait comprendre — j'étais absolument de son
avis — que le 4ᵉ acte, tel qu'il était, était impossible.
Alors je lui ai proposé carrément de supprimer ce 4ᵉ acte:
la pièce se terminerait au miracle. Elle aurait pu finir à
ce moment-là. Dullin n'a pas approuvé cette idée et puis,
à ce moment-là, lui aussi a renoncé à cette mission de
mise en scène, et je suis resté avec l'*Annonce* sur les bras.

Mais ces conversations que j'avais eues avec Dullin
m'avaient fait réfléchir. Et c'est à la suite de ça que j'ai
récrit le nouveau 4ᵉ acte tel qu'il est joué maintenant, où
j'ai essayé de donner sa conclusion complète à ce personnage de Mara, qui prend son importance définitive.

Le 4ᵉ acte, c'est l'acte de Mara. Mara, en somme,

1. Claudel dit « Les Français », selon la tradition presque perdue :
« Les (Comédiens-) Français ».

explique tout ce qui s'est passé et montre qu'à son point de vue elle a agi suivant la Foi. Elle a pu se tromper de différentes manières, mais il y a une chose qu'elle n'admet pas et en quoi elle trouve qu'elle a eu raison : c'est la Foi est la croyance que Dieu peut nous faire du bien. A ce point de vue-là, elle est justifiée, du moins à mon avis.

J. A. — Je ne suis pas tout à fait sûr qu'elle ait été ainsi guidée uniquement par la Foi. Je crois qu'elle a été guidée d'abord par une passion sauvage, et par cette idée que si son enfant était mort, c'était à Violaine qu'elle devait cela, et que par conséquent Violaine, qui elle, était une sainte, se devait absolument de lui restituer son enfant et de le ressusciter.

P. C. — Ces idées vont très bien ensemble. *(Rire.)*

J. A. — Bien sûr.

Et que pensez-vous maintenant de *L'Annonce faite à Marie?* Je me demande dans quelle mesure elle ne provoque pas chez vous une certaine irritation.

P. C. — Oh! c'est-à-dire plutôt de la souffrance que de l'irritation, parce que j'ai vu cette pièce jouée d'une manière tellement abominable, non seulement en France, mais dans d'autres pays, que je participe au martyre de Violaine. *(Rire.)* C'est un martyre d'écorché. Parce que l'*Annonce* a été jouée non seulement en France, non seulement dans les plus petits chefs-lieux de canton, mais même dans des villages, comme elle est jouée également en Flandre dans sa version flamingante ; mais elle a été jouée également on peut dire partout, en Amérique, en Angleterre, en Allemagne, enfin dans tous les pays du monde. Alors il est certain que cette pièce m'a un peu fatigué, et qu'elle est fatiguée elle-même.

Quand je la vois d'un point de vue de constructeur, je trouve que c'est une de mes pièces les mieux charpentées, qui sont le plus faites pour frapper le public. Il y a encore des longueurs. La partie lyrique, à mon avis, est encore trop développée, spécialement dans le prologue et dans le 1er acte. Mais, à partir du 1er acte, ça roule, ça tourne rond, si je peux dire, enfin à un point de vue du constructeur.

J. A. — Mais vous n'avez jamais vu votre pièce représentée convenablement à votre idée ?

P. C. — Ah si : je dois dire que dans la chose d'Hébertot, dans les premières représentations, j'ai vu la pièce jouée vraiment à peu près aussi bien que je le désirais ; autant qu'humainement c'est possible, les représentations d'Hébertot m'ont satisfait, je veux dire les premières, à Paris, j'entends.

J. A. — Et les représentations suivantes ?

P. C. — Ah! il y a beaucoup à dire... Mais on ne peut pas s'attendre, non plus, à ce qu'une pièce qui est portée dans les plus petits endroits, et pour laquelle il faut se procurer des acteurs qui renoncent à tout autre engagement, que de rouler de tous les coins de la France, on ne peut pas s'attendre non plus à ce qu'il n'y ait des imperfections. Il faut faire la part des possibilités.

J. A. — Oui, c'est une...

P. C. — Ça serait injuste d'être trop sévère à ce point de vue.

J. A. — Mais ce n'est pas tout à fait cela que j'avais le front de vous demander : je voulais savoir si vous aimez encore votre pièce, ou si elle est très éloignée de vous.

P. C. — Oh non! comme toutes mes pièces elle fait partie de moi, et elle représente certainement un des sommets de mon œuvre. C'est une œuvre qui a plusieurs versants, tandis que d'autres œuvres ne représentent qu'un côté particulier de mon talent, disons... tandis que l'*Annonce* a des versants, on peut dire, presque de tous les côtés de mes différentes possibilités.

J. A. — Mais je me demande si, à force de polir cette pièce, vous n'en avez pas un peu trop arrondi les angles, et si cette violence éruptive que nous aimons en vous, c'est-à-dire non seulement dans votre œuvre, mais enfin, disons-le, dans votre caractère, n'a pas été un peu trop diminuée, car en fait seul le personnage de Mara témoigne encore de cette violence originelle : les autres personnages se présentent comme des personnages très apaisés, enfin presque angéliques, même Pierre de Craon.

P. C. — Dans la première version, je crois qu'ils étaient à peu près aussi angéliques, comme vous dites, qu'ils le sont maintenant. Mara a toujours représenté le côté violent. Je crois que dans la dernière version ce côté violent ne s'est pas du tout atténué, au contraire. De même la scène des adieux, par exemple, qui représente le côté le plus amer et le plus cruel, n'a pas été changée, même dans les nouvelles versions, elle est restée telle quelle. La scène des adieux de Violaine, qui a fait toujours un grand effet au théâtre : les quatre personnages, les trois personnages qui sont autour de Mara restent aussi peu sympathiques, si je peux dire, on peut dire même méchants, dans la nouvelle version, qu'ils le sont dans l'ancienne.

J. A. — Mais à quelle méchanceté faites-vous allusion ?

P. C. — Quand Violaine s'en va, et que les trois personnages, chacun à sa manière, se montrent à son égard aussi cruels qu'ils peuvent l'être.

J. A. — Mais son fiancé, Jacques Hury, sa sœur et sa mère...

P. C. — Tous les trois sont terriblement cruels à son égard.

J. A. — Oui, mais au fond Jacques Hury...

P. C. — Jacques Hury. Si, si, Jacques Hury la laisse partir : il n'a pas un mot de pitié ou de compassion pour elle.

J. A. — Vous vous êtes arrangé pour qu'il n'ait pas l'occasion d'avoir un mot de pitié ou de compassion pour elle.

P. C. — Oui, vous dites que j'ai arrondi. Je ne crois
pas que j'aie beaucoup arrondi aucun de ces personnages : ils restent aussi déplaisants, aussi, comment
dirais-je, « claudéliens » qu'ils peuvent l'être. *(Rire.)*

J. A. — Oui, mais les personnages « claudéliens » ne
sont pas tous déplaisants. Et après tout je ne suis pas
sûr que vous ne soyez pas plus attaché aux personnages
que vous appelez déplaisants qu'aux autres personnages.
Et c'est d'un de ces personnages déplaisants que nous
allons pouvoir parler un peu : c'est ce Toussaint Turelure,
de *L'Otage*, que vous aimez bien, je crois.

P. C. — Mais je pense bien... ah ! ah !


## Trente-deuxième entretien


JEAN AMROUCHE. — Je voudrais vous demander
aujourd'hui d'éclairer pour nos auditeurs les trois pièces
qui constituent la Trilogie de *L'Otage*, du *Pain dur* et du
*Père humilié*.

La composition de ces trois pièces s'est échelonnée sur
plusieurs années, de 1908 à 1916, approximativement ;
vous avez d'ailleurs été occupé à bien d'autres travaux
pendant cette période extrêmement riche en événements
personnels, en événements historiques et en œuvres
diverses sur lesquels nous parlerons peut-être à l'occasion.

A propos de *L'Otage*, dans une lettre à André Gide
vous parlez d'un « théâtre épique » et d'un « théâtre
symbolique » qui se distingueraient, dans une certaine
mesure, des œuvres que vous aviez composées jusque-là.

PAUL CLAUDEL. — Le mot « symbolique » n'est peut-
être pas tout à fait celui qui conviendrait, et qui pourrait induire nos auditeurs en erreur.

Le théâtre dont j'ai adopté la forme, à l'époque que vous indiquez, aurait plutôt un caractère réaliste. S'il était symbolique, c'est comme la vie elle-même comporte, en elle-même, des enseignements et un sens qui dépassent la portée des acteurs ; ils sont chargés d'un rôle provisoire.

Tout, dans la vie, est symbolique ou, si vous voulez, parabolique. Il s'agit d'en dégager le sens qui est inséparable de la grandeur.

Les trois œuvres dont vous parlez ont un sens symbolique en ce sens qu'elles ont un sens historique. Elles sont étroitement mélangées à l'Histoire et comportent une vue extérieure des événements historiques dont elles figurent une phase.

Pour *L'Otage*, il s'agit de la période de l'Empire, pour *Le Pain dur*, du temps de Louis-Philippe et, enfin, pour *Le Père humilié*, du Second Empire.

Ces trois drames ont un sens épique, si on veut, parce que leurs personnages ont... comment dire... un sens ; ils incarnent une attitude spéciale de l'humanité à une époque donnée, ils sont engagés dans des conflits qui sont ceux également qui symbolisent la période en question.

Par exemple, pour *L'Otage*, il s'agit de ce grand drame d'un changement de versant de l'humanité, de l'humanité nouvelle qui réclame ses droits et de l'humanité ancienne qui cherche en vain un terrain d'accommodement avec l'autre, avec celle qui se présente à elle, qui réclame sa place au soleil.

J. A. — Cette humanité nouvelle, c'est l'humanité portée par la série de révolutions qui ont commencé, pour l'Europe en tout cas, en France, en 1789 ?

P. C. — C'est ça.

J. A. — C'est bien cela ?

P. C. — Oui.

J. A. — Mais, je voudrais savoir dans quelle mesure

ce sens symbolique n'a pas, en réalité, une valeur plus complexe, en ce sens que chacun de ces personnages est évidemment porteur d'une certaine vue historique, qu'il est chargé lui-même d'incarner telle ou telle force de l'Histoire qui se constitue, mais chacun d'eux est tout de même un caractère tout à fait particulier et personnel. En outre, il doit, de toute manière, y avoir une certaine relation entre ces personnages et leur créateur, c'est-à-dire vous-même ?

P. C. — Rien n'est plus vrai. Le drame qui se débat entre mes différents personnages, c'est un drame auquel je suis étroitement mêlé, ne serait-ce que par le sang dont je suis issu. Je porte en moi, en effet, les deux vocations, si vous voulez, que *L'Otage* met en scène : d'un côté, par une partie de mes ancêtres je me rattache à l'ancienne noblesse et, d'autre part, par la nouvelle, aux plébéiens, aux roturiers dont Toussaint Turelure est le porte-parole plus ou moins sympathique.

J. A. — En somme, vous êtes à la fois Coûfontaine et Turelure ?

P. C. — Parfaitement.

J. A. — Et vous avez éprouvé en vous-même le conflit de ces deux ascendances ?

P. C. — Certainement. Par ma grand-mère, je suis descendant d'une famille de Vertus qui descend directement de Louis d'Orléans, le frère de Charles VI. Un descendant de cette famille, qui était gouverneur de Villers-Cotterêts, a eu des bâtards qui sont tombés ce qu'on appelle dans la roture, mais dont la filiation reste parfaitement établie, qu'on trouve dans d'Hozier, et qui ont fait souche de fermiers, de hobereaux dans toute la région.

A cette famille, appartenaient, par exemple, les deux corsetières, les demoiselles de Vertus qui avaient des affiches à Paris encore de mon temps et un de Vertus-Culot qui est marchand de vins, et le dernier représentant de la famille étant fermier aux environs de Coincy, garde encore avec fierté les armoiries de la famille qui sont de trois hures de sanglier sur champ de gueules, je crois, disons sur champ d'azur, je ne suis pas très bien fixé !... *(Rire.)*

De l'autre côté alors appartient le prototype de Toussaint Turelure, qui était ce qu'on appelait un hussard Chamborand, issu d'une famille tout à fait roturière du pays, et qui s'était distingué par un tempérament extrêmement brutal et aventureux, qui a laissé encore un souvenir terrifié dans le pays. On l'appelait le hussard Chamborand. Les hussards chamborands étaient une arme spéciale de Napoléon qui a laissé des traces dans l'Europe entière.

Ces deux courants très différents avaient fini par s'allier et c'est d'eux que je suis issu.

J. A. — Oui, dans vos drames, ces deux courants se sont alliés, mais ils se sont alliés par, disons, l'extinction d'une lignée et par une espèce de captation de l'héritage des Coûfontaine par les descendants de Turelure.

P. C. — Je dois dire que par mon tempérament, par la violence de certains instincts, je me sens beaucoup plus rapproché de Toussaint Turelure que du représentant des dernières... des dernières grandes familles du pays, n'est-ce pas ?

J. A. — Oui. Vous écrivez quelque part dans une lettre : *J'ai de temps en temps comme cela des accès de rage qui sont de véritables coups de sang.* Est-ce que vous avez encore aujourd'hui...

P. C. — Grâce à Dieu ! *(Rires.)*

J. A. — ... de semblables coups de rage ?

P. C. — Ça m'arrive, mais dans un domaine purement intellectuel !

J. A. — Ça ne vous arrive plus à propos des personnes ou des événements... disons : privés.

P. C. — Ça peut m'arriver, mais je les garde pour

moi, je tâche de ne pas en faire bénéficier les voisins!
*(Rire.)*

J. A. — Voici donc fixées en vous-même ces deux lignées dont vous êtes issu, mais ce que je ne vois pas très
bien, c'est comment ces deux lignées entrent en conflit
dans votre propre personne?

P. C. — Eh bien, j'en sais pas plus que vous à ce
sujet-là, je sais simplement qu'après la lecture de l'ouvrage du comte d'Haussonville sur le Pape, je me suis
senti possédé de cette idée, justement, de ce conflit des
deux races dont vous parlez et qui avait plus ou moins
pour arbitre, ou pour champ de bataille, si vous voulez,
la question religieuse en la personne du Pontife suprême,
c'est-à-dire du Pape qui, à ce moment-là, était vraiment
ballotté entre des attractions diverses; quand le Pape
est venu sacrer Napoléon à...

J. A. — A Notre-Dame.

P. C. — ... à Notre-Dame — Napoléon qui, après tout,
était une espèce de Turelure glorifié —, ça n'a pas été
sans causer un énorme scandale dans toute la chré-
tienté dont la conséquence a été ce qu'on appelle la
Petite Église. Il y a eu une quantité de très bons chrétiens, une certaine quantité de très bons chrétiens qui
n'ont jamais accepté le coup d'État, réalisé par le Pape
à ce moment-là. C'était en effet une mesure tout à fait
extraordinaire, qui ne peut se comparer qu'à celle de
l'an 1000, un peu avant, des Carlovingiens, en 800,
quand le pape Nicolas Ier a sacré Charlemagne, n'est-ce
pas; c'est une situation qui s'est reproduite.

Et alors, il m'a semblé, pour parler d'un événement
symbolique, il m'a semblé que peu d'événements donnent
un caractère aussi puissant, aussi riche et d'un caractère
aussi épique, si on peut dire — puisque le mot d'épopée
comporte toujours une intervention de la Divinité —,
que celui de l'acte réalisé par le Pape et du conflit très
poignant qu'il a engendré dans beaucoup d'âmes, en

particulier dans l'âme de Sygne de Coûfontaine. Et
que ce drame de Sygne de Coûfontaine, que cette situation où elle s'est trouvée par rapport à Turelure aient
encore une valeur actuelle, ça m'a été confirmé dans
le séjour que j'ai fait en Autriche, en Bohême, vers
l'an 1909, précisément. A ce moment-là, l'aristocratie
autrichienne était en train de disparaître et une grande
dame m'a dit : « Vous ne savez pas à quel point
le drame de Sygne a été celui d'une grande partie de
l'aristocratie autrichienne », comme il a été celui, par
exemple, de M$^{lle}$ de Turenne avec Arthur Meyer, n'est-
ce pas ; c'est exactement la même situation. Le comte
de Wallenstein, quand il est mort, avait sur sa table,
à côté de lui, justement, *L'Otage* qui répondait à un
drame tout à fait poignant et actuel de l'aristocratie
dont il faisait partie.

J. A. — Vous avez parlé de ces deux « races » de
Coûfontaine et de Turelure mais, notamment dans *Le
Pain dur* et dans *Le Père humilié*, dans la personne de
Pensée de Coûfontaine, il y en a une troisième que vous
faites intervenir, une troisième « race » dont, je crois,
vous vous occupez beaucoup maintenant, à savoir la
race juive ? L'intervention de Sichel est une chose
extrêmement importante.

P. C. — Sans aucun doute, mais alors ceci provient,
comme vous dites, d'un troisième affluent qui s'est
présenté et qui, alors, a une autre origine, qui a pour
origine les études presque continuelles que, depuis
l'âge de vingt ans, je fais de la Bible et, spécialement,
du Nouveau Testament. Il n'est pas possible de s'occuper
du Nouveau Testament sans voir l'importance extraordinaire, et à certains points de vue paradoxale, que
Dieu consacre à la race juive.

Cette idée m'a beaucoup tracassé, tourmenté, et
l'apparition de Sichel, et de sa descendante : Pensée,
est une ébauche des réflexions qui se sont imposées à

moi plus tard et qui sont le sujet de mon dernier livre :
*L'Évangile d'Isaïe.*

J. A. — Oui, mais quel rôle pensez-vous, justement,
qui soit assigné à la race juive et pourquoi faites-vous
de Pensée de Coûfontaine, la fille de Sichel, pourquoi
en faites-vous une aveugle ?

P. C. — Alors, là, nous entrons dans le côté symbolique.

Il y a un côté tragique chez la race juive, que la race
juive est la dépositaire, en somme, fidèle et intégrale
du dépôt de la Foi, qu'elle a défendue avec un courage
véritablement héroïque. Et, cependant, elle est fermée,
d'une manière prodigieuse et en quelque sorte surnaturelle — une espèce d'anti-grâce —, au développement
de cette foi que, à mes yeux, constitue la vérité catholique. De sorte qu'elle est ce qu'Isaïe lui-même dit :
« un témoin aveugle et sourd ».

C'est cette idée, qui a un côté vraiment tragique, que
j'ai expliquée dans mon livre sur Isaïe précisément,
dont Pensée est la première ébauche.

J. A. — Pensée est donc la première ébauche, pour
ainsi dire, poétique et symbolique de ce que vous développerez plus tard dans votre *Évangile d'Isaïe*?

P. C. — Elle est aussi autre chose : elle est le symbole
de ce que j'appellerai l'amour eucharistique. Tout chrétien a des rapports avec Dieu, des rapports d'aveugle,
somme toute, puisque nous avons des rapports intimes
avec Dieu, aussi intimes qu'ils peuvent l'être puisqu'il
s'agit d'une véritable assimilation et, cependant, ces
rapports d'amour se font dans la nuit la plus complète,
ce que symbolise également Pensée. Pensée est le symbole
de l'amour eucharistique.

J. A. — Que deviendra cet enfant que Pensée porte
dans son sein, cet enfant où se trouveront réunies, en
somme, les trois races dont nous avons parlé : les Turelure, les Coûfontaine et la race juive de Sichel ?

P. C. — Bien des fois j'avais réuni ce que j'appelle mon « Conseil d'Administration » intérieur, pour savoir la suite qu'il conviendrait de donner à ces trois drames qui, évidemment, comportent une conclusion et un couronnement, et qu'à mon grand regret je n'avais jamais pu réunir un avis unanime. Une fois, seulement — j'étais à ce moment-là à la Guadeloupe —, par une nuit torrentielle, une de ces grandes pluies équatoriales comme on en a là-bas, il m'avait semblé avoir s'ébaucher une solution, et puis quand le jour est venu, ça c'est dissipé, de sorte que je reste dans la même incertitude que peuvent l'être mes lecteurs.

J. A. — Cette pièce, si elle devait voir le jour, serait une pièce nettement prophétique car dans vos grandes compositions dramatiques, — je pense aussi au *Christophe Colomb*, je pense au *Soulier de Satin*, que vous écrirez beaucoup plus tard — on peut percevoir très clairement une explication de l'Histoire, une explication symbolique, une explication... disons poétique et épique, mais cette quatrième pièce, qui devrait achever la Trilogie de *L'Otage*, du *Pain dur* et du *Père humilié*, serait une pièce nettement prophétique.

P. C. — « Prophétique », si l'on veut, mais aussi ce que j'appellerai une « pièce de consommation », réalisant les diverses tendances, divergentes ou convergentes, si on aime mieux, qui se manifestent dans les trois premières pièces.

Il s'agissait, somme toute, de donner une conclusion à ces conflits étendus dont les trois premières pièces sont l'expression et le théâtre, et j'ai été incapable de le trouver.

Tout ce que je sais, c'est que cette nouvelle pièce aurait tourné autour d'une Pensée très âgée, disons âgée de soixante-dix ans, qui aurait eu un rôle, mon Dieu, on peut dire de Pythie, si vous voulez — c'est là où votre mot de prophétique aurait été exact —, et qui aurait réuni en elle l'explication de toutes ces agitations passées, en même temps qu'une ouverture sur l'avenir. Ce drame, j'ai été incapable de le réaliser, parce qu'il ne s'agit pas seulement d'avoir des idées, il s'agit que ces idées excitent l'appétit du monsieur intérieur qui est chargé de les réaliser. Ce n'est pas tout que l'idée paraisse elle-même satisfaisante en gros, mais il faut encore qu'elle excite l'appétit du créateur. Or, ça ne s'est jamais fait pour cette quatrième pièce, à mon grand regret. Ce n'est que sous une forme très différente, et qui n'a point de contact historique avec les trois pièces que, plus tard, j'ai trouvé ce qu'on peut appeler une solution, une consommation de la Trilogie dans *Le Soulier de Satin*, mais ça, ça nous engagerait dans des considérations qui sont encore prématurées.

## Trente-troisième entretien

Jean Amrouche. — Vous m'avez montré, il n'y a qu'un instant, le volume de votre correspondance avec André Suarès, que l'on attendait avec une certaine impatience, et je profite de l'occasion pour vous interroger, peut-être indiscrètement, sur ce qu'on pourrait appeler votre vocation apostolique, votre rôle auprès de certains de vos amis, dont Suarès par exemple. Quelles ont été vos relations, dans quelles conditions vous l'avez connu, et quel succès, au fond, croyez-vous avoir obtenu auprès de lui ?

Paul Claudel. — Le succès, je crois qu'il a été complètement nul, autant que je peux m'en rendre compte... aussi nul qu'il a pu l'être avec Gide. Nous nous sommes rencontrés — je vois là rappelé sur la couverture du livre — en 1904. Notre conversation a continué jusqu'en 38. Mais, d'assez bonne heure, elle a cessé de porter sur des sujets religieux. Elle s'est plutôt portée sur des sujets littéraires, questions... ce qu'on appelle en anglais de *shop* : les questions de boutique.

Quand Suarès m'a envoyé son livre sur la mort de son frère, j'ai vu un homme désemparé, qui me semblait chercher sa voie — et qui l'a cherchée d'ailleurs toute sa vie. J'ai cru de mon devoir de chercher à l'aider comme je le pouvais, comme j'ai essayé d'autres hommes désemparés. Mais en somme, après assez peu de temps, comme ma correspondance en fait foi, je me suis aperçu que je me heurtais à ce que l'Apocalypse appelle « la cuirasse d'hyacinthe ». Vous savez que, dans l'Apocalypse, on voit les cavaliers enveloppés de différentes cuirasses : il y a la cuirasse de fer, il y a la cuirasse d'or, et enfin la cuirasse d'hyacinthe. La cuirasse d'hyacinthe, c'est l'imagination, c'est les idées personnelles, qui est la plus imperméable de toutes, et qui ne laisse rien passer de ce qui, de l'extérieur, pouvait paraître le plus pénétrant.

De sorte que, ma correspondance en fait foi, j'ai vu que cette correspondance ne menait à rien et qu'elle avait plutôt l'art d'importuner Suarès. Alors je me suis abstenu, d'ailleurs avec tristesse, et sans cesser d'ailleurs la conversation avec lui, puisqu'elle a continué jusqu'à la fin de sa vie. Mais je crois qu'il m'en a voulu que je ne puisse pas m'intéresser à lui autrement que sur le plan religieux. A ça je ne peux rien, puisque les questions religieuses sont pour moi les plus importantes et, en réalité, les seules importantes, et je ne voyais pas la nécessité, ou même la possibilité, de continuer devant un mur, devant quelqu'un qui manifestement était décidé à ne pas m'écouter.

J. A. — Mais devons-nous comprendre par là que vos relations avec Suarès ne constituaient pas, à proprement parler, une amitié ? vous n'étiez pas vraiment ami de Suarès ? vous n'étiez pas épris de sa personne, d'affection tout humaine ?

P. C. — Une amitié ne s'explique jamais que par des rapports assez fréquents. Ça a été le malheur de ma vie justement que j'aie toujours été un absent, un étranger, que je n'aie connu les différentes personnes avec qui j'étais en contact que, en quelque sorte, par la tangente ; une amitié nécessite pas mal de temps, pas mal d'échanges de toutes sortes pour qu'elle puisse s'affermir et se consolider. Ça a pu se produire avec un homme comme Philippe Berthelot, dont cependant tout me séparait, et avec qui je n'avais guère de points communs. Mais, avec des relations purement littéraires, ou purement sur un plan impersonnel, il est assez difficile que cette amitié s'approfondisse. Beaucoup de choses m'étaient sympathiques chez Suarès, comme chez Gide, mais il faut tout de même un échange de vues, une nécessité de l'un à l'autre, pour que cette amitié trouve à s'affermir.

Ça a d'ailleurs été le grand malheur de ma vie : c'est que cette continuelle situation d'étranger m'a empêché d'avoir des contacts profonds avec la plupart des gens que j'ai rencontrés.

J. A. — Mais croyez-vous que la distance géographique seule, qui vous séparait, explique cette situation d'étranger ? Ne croyez-vous pas qu'elle soit une donnée fondamentale de votre nature ?

P. C. — Il y a quelque chose, il y a quelque chose évidemment. Les deux choses ont coïncidé ensemble. Ma vocation personnelle m'a entraîné toujours à l'étranger, m'a habitué à vivre seul, et il y a beaucoup de ça dans la difficulté que j'ai éprouvée à me lier, à avoir contact avec les gens. Il a fallu des circonstances tout à fait exceptionnelles pour que je me lie d'une manière aussi intime avec Philippe Berthelot.

J. A. — Oui, mais je me demandais si ce n'est pas précisément parce que vous étiez seul, comme Tête d'Or au fond est seul : Cébès son ami c'est lui qui le crée, et Cébès n'est pas autre chose qu'une autre partie de Tête d'Or. Et c'est pour cela que vous êtes parti : vous étiez étranger avant même de partir.

P. C. — Ah oui, c'est possible. C'est peut-être dans ma nature un côté d'ailleurs que je regrette, qui a été un des regrets de ma vie. Et je vois que Suarès, comme autrefois peut-être Charles-Louis Philippe, attendait autre chose de moi. Il aurait fallu peut-être que j'insiste sur un autre plan. C'est difficile à savoir. Il attendait autre chose de moi, et je crois qu'il m'en a voulu toute sa vie... enfin d'après ce qu'on m'a dit : ces personnes qui l'ont vu tout à fait à la fin de sa vie ont constaté chez lui une profonde rancune à mon égard.

J. A. — À votre égard seulement ? Je crois qu'il avait une profonde rancune à l'égard de beaucoup de gens, et à l'égard de Gide particulièrement. Maintenant sa rancune à l'égard de Gide s'expliquerait plus facilement quand on pense aux efforts que vous avez fournis pour amener Gide et Suarès en contact, pour les amener à se comprendre et à s'estimer. Votre correspondance avec Gide en témoigne.

Mais je voudrais vous demander — toujours à propos de Suarès — comme vous remarquiez tout à l'heure que votre prosélytisme avait eu aussi peu de succès auprès de l'un qu'auprès de l'autre, si ce sont les mêmes choses qui ont été repoussées par Suarès et par Gide : car il me semble, quand même, qu'il y a une si grande différence de tempérament entre les deux...

P. C. — Il y avait deux grandes choses, d'abord, qui faisaient que je m'adressais à des êtres tout différents. L'un était protestant, et l'autre était un juif ; alors, rien que ça suffirait à faire une différence. D'autre part, Gide était un homme en somme heureux, qui avait réussi dans la vie, tandis que l'autre se considérait comme un *desdichado*, comme dit Gérard de Nerval, comme un homme à qui on n'avait pas rendu justice, et qui était une espèce de paria dans l'existence ; et, comme tout bon littérateur, de cette situation il s'était fait un piédestal, et avait fini par s'y incorporer, peut-être avec un certain plaisir.

J. A. — Ce que vous dites me paraît assez sévère. Il semble qu'on pourrait peut-être tenter une explication... disons plus charitable. Car enfin justement Suarès, juif, portait en lui peut-être cette espèce de revendication de la justice et ce sentiment d'être rejeté d'une communauté, dont vous chargez vos personnages juifs avec un si puissant pathétique.

P. C. — Il y a du vrai dans ce que vous dites... c'est vous probablement qui avez raison.

J. A. — Mais, à part Suarès, à l'époque justement où votre correspondance avec ces écrivains était très abondante, n'avez-vous pas eu quelques relations avec Barrès ? parce que la plupart des gens que j'ai pu interroger, et particulièrement les jeunes, me paraissent singulièrement injustes envers cet écrivain.

P. C. — Eh bien, avec Barrès, nous avons été rapprochés par Berthelot, par les Berthelot plutôt, dont il était l'ami intime, et avec lesquels il s'est montré extrêmement loyal et correct. Et à un moment donné, Barrès voulait me consacrer un article, comme il en avait consacré à Mauriac et à Péguy.

J. A. — Un peu après, c'était vers 1913-1914...

P. C. — ... Nous avons échangé des correspondances à propos de ses différents livres. Je lui ai écrit d'une manière aussi compréhensive que je pouvais. Et puis alors il m'a demandé justement de lui frayer la voie, de lui raconter un peu quels étaient mes idées, mes sentiments, ma biographie, et j'ai eu le grand malheur de lui faire un éloge d'Arthur Rimbaud — je ne pouvais guère faire autrement ! — et il paraît que ça l'a fait bondir. Il avait...

J. A. — Oui, cela correspondait à peu près à l'époque où vous écriviez vous-même cette brève et fameuse étude sur Rimbaud.

P. C. — C'est ça. Il paraît que ça l'a mis hors de lui et, depuis ce temps-là, la correspondance a brutalement, brusquement je veux dire, cessé.

J. A. — Mais vous aviez envoyé à Barrès un manuscrit important?

P. C. — Quatre pages, quatre pages à peu près, où j'essayais de me faire comprendre du mieux que je pouvais. Ça a marqué la fin de nos relations.

J. A. — Vous avait-on conseillé d'être bref? car enfin Barrès ne lisait pas beaucoup, paraît-il.

P. C. — Ah! J'ai une vieille pratique administrative : je sais que si l'on veut être lu, il ne faut pas en écrire trop long! *(Rire.)*

J. A. — Ce n'est pas toujours vrai, et nous y reviendrons. Mais je voudrais vous demander ce que vous pensiez à l'époque, et ce que vous pensez aujourd'hui de Barrès écrivain.

P. C. — Je le considère comme un journaliste de premier ordre et, pour moi, ce n'est pas du tout une chose péjorative, loin de là; je considère que c'est au contraire une des grandes facultés, un des emplois les plus brillants de l'art d'écrire, certainement. Barrès était un journaliste excellent, par la pointe du duelliste, et, en même temps, par l'élégance, l'absence complète de grossièreté et de brutalité, et en même temps l'arme acérée qu'il savait manier comme un maître. A ce point de vue-là, ses livres, comme *Leurs Figures*, comme enfin les différents livres qu'il a écrits au moment de Panama et de plus tard, sont des espèces de chefs-d'œuvre. Mais je ne le considère ni comme un penseur, ni comme un poète, à dire franchement la vérité, ni comme un romancier.

J. A. — Ni comme un romancier? Mais voulez-vous, je ne sais pas, donner quelques explications complémentaires à ce sujet? Quelle différence faites-vous, fondamentale, entre l'écrivain, poète, romancier, ou... disons le philosophe et le journaliste?

P. C. — Il faudrait entrer dans de grandes discussions à ce sujet-là, mais le journaliste est tout de même un homme qui parle à quelqu'un... ou qui parle à quelqu'un qui soit son ennemi... ou qu'il essaye de se faire comprendre : il lui faut toujours un partenaire... que ce partenaire soit le lecteur ou que ce partenaire soit l'adversaire. C'est alors qu'il entre complètement en possession de lui-même, de ses moyens, de ses muscles, de ce don d'agressivité — qui, d'après les psychanalystes, est le plus profond dans la nature humaine —, où il est quelqu'un de lui-même, une espèce d'insecte combattant vraiment remarquable.

J. A. — On ne pourrait pas vous décrire comme un insecte combattant, mais quant à l'instinct d'agressivité, Dieu sait que vous n'en êtes pas dépourvu!

P. C. — Ah! vous croyez... *(Rire.)*

J. A. — Oh oui!

P. C. — Vous m'étonnez beaucoup! *(Rire.)*

J. A. — Mais l'écrivain, alors?

P. C. — L'écrivain? quand il écrivait dans le vide, il ne se sentait pas sur son véritable terrain, du moins j'ai cette impression. Il ne raconte pas bien, du moins à mon avis. Il n'a pas un don poétique très prononcé, et sa pensée se meut dans un cercle très étroit. C'est un Vosgien, un homme de la montagne, c'est-à-dire qui essaye, avec beaucoup de courage et d'acharnement, à tirer parti d'un sol qui n'est pas des plus riches, enfin je trouve. Dans les Vosges, on voit des paysans qui fauchent huit fois le même petit pré... Barrès, vous voyez qu'il a un art tout spécial d'utiliser toutes ses idées et d'en faire du foin.

J. A. — En somme, si l'on compare le terroir qui a formé Barrès à celui qui a formé justement Racine,

La Fontaine et vous-même, il est évident que le sol est infiniment plus profond et plus riche.

P. C. — Mais il en tire parti, il en tire parti très bien.

J. A. — Oui, il en tire parti très bien mais quand bien même ne croyez-vous pas justement que Barrès s'est corseté dans une attitude, et que, au fond, il y avait en lui des tendances beaucoup plus riches et beaucoup plus inquiétantes ?

P. C. — C'est possible. C'était un volontaire, je peux pas dire autre chose. C'est l'esprit montagnard. Il était à la fois Auvergnat et Vosgien : tous les deux sont des pays de montagne, et, toujours cet instinct de combattant, il s'est figé dans une attitude qui lui paraissait propre à l'imposer.

J. A. — Oui, en somme, pour conclure ce bref aperçu sur Barrès et, disons, vous-même, tout est contenu dans les mots de Barrès, dans les mots dans lesquels on a enfermé sa doctrine : *la terre et les morts*, et vous, comme l'on a dit si souvent « la mer et les vivants ».

Puisque nous en sommes encore à vos relations humaines avec quelques-uns de vos amis, je voudrais maintenant vous demander dans quelles conditions vous êtes entré en rapport avec Jacques Rivière, sur qui vous avez exercé, après Gide et en même temps que Gide, une influence extrêmement profonde, influence d'ailleurs qui, de Rivière, s'est transmise à tous ceux qui ont gardé pour lui, je ne dirai pas un culte, mais une sorte d'affection profonde, l'affection que l'on a pour un frère aîné.

P. C. — Comment ont commencé mes relations avec Rivière ? je ne m'en souviens plus.

J. A. — Il vous a écrit une lettre, une lettre extraordinaire, en 1907, et vous lui avez répondu. Après quoi s'est engagée entre vous une correspondance vraiment pathétique, et à laquelle vous-même attachez, semble-t-il, une grande importance.

P. C. — Oui, il n'y a pas de doute : c'est une corres-

pondance qui a eu beaucoup de répercussions. Rivière,
c'est un peu comme mes autres correspondants, je
l'ai également assez peu connu. Mais il semble que
mes paroles aient trouvé un peu plus d'écho, au moins
pendant quelque temps, et qu'à la fin de sa vie elles
aient produit tout leur effet. Son beau-frère, Alain-
Fournier, a peut-être encore plus que lui compris ce
que j'avais à lui dire, et peut-être ça lui a-t-il produit
plus d'effet... Tous les deux sont inséparables d'ailleurs.
Vous parlez de ma correspondance avec Rivière, mais
sa correspondance avec Alain-Fournier est peut-être
encore plus intéressante. Tous les deux étaient des très
hautes et très belles âmes dont j'ai gardé un très bon
souvenir. Rivière, quand il est mort, on m'a demandé de
faire un poème sur lui, et dans ces quelques vers que
j'ai écrits, j'ai mis à peu près tout ce que je pense de ce
garçon, qui, à ce qui me semble, avait plutôt un tempérament scientifique : il apportait dans l'art, dans sa
manière de juger l'art, des dispositions scientifiques
remarquables d'ailleurs. Et en même temps c'était une
nature extrêmement sensible, extrêmement généreuse,
et extrêmement faite pour Dieu, autant qu'il m'a semblé. Et les relations que j'ai eues avec lui et le résultat
qu'elles ont obtenu sont certainement un des grands
réconforts de mon existence.

J. A. — Mais vous savez que tout un groupe à *La
Nouvelle Revue Française* prétend que Rivière était
mort, ne disons pas dans l'impénitence finale, mais enfin
que la pénitence finale, en ce qui le concernait, n'avait
été qu'un accident.

P. C. — Chacun peut avoir son opinion à ce sujet-là.
Moi, j'ai la mienne, dont je n'ai pas l'intention de changer. *(Rire.)*

J. A. — Non, il n'est pas du tout question de vous
demander de changer d'opinion à ce sujet, ni même à
propos d'aucun autre sujet.

P. C. — Pour finir un peu ce sujet, ces correspondances ne sont qu'une très petite partie de la correspondance religieuse que j'ai entretenue de tous les côtés. Mes lettres religieuses ne se sont pas arrêtées là. Elles ont continué toute ma vie, et encore maintenant je reçois constamment des lettres auxquelles j'ai à répondre. Encore ce matin, j'en ai reçu plusieurs. J'en reçois même de plus en plus. Il y a une énorme correspondance que j'entretiens de tous les côtés sur ce sujet. Mais ces quatre personnes sont les seules avec Jammes aussi, et avec Frizeau, sont les seules avec qui j'ai entretenu une correspondance suivie, ce qu'on peut appeler une campagne.

J. A. — Oui, et justement parmi elles, Gide et Suarès n'ont pas manqué de vous reprocher, disons, une certaine insistance, ou une certaine indiscrétion, à intervenir pour le salut de leur âme. Vous au contraire, dans certaines parties de vos lettres, tout au moins de vos lettres à Gide, vous paraissez vous reprocher d'avoir manqué disons... enfin de violence. Vous vous reprochez à vous-même de n'avoir pas suffisamment insisté. Et il semble que vous vous demandiez si, avec plus d'énergie, si, avec une présence plus constante et plus obsédante, vous n'auriez pas fini par briser cette fameuse « armure d'hyacinthe » dont vous parliez à propos de Suarès.

P. C. — Comme vous disiez tout de même très justement, dans cette correspondance, je me suis trop peut-être fixé à mon point de vue. Si j'avais été un confesseur ou un prêtre, j'aurais essayé plutôt davantage de me mettre dans la peau de mon interlocuteur, de le comprendre mieux, de m'y intéresser davantage. Ça c'est ma triste nature qui en est la cause, je le regrette. Si j'avais eu plus de charité, je m'étais plus intéressé à la personne en elle-même, telle qu'elle était, avec ses défauts et même ses vices, j'aurais mieux réussi. Je le regrette.

## Trente-quatrième entretien

Jean Amrouche. — Nous laisserons pour le moment de côté tant d'œuvres lyriques ou tant d'œuvres critiques qui s'échelonnent entre le moment où vous avez composé la Trilogie et la période qui s'étend de 1919 à 1924, qui fut surtout occupée par la composition de votre grand drame, *Le Soulier de Satin.* Les claudéliens d'aujourd'hui comme ceux de l'avenir y verront véritablement votre somme. *Le Soulier de Satin* est tout entier pris dans une période historique révolue, que l'on peut considérer comme arrêtée, et les forces qui se donnent carrière dans *Le Soulier de Satin,* ce sont des forces... comment dirais-je... moins historiques que métaphysiques, dont on peut penser, par conséquent que, quel que soit le point de l'histoire où l'on suppose que l'humanité soit saisie, on peut considérer que ces forces se retrouvent intactes.

Paul Claudel. — Oui, et puis bien d'autres éléments entrent dans *Le Soulier de Satin* qui ne sont pas compris dans la Trilogie, du moins qui ne sont pas compris d'une manière aussi directe. Mais, ça nous entraînerait dans des considérations personnelles... le moment ne paraît pas être venu. Je voulais simplement attirer votre attention sur ce fait qu'il y a quelque chose de commun dans les trois pièces de la Trilogie, c'est le côté extrêmement amer, désabusé, presque cynique, douloureux, qui en constitue, pour ainsi dire, l'atmosphère.

Rien n'est plus douloureux que le sacrifice de Sygne, rien n'est plus amer et plus cynique que le conflit du

père et du fils dans Toussaint Turelure et, enfin, de plus
douloureux également que cet aveuglement d'une femme
qui aime et qui n'est pas capable de voir et de réaliser
l'objet de cet amour.

C'est la même atmosphère douloureuse, si je peux
dire, qu'on ne retrouve plus dans *Le Soulier de Satin*.
Dans *Le Soulier de Satin*, il y a un sacrifice, mais un
sacrifice joyeux, le sacrifice d'une grande œuvre qu'elle
voit réaliser grâce au courage surhumain qu'ont déployé
les auteurs...

J. A. — Lorsque vous vous êtes engagé dans la
composition de *L'Otage*, est-ce que vous pensiez que
cette pièce serait suivie de deux autres, qui embrasse-
raient ainsi trois générations.

P. C. — Oh, absolument pas. Je n'ai jamais eu,
quand je travaillais, que les idées les plus rapprochées.

J. A. — Et pourtant, voyez, dans votre *Correspondance*, on relève des remarques de portée tout à fait
générale.

Voici ce que vous écriviez vers 1908 : *Le voyageur qui
voit ces vastes civilisations orientales inertes comprend
quel inestimable ferment a été le christianisme, précisément parce qu'il n'est aucune partie de la nature humaine
qu'il ait laissée en repos.*

On se représente bien, *a posteriori* bien sûr, que vous
deviez essayer de fixer, dans de grands ensembles dramatiques, l'évolution du monde. Que vous considériez,
après votre expérience d'Extrême-Orient, ces civilisations orientales comme inertes, parce qu'elles se trouvaient fixées, comme immobilisées dans une tradition
canonique, et l'Occident travaillé par le ferment chrétien, par le tourment de transformer perpétuellement
le monde.

P. C. — Tout ça a été instinctif chez moi et non pas
l'objet d'une méditation spéciale ni d'une volonté déterminée. Naturellement, chez un écrivain, toutes ses

œuvres existent déjà à l'état dormant, comme le chêne existe dans le gland, mais il n'y avait rien de précis, de caractérisé encore dans cette vague préfiguration de l'avenir.

Vous parliez tout à l'heure de ce contraste des civilisations orientales et de la civilisation chrétienne, et vous avez tout à fait raison, mais le mot « inerte » n'est pas celui que j'emploierais pour ces civilisations orientales, je dirais plutôt « clapotantes », c'est-à-dire qu'il se reproduit éternellement les mêmes mouvements. Vous lisez l'histoire de la Chine, vous y voyez constamment les mêmes dynasties qui apparaissent, qui disparaissent et qui se reproduisent une autre sans que, vraiment, il y ait une grande différence de l'une à l'autre. Il en est de même dans toute l'histoire des pays orientaux, tandis que dans les pays chrétiens, il s'agit de tout autre chose ; il y a ce qu'on appelle un sens, à la fois dans le sens d'une phrase ou d'une expression et dans le sens d'un fleuve. La civilisation chrétienne vient de quelque part et va ailleurs. C'est là l'origine de son côté dramatique ; l'Histoire a un sens et le rôle du dramaturge — Shakespeare, par exemple —, est de déterminer ce sens et de montrer d'où elle vient et où elle va.

J. A. — Je crois que vous avez bien montré d'où elle venait, où elle allait, tout cela tient très étroitement ensemble dans ce qu'on peut appeler votre conception du monde, mais ce qu'on n'avait peut-être pas encore montré, c'est où elle va ?

P. C. — Ça, c'est le secret de l'avenir, je n'ai guère essayé de le dévoiler que dans mon contact avec Isaïe. Isaïe est un prophète — ce que je ne suis pas — et il indique des ouvertures de la civilisation et du mouvement des nations pour lesquelles je n'étais pas encore mûr quand j'ai écrit ces drames. Pour l'instant, *Le Soulier de Satin* a plutôt l'aspect d'une explication, d'une espèce de réalisation à la fois des différents mouvements historiques et des différents mouvements de mon âme et de ma pensée plutôt que, comme vous le faisiez remarquer très justement, il n'ouvre des vues sur l'avenir.

Je disais tout à l'heure que ces trois drames de la Trilogie baignaient dans une atmosphère unique, c'est-à-dire une atmosphère de mécontentement, de regrets, de remords, de nostalgie, de douleur qui est tout à fait particulière, et à laquelle il a fallu que *Le Soulier de Satin* vienne mettre un terme, puisqu'il se termine dans un apaisement en quelque sorte triomphal, quoique dans le sacrifice, mais un sacrifice dont on voit le côté glorieux et généreux.

\*

J. A. — Vous me disiez, à propos de la Trilogie, que ces trois drames avaient marqué pour vous une période douloureuse. Et nous n'avons aucune indication d'ailleurs, sauf celles que l'on pourrait lire à travers les propos des personnages, sur cette période particulièrement douloureuse soit de votre vie d'homme, soit, à l'intérieur de votre vie d'homme, de votre vie de poète. Est-ce que vous pourriez nous en dire quelques mots, si ma question n'est pas trop indiscrète ?

P. C. — Il ne faut pas juger un homme uniquement d'après sa littérature et d'après un certain courant d'idées ou de sentiments. Dans un homme arrivé au milieu de sa vie, il y a plusieurs courants en quelque sorte superposés et qui se prolongent sans mêler leurs eaux. D'un certain côté, un homme qui a reçu une blessure profonde, cette blessure met beaucoup de temps à se cicatriser ; mais il ne faut pas croire que ce travail de cicatrisation remplisse également toute sa vie ; évidemment la blessure subsiste, mais en dehors de cette blessure survient un travail de santé, d'apaisement, qu'il

est possible de distinguer également dans mon œuvre.
Le côté douloureux et amer se trouve dans mes drames ;
mais on trouve aussi le côté apaisé, le côté joyeux, le
côté même à certain point de vue triomphal, dans d'autres
œuvres contemporaines, qui sont par exemple la *Cantate
à trois voix*, *Protée*, la *Corona*, enfin d'autres œuvres qui
existent en même temps qu'elles. De sorte qu'il ne faut
pas me représenter comme ce que je dis des juifs dans le
*Livre d'Isaïe*, en train de tamiser les cendres d'un amour
défunt. Il n'est pas complètement dans mon pouvoir de
supprimer la profonde blessure que j'ai ressentie et qui,
comme je vous le disais, a mis un certain temps à se
cicatriser, mais, en même temps, il y avait une vie pleine
d'air, remplie par le mariage, remplie par les enfants,
remplie par le succès pratique, si vous voulez, que je
commençais à avoir par mes œuvres qui commençaient
à être co nnues. Et tout ça mérite d'être envisagé pour
comprendre ma situation d'esprit à ce moment-
là. Il n'y a pas uniquement l'amertume et la douleur.

J. A. — Ne dites-vous pas vous-même, dans une très
belle lettre sur Dostoïevski, ceci : *Une des grandes raisons d'être de l'art est la purge de l'âme*. De sorte que si
on appliquait cette belle définition de l'art à votre Trilogie, on se demanderait justement de quoi votre âme
s'est purgée en composant ces trois drames.

P. C. — L'explication se trouve dans *Partage de
Midi*. Et la genèse du *Soulier de Satin*, au fond, se rattache de très près à celle de *Partage de Midi*, et clôt,
si je peux dire, un cycle. Les circonstances ont permis
qu'entre les deux partenaires de *Partage de Midi*, une
« retrouvaille » on peut dire, ait eu lieu, une rencontre,
une explication, et finalement un apaisement dans un
sens élevé. *Le Soulier de Satin* porte la marque de cet
apaisement. Il n'y a plus la blessure d'une chose inex-
pliquée et sans cause, qui est peut-être la plus doulou-

reuse. Ce qui s'est passé dans *Le Soulier de Satin* [1], je suis arrivé à le comprendre, et *Le Soulier de Satin* dans sa dimension n'est qu'une espèce d'explication de ce qui s'est passé dans deux cœurs humains. Je n'insiste pas sur ce côté personnel mais, en même temps, cette rencontre, cette retrouvaille, cet apaisement, ont servi d'axe à toute une vie consacrée à une quantité de voyages, de réflexions, de visions de toutes sortes, dont elle a formé, comme on dit maintenant d'après un mot assez prétentieux, le « catalyseur ».

Le drame poignant de *Partage de Midi* a trouvé sa conclusion, et c'est là la principale raison, la principale explication du *Soulier de Satin*, montrant que ces souffrances, que ces insatisfactions étaient en somme une bonne chose, comme dit le prologue du *Soulier de Satin* : « Que toutes choses coopèrent pour le bien », comme le dit saint Augustin et la preuve en est ce grand livre, qui, comme vous le dites très bien, résume tout mon art, toute ma pensée et toute ma vie.

J. A. — Il me semble que ce que vous venez de dire est de nature à éclairer une voie dans *Le Soulier de Satin*, ce *Soulier de Satin* dont vous dites que la scène est le monde, dans lequel vous avez impliqué à la fois le monde géographique, l'univers planétaire dans lequel nous vivons, et aussi le monde surnaturel.

Mais cette voie que vous venez d'éclairer subitement, qui est celle qui voit cheminer ensemble, mais séparés par une distance infranchissable, vos deux héros principaux, Rodrigue et Doña Prouhèze, et ainsi que d'autres personnages, qui sont d'ailleurs comme un contrepoint de ce couple fondamental, cette voie n'explique pas tout.

Je croyais avoir trouvé dans une lettre de 1909 quelque chose qui serait comme l'argument, disons philosophique, de ce drame. Vous écriviez ceci :

1. Claudel veut dire « dans *Partage de Midi* ».

*Quoi de plus tragique que la lutte de l'invisible contre
tout le visible ? Le chrétien ne vit pas comme le sage antique
à l'état d'équilibre, mais à l'état de conflit. Tous ses actes
ont des conséquences. Il se sent dans un état continuel de
composition. Et quel intérêt celui du drame où il s'agit non
pas d'une mort ou d'un mariage, mais de la vie ou de la
mort éternelles, où vous prenez une place vous-même, non
pas dans une action fictive, mais dans le drame perpétuel
de l'humanité !*

Il m'avait semblé que...

P. C. — C'est à Gide que j'écris ça ?

J. A. — C'est à Gide que vous écriviez cela. Et il
m'avait semblé que ce drame perpétuel de l'humanité,
c'est précisément ce que vous avez voulu peindre, représenter, dans *Le Soulier de Satin*. Vous ajoutez d'ailleurs, dans une autre lettre, ou peut-être dans la même :
*Le chrétien seul connaît le désir. Quelle tragédie comparable
à celle-là, qui a des siècles pour scène, et des millions
d'hommes pour acteurs !* Il me semble qu'on ne pourrait
pas trouver meilleure épigraphe explicative à votre
*Soulier de Satin* que ce fragment extrait de votre correspondance de 1909, c'est-à-dire vingt ans avant le
moment où vous avez commencé à écrire *Le Soulier de
Satin*.

P. C. — C'est un des aspects de ce grand drame.
C'est comme une pierre jetée dans l'eau produit des
ondes de plus en plus étendues. La pierre, je crois bien
que c'est ce sentiment que je vous exprimais ; les ondes,
c'est le passage que vous venez de lire en constitue
quelques-unes ; il y en a d'autres d'ailleurs, mais enfin,
elles s'agrègent, elles se concentrent autour de ce choc
principal.

J. A. — Ce choc principal, c'est donc de lui en somme
qu'est né le drame, c'est lui qui constitue le germe du
drame, c'est cette rencontre entre Prouhèze et Rodrigue ?

P. C. — Je le crois, en effet. Et si, à cette idée de

choc et d'ondes qui se répandent, vous ajoutez en même
temps une idée de cristallisation... comme dans le roman
de Jules Verne, vous savez qu'un homme jette une pierre
dans la mer, qui se congèle immédiatement. Il y a beaucoup de ça dans l'esprit d'un auteur : il y a un choc,
une étincelle, si vous voulez, germinale, autour de laquelle
tout vient s'organiser et se composer, comme était par
exemple, dans *Jeanne au Bûcher*, le geste des deux mains
liées. Eh bien, dans le *Partage de Midi*, il y a eu certainement cette séparation qui constitue en même temps
le contraire, c'est-à-dire une agrégation entre deux
âmes séparées, et qui ont été beaucoup l'une pour
l'autre.

J. A. — Je vois bien cela. Mais j'ai l'air d'insister
très lourdement, et de frapper toujours le même clou, et
je ne sais pas si je finirai par avoir raison de vous. Ce
que vous venez de marquer est profondément vrai,
et d'ailleurs même s'il me semblait que ce ne fût pas
vrai, il ne m'appartiendrait pas de vous contredire sur
ce point : votre témoignage ne peut que l'emporter.
Je voulais dire qu'on retrouve certes dans *Le Soulier
de Satin* des situations et des rapports de personnages
qui sont très étroitement dépendants de la situation
fondamentale des personnages dans *Partage de Midi*.
Vous avez tenu à le marquer. Ainsi, comme Ysé est
entre trois hommes, Ciz, Mésa et Amalric, Prouhèze
aussi est entre trois hommes, son mari, le juge de Sa
Majesté, Don Pélage, Rodrigue et Camille. De même
qu'Ysé aura un enfant, Prouhèze aussi a un enfant,
enfant singulier : la petite Doña Sept-Épées est la fille
de Rodrigue selon l'esprit, selon l'âme, et l'âme qu'elle
tient de Rodrigue a fini par façonner le corps à la ressemblance de ce père spirituel.

Ce que je voudrais que vous nous indiquiez, si c'est
possible, c'est la façon dont ce germe du drame a pu
engendrer, et par quel mouvement et comment, cette

énorme composition universelle qu'est votre *Soulier de Satin*.

P. C. — Alors nous entrons dans le domaine de la technique, qui est assez différent. Tout ce drame était dans ma tête évidemment à l'état de suspension, ce qu'on appelle un état colloïdal. Et c'est en rentrant à Paris, je crois bien que c'est après un séjour au Danemark, où j'allais être nommé au Japon, que la première idée, antérieure d'ailleurs à l'événement dont je vous parle, s'est présentée dans mon esprit, sous la forme d'une espèce de fête nautique dont j'avais l'idée. Cette fête nautique, qui a été reproduite dans la Quatrième Journée et qui s'appelait d'abord *Sous le Vent des Iles Baléares*, c'est la Quatrième Journée, que j'avais commencé à écrire à Paris, dans l'intervalle qui s'est passé entre le Danemark et le Japon.

Et puis alors j'ai apporté cette idée-là au Japon. Petit à petit les choses se sont coagulées dans ma tête et j'ai compris ce que ce drame à lui tout seul comportait de vastes horizons, qui se sont placés en perspective devant moi. Alors j'ai recommencé à écrire le drame, en partant alors du 1er acte et de tout ce qui s'ensuit. Petit à petit, les idées s'en sont agrégées, et, suivant mon mode de composition, qui n'est jamais fait d'avance, et qui est, pour ainsi dire, inspiré par la marche, par le développement, comme un marcheur qui voit d'autres horizons se développer de plus en plus devant lui, sans souvent qu'il les ait prévus, et les différentes journées se sont placées l'une derrière l'autre, chacune avec ses horizons, ses vues latérales, ses souvenirs, ses aspirations, enfin tout ce qui fait la vie d'un homme et d'un poète.

D'autre part, la troisième partie, que j'avais complètement écrite, a été détruite dans l'incendie de Tokyo, et j'ai dû la reconstituer de fond en comble.

J. A. — Vous venez de dire un mot qui me paraît

particulièrement éclairant. Vous venez de dire que tout
ce qui constituait la vie d'un homme prenait place dans
votre drame.

En somme les pérégrinations réelles ou imaginaires de
vos héros, et notamment de Rodrigue, reproduisent les
pérégrinations du consul, puis de l'ambassadeur Paul
Claudel à travers l'univers.

P. C. — Oui, tout ça est très juste, mais avec des
transformations. Par exemple, je place en Sicile ce qui
s'est passé au Brésil : toute la scène de Doña Musique,
en réalité, qui se passe, comme je le dis, dans une forêt
vierge — en Sicile, depuis longtemps, il n'y a plus rien
de vierge, pas plus les forêts que les autres je crois ! —
enfin, ça se passe en réalité au Brésil : c'est le souvenir
d'une nuit que j'ai passée dans la forêt vierge en compagnie de mon ami Darius Milhaud, et des merveilleuses
inspirations que la forêt vierge peut nous donner.

## Trente-cinquième entretien

Jean Amrouche. — Dans la première partie de
*Tête d'Or*, votre héros va demander conseil à cet arbre
qui fut, dit-il, son maître et son précepteur, et il lui dit,
à la fin de ce cantique que nul de nous n'a oublié : *Oh,
murmurant, fais-moi part de ce mot que je suis, dont je
sens en moi l'horrible effort !*

Je voudrais vous demander si, après avoir composé
*Le Soulier de Satin*, vous avez éprouvé le sentiment de
connaître enfin ce mot, que vous êtes, et de l'avoir dit,
si vous avez éprouvé ce sentiment à la fois dans une
sorte de jubilation triomphale, la jubilation de celui qui
peut dire : « J'ai fait mon œuvre, la vendange est faite »,

et dans cet épuisement comme celui de Sygne, à la fin
de *L'Otage*, qui s'est exprimée, qui est exprimée tout
entière ?

PAUL CLAUDEL. — Qu'un homme ressente de la
satisfaction d'avoir fait une œuvre importante, où son
être se trouve complètement exprimé, cela ne veut pas
dire que, par là même, il se sente épuisé ! Ça n'était pas
mon cas ; ce serait plutôt exact de dire qu'une partie
importante de mon œuvre avait trouvé son terme et que
j'avais en moi la satisfaction d'un regard rétrospectif.
Je sentais qu'en effet une grande partie de mon œuvre
était terminée, je sentais que le côté dramatique essentiel qui était en moi, ce que vous appelez le « mot », ce
mot qui en réalité est un dialogue, avait épuisé l'effort
de débat, de conflit qu'il pouvait y avoir en moi. Mais,
il s'agissait simplement d'une partie de mon être. J'avais
plus ou moins obscurément la sensation qu'il me restait
encore beaucoup de chemin à parcourir et beaucoup
de forces expressives à mener à terme.

Le sentiment de satisfaction que je pouvais éprouver
d'avoir terminé ce long drame, après cinq ans de travail,
résultait d'un ensemble pour la première fois réalisé,
qui comprenait le sujet de plusieurs de mes drames
fragmentaires intérieurs. On trouve en effet dans *Le
Soulier de Satin*, une espèce de somme, et il n'est pas
difficile d'y reconnaître, comment... des reflets des différents drames qui l'ont précédé.

J. A. — Oui. Vous m'avez dit, au cours d'un dernier
entretien que la genèse, ou du moins la cristallisation du
*Soulier de Satin* s'explique par une dernière rencontre
avec celle qui fut Ysé, par une explication apaisante et
définitive, qui établissait enfin la clarté entre, disons
Mésa et elle, si toutefois l'on peut ramener le protago-
niste essentiel du drame à ce personnage de Mésa.

Le cœur du drame, pourrions-nous penser alors, en le
relisant, serait constitué par les deux scènes XIII et XIV de

la Deuxième Journée, l'étrange scène de « l'Ombre double » et la non moins étrange scène de « la Lune », de la Lune qui contemple simultanément Rodrigue et Prouhèze, et qui pour l'un et pour l'autre dit « qu'elle leur baise le cœur ».

Cette scène de « l'Ombre double », que signifie-t-elle exactement, car elle est vraiment très singulière et très sibylline ?

P. C. — Quand on se rappelle le sujet du drame, cette scène n'est pas, à ce qu'il me semble, aussi étrange et sibylline que vous le croyez! Ces deux personnes ont vécu, au moins telles que le poète a le droit de se l'imaginer, chacune dans la pensée de l'autre, en cette pensée qui est une Ombre, et il n'est pas étonnant que ces ombres se soient réunies pour ne former, à certain moment, qu'un seul corps et qu'un seul sens. De là l'idée de « l'Ombre double » qui, à mon très grand regret, n'a jamais pu être complètement réalisée au théâtre. Barrault et moi avons fait différents essais à ce sujet-là sans pouvoir y réussir. Je ne sais pas si, au cinéma, la chose serait possible davantage? Je le crois, parce que le cinéma dispose de beaucoup plus de ressources que le théâtre. En tout cas, je regrette vivement que cette scène n'ait pu se réaliser parce qu'elle était essentielle dans mon drame, parce que ce drame est l'histoire de deux amants qui ne peuvent pas parvenir à se rejoindre. Il aurait fallu au moins qu'il y ait une scène qui montre que, dans l'idéal, en tout cas, cette réunion ait pu avoir lieu, et que l'instrument en ait été cette lumière nocturne qui est symbolisée, qui est la Lune.

J. A. — Mais « l'Ombre double » parle, vous en faites un personnage qui parle et qui dit cette chose : *Je porte accusation contre cet homme et cette femme par qui j'ai existé une seconde seule, et par qui j'ai été imprimée sur la page de l'éternité, car ce qui a existé une fois fait partie pour toujours des archives indestructibles.* Et Rodrigue, quelque part, parlant de la voix de Prouhèze qu'il entend au-dedans de lui, dit : *Une voix seule au monde, une voix seule et qui parle tout bas, intérieure à ce sacrement indestructible.* Et ces propos, que je rapproche, posent un problème assez difficile à comprendre pour votre public.

P. C. — Je ne vois pas en quoi ce problème est tellement difficile ! Il est certain que deux âmes qui se sont longuement rapprochées et on peut même dire confondues, qu'il en reste quelque chose dans la mémoire humaine, il peut en rester également quelque chose dans la mémoire de l'éternité. Nous savons, d'après les textes sacrés, que rien de ce qui s'est passé une fois ne s'efface et que c'est inscrit pour toujours sur ce *Liber scriptus* dont il est parlé dans *Dies irae*. L'Évangile nous dit plusieurs fois qu'aucune de nos actions ne tombe dans le néant, dans l'oubli, et que le souvenir est gardé même d'un seul cheveu qui tombe de notre tête, à plus forte raison combien plus l'histoire de deux âmes qui sont arrivées à se rencontrer... j'allais presque dire de s'agencer. Le mur que vous voyez là représente en quelque sorte la page ouverte de ce *Liber scriptus* dont il est question dans la liturgie.

J. A. — Je vois bien, mais ce que je vois difficilement, ce que, je crois, nous voyons difficilement, c'est la façon dont les choses peuvent s'arranger, car l'un et l'autre peuvent se trouver précisément liés par le sacrement indissoluble ?

P. C. — Ça, c'est une question qui ne dépend pas complètement de la volonté de l'un ou de l'autre, c'est une question qui rêve ; l'homme n'est pas maître de ses rêves, il n'est pas maître complètement de son imagination et, le temps n'existant plus, elle peut aussi bien se rapporter à une page du passé qu'à une autre page ultérieure du *Liber scriptus*. Là, il ne s'agit pas d'un acte délibéré de la volonté, il s'agit d'une puissance imaginaire sur laquelle ni l'un ni l'autre ne peuvent rien.

J. A. — Eh bien, puisque nous avons abordé la question de ces personnages, comme « l'Ombre double », comme « la Lune », le moment est venu peut-être de parler de l'Univers du *Soulier de Satin* et de la façon dont il est construit, des personnages qui y figurent, dont certains sont directement liés à la personne de l'auteur, dont certains sont, à certains égards, la personne même de l'auteur, mais il en est beaucoup d'autres qui ont comme une valeur de pure représentation, ou presque une valeur décorative. D'autre part, vous faites intervenir, à l'intérieur même de votre drame, et comme commandant certains éléments de l'action, les Anges, notamment l'Ange gardien de Prouhèze, les Saints, comme saint Jacques, et je voudrais que vous nous expliquiez un peu maintenant comment tout ceci constitue le corps de votre drame et cet Univers du *Soulier de Satin*.

P. C. — La grande lumière allumée dans *Le Soulier de Satin*, cette espèce de jubilation d'une âme enfin, somme toute, libérée, comme le dit le dernier vers, ne se passe pas sans susciter une foule d'autres figures issues, soit de la mémoire, soit de l'imagination.

Les grandes œuvres antiques, que j'admire profondément, peut-être par-dessus tout, c'est-à-dire les deux grands poèmes d'Homère, *L'Odyssée* et *L'Iliade*, nous donnent également le spectacle d'une foule d'êtres, d'une foule de personnages plus ou moins reliés au sujet principal et qui cependant en font partie, à un point de vue, je dirai, de composition, à un point de vue pictural ou musical.

Le sujet de *L'Iliade* est la colère d'Achille, mais à côté de ce sujet de la colère d'Achille, une foule d'autres personnages, soit surnaturels, soit naturels, apparaissent, et il nous serait impossible, quoi qu'en pensent les pédants, de les séparer de cette magnifique épopée.

Eh bien, de même, il m'a semblé que le sujet que j'avais à exprimer comportait toutes sortes de reflets, toutes sortes d'échos, toutes sortes de suscitations plus ou moins volontaires auxquelles je me suis abandonné parce qu'il me semble qu'elles faisaient partie de ce torrent généreux auquel je m'étais abandonné, et qu'elles avaient des rapports avec le drame, pas seulement d'efficience mais, si vous voulez vous reporter à mon livre sur *L'Art poétique*, de valeur, de contraste. Dans *L'Art poétique*, je dis que la cause de telle couleur d'une feuille, dans la forêt, a pour cause, non seulement des raisons physiques, mais aussi la feuille voisine qui lui fournit son complémentaire artistique. C'est cette loi des complémentaires qui explique tous ces personnages qui n'ont pas de rapports mécaniques avec l'ensemble du drame, mais qui ont un rapport que j'appellerai complémentaire — je ne trouve pas d'autre mot ni de mot mieux adapté. De même, dans un tableau de Véronèse ou du Titien, vous voyez des personnages qui ne sont pas nécessaires, mais dont l'absence paraîtrait faire un trou dans la toile. Il en est de même, par exemple, pour ce personnage de Musique qui a étonné beaucoup de gens. Mais, je sentais le besoin, à côté du conflit, du corps à corps poignant des deux protagonistes essentiels, de laisser place au lyrisme. Le personnage de Musique est une espèce de fusée, de rire, de joie, de bonheur qui s'élance du milieu de cette histoire assez sombre.

J. A. — Oui, mais je me demandais si l'intervention des Saints et des Anges devait requérir, de votre spectateur, je ne sais quelle croyance à l'existence réelle de ces personnages.

P. C. — Je ne demande à mon spectateur que la croyance à mon propre drame quand il le regarde, je ne sors pas de là, je ne fais pas métier d'apologiste, bien que *Le Soulier de Satin* ait joué un rôle, à ce qui paraît, pas négligeable de ce côté-là. Je cherche seulement à fournir un ensemble délectable, comme font tous les artistes, quels qu'ils soient. Et si les personnages surnaturels entrent dans la composition, c'est que leur présence m'a paru artistiquement nécessaire, de même que dans *L'Iliade* l'absence des personnages de l'Olympe représenterait quelque chose d'absolument inconcevable, et sans lesquels cette magnifique épopée n'existerait pas. On ne demande pas plus à mon spectateur la croyance à mes Anges ou à mes personnages surnaturels qu'un lecteur de *L'Odyssée* ou de *L'Iliade* n'a besoin de croire à Pallas ou à Jupiter.

J. A. — En rapprochant l'existence de vos personnages surnaturels, dans *Le Soulier de Satin*, des personnages divins d'Homère, par exemple, ou d'Eschyle, voulez-vous dire que vous ne requérez de votre spectateur qu'une croyance à vos personnages en tant que mythes, mais que vous ne requérez pas du tout d'eux qu'ils croient à leur existence réelle?

P. C. — Le mot de « mythe », ne me paraît pas suffisant. Je dirai simplement qu'une œuvre d'art forme un monde à part, qui n'est pas du tout le monde de la théologie ou de l'apologétique, qui a simplement pour objet la délectation du spectateur, délectation qui est loin d'être mauvaise et d'être nuisible et qui, au contraire, peut être d'un grand profit et d'un grand avantage, même spirituel, à ceux qui le regardent.

Les personnages surnaturels dont vous parlez et qui répondent, bien entendu, comme je suis chrétien, pour moi, quand je fais ma prière, à des réalités concrètes tout à fait réelles et véritables mais quand ils sont portés sur la scène c'est un monde à part qui s'adresse au public et n'interviennent plus que comme éléments de délectation, que comme fournissant un ensemble de beauté et de joie pour celui qui les contemple.

J. A. — Mais, ne pensez-vous pas qu'il doive exister une relation entre cet élément de beauté, de délectation,

de joie dont vous parlez, et la manifestation d'une vérité ?

P. C. — Ça n'a pas été mon but. Je ne suis pas un
prédicateur, je n'ai eu qu'une idée : c'est de m'exprimer
et de réaliser un ensemble qui me satisfasse. Comme
tout artiste, je n'ai eu aucun but en dehors de celui-là.
Je n'ai jamais écrit dans un but de démontrer quelque
chose, ou de montrer la vérité, j'ai écrit simplement
pour donner satisfaction à un ensemble dont les spectateurs pourront tirer tout ce qu'ils voudront et, ce que
j'espère, un avantage spirituel. Bien entendu, toutes les
règles de la morale une fois observées, ce qui n'est aucu-
nement nuisible à la beauté d'une œuvre, à mon avis
et, au contraire, lui est très profitable.

De même que Homère, justement, fait intervenir les
dieux et les déesses dans son épopée, et que son épopée
en tire au moins une bonne moitié, si ce n'est peut-être
la plus grande partie, de sa beauté, de même, le monde
surnaturel qui, pour moi, est aussi réel que l'autre —
puisque le *Credo* nous parle des choses visibles et invisibles —, de même, ce monde surnaturel je ne vois pas
pourquoi il n'interviendrait pas dans les choses réelles,
et qu'il ne serait pas un élément de beauté et de confir-
mation, un élément qui contribue à la solidité, si je
peux dire, à la solidité résultant de la composition de
ce monde fictif.

J. A. — Oui, mais si j'ai posé cette question, c'est
parce que cette question est posée par un assez grand
nombre de lecteurs, ou plutôt même de non-lecteurs de
vos œuvres qui se trouvent devant l'œuvre de Paul
Claudel comme si une question leur était posée : si
vous n'êtes pas chrétien, vous n'entrerez pas dans ce
monde, vous n'entrerez pas dans le langage de Claudel,
vous n'entrerez pas dans le monde qu'il a construit. Et
alors, je m'étais demandé : mais au fond, est-ce que
pour pénétrer dans cet univers claudélien, il n'est pas

nécessaire, sinon d'être chrétien, au moins d'être capable suffisamment de sympathie pour participer à l'aventure des personnages, et pour se sentir accordé intérieurement à l'aventure de ces personnages ?

Ainsi, par exemple, ai-je été très frappé de voir qu'un homme comme Gide avait, je crois, profondément apprécié vos premières œuvres, du temps que Gide se donnait lui-même comme chrétien, du temps que les problèmes religieux l'intéressaient, l'inquiétaient, il m'avait semblé qu'il était vraiment capable de participer profondément à vos drames. Et voici que, en 1929, nous découvrons cette note célèbre de son *Journal*, après qu'il eut achevé de lire *Le Soulier de Satin* : « *Achevé* Le Soulier de Satin *de Claudel : Consternant !* » Bref, tout se passe comme si une porte qui était demeurée ouverte jusqu'à quelques années de là, s'était tout à coup fermée, et qu'il ne pouvait plus pénétrer dans cet univers!

P. C. — Eh ben, c'est son affaire! Tout ce que je peux dire, c'est que pour entrer dans mon drame, il n'y a précisément aucun besoin d'être chrétien, il y a besoin simplement, si je peux dire, d'être claudélien ; pas plus que pour entrer dans Homère, il n'y a besoin de croire aux différents dieux et aux différents pouvoirs surnaturels qu'il fait marcher sur la scène, mais il faut au moins avoir un certain sens du surnaturel, un certain sens des grandeurs morales, des grandeurs providentielles qui se mêlent continuellement aux affaires humaines. Et il peut arriver que des gens, d'ailleurs fort artistes et fort distingués, soient complètement rebutés par ce côté grandiose qui dépasse la vie de tous les jours. Je ne vous en citerai qu'un exemple, emprunté justement au *Journal* de Gide. Il cite une conversation avec Valéry, dans laquelle Valéry lui dit : « *Peut-il y avoir quelque chose de plus ennuyeux que* L'Iliade *?* » Et Gide lui répond : « *Oui, il y a* La Chanson de Roland *!* » Ça prouve deux hommes, d'ailleurs parfaitement distingués et artistes dans leur genre, mais non seulement peu attirés, mais même violemment rebutés par des grandeurs morales qui leur sont inaccessibles. Personne ne croira que, si distingués qu'ils soient, que Valéry et Gide aient raison; seulement il s'agit là d'un monde pour eux qui est fermé.

Eh bien, un homme qui regarde *Le Soulier de Satin* n'a pas besoin d'être chrétien complètement convaincu, mais il a besoin certainement d'avoir un désir d'autre chose, un désir de surnaturel, d'avoir des sentiments profonds qu'il a à exprimer, et il en trouve le lieu, le paysage, si vous voulez, dans ce drame où beaucoup de choses lui échappent mais qui, cependant, lui paraît adapté comme peut l'être une serre, par exemple, au développement de certains sentiments inarticulés qu'il portait en lui-même.

## Trente-sixième entretien

JEAN AMROUCHE. — Puisque vous parlez de ceux qui voient, ou qui verront, ou qui ont vu *Le Soulier de Satin*, voici que vous faites glisser l'entretien de l'œuvre écrite à l'œuvre représentée et, avant de parler de ces représentations, je voudrais vous demander quel a été l'accueil de la critique, lorsque parut *Le Soulier de Satin*.

PAUL CLAUDEL. — Elle a été d'un double genre. Vous savez que la première représentation... parlez-vous de la lecture ou de la représentation?

J. A. — Je parle d'abord de la publication du drame en volume.

P. C. — Ah! Quand ç'a été publié, l'accueil a été bien simple, c'est le silence le plus profond. Il n'y a eu

qu'un article de Souday, non pas de Souday, c'était de
Thérive, un article, je dirai assez désemparé, où il disait :
« *Un chien peut bien regarder une cathédrale, alors ce
sont des sentiments du même genre que j'éprouve à la lecture du Soulier de Satin...* » qui l'avait laissé complètement désorienté.

J. A. — Pensiez-vous, à ce moment-là, que votre
drame serait, un jour ou l'autre, représenté ? Je sais
bien que dans la Préface vous dites : *Comme il n'y a
pas impossibilité totale*, etc. avec un certain détachement,
d'ailleurs, mais je ne sais pas si vous pensiez que la pièce
pût être représentée et qu'elle le serait un jour où l'autre ?

P. C. — Tout de même, quand j'ai écrit *Le Soulier
de Satin*, plusieurs, et même la totalité de mes pièces,
avaient été représentées, et il n'était pas possible de ne
pas voir la qualité scénique de la qualité extérieure
du *Soulier de Satin*, qui se prêtait à une réalisation
théâtrale. Aucune de mes pièces n'a été écrite avec une
pensée aussi directe de la réalisation théâtrale. Vous
avez pu voir combien la composition de la pièce y est
adaptée, combien les longues tirades y sont rares et
combien la scène est constamment variée, de sorte qu'il
n'y ait jamais de fatigue pour le spectateur. La technique de ce drame, volontairement ou involontairement,
se rapproche beaucoup à la fois et de l'ancienne technique du théâtre élizabéthain ou de Calderon ou, plus
récemment, de la technique du cinéma. C'est cette impression de repos résultant de la variété qui a permis
aux spectateurs de la pièce d'assister, à la grande sur-
prise de M. Vaudoyer, qui était le directeur du théâtre,
d'assister sans fatigue à un acte qui durait deux heures
et demie, chose absolument nouvelle dans le théâtre, et
cela sans la moindre fatigue des spectateurs. Ça prouve,
par conséquent, qu'il y avait une certaine considéra-
tion de la technique théâtrale, beaucoup plus que dans
aucune de mes pièces précédentes.

J. A. — Oui, mais il n'empêche qu'à la représentation, les trois premières journées ont été quand même
considérablement écourtées, que certaines scènes n'y
sont pas représentées, notamment la fameuse scène de
« l'Ombre double », et que la Quatrième Journée, elle,
n'a pas du tout été représentée!

P. C. — Néanmoins, ça a duré en tout, à la première
représentation, près de cinq heures. Il n'y a pas beaucoup, je crois, de spectacles qui aient cette durée-là, et
le public — j'en ai reçu des échos de tous les côtés —
n'a, à aucun moment, été fatigué. Ça prouve par conséquent qu'il y a une certaine habileté purement technique
qui se trouve dans ce drame, beaucoup plus que dans
aucune de mes œuvres précédentes ; l'habileté de l'ingénieur dramatique, si vous voulez, est plus grande
qu'elle ne l'a été dans aucune de mes œuvres antérieures.

J. A. — Oui, mais nous pouvons dire que la version
pour la scène constitue une œuvre particulière et que
*Le Soulier de Satin*, tel que vous l'avez conçu et écrit,
n'est pas encore représenté.

P. C. — Ah, là, je m'étais abandonné complètement
à mon imagination et je l'ai laissée la bride sur le cou.
Mais quand le problème pratique s'est posé, étant donné
que les différents projets que nous avions formés avec
Barrault, d'une représentation en deux séances, par
exemple, étaient impossibles et dépassaient la limite
d'une réalisation, d'une certaine unité nécessaire à la
représentation, nous avons été obligés de recourir à un
abrégé et vous voyez que cette abréviation, somme toute,
n'a pas nui au drame, bien qu'il laisse de côté des éléments que je regrette, par exemple comme la scène de
Doña Austrégésile [1] ou la scène de Don Léopold-Auguste. Peut-être, dans l'avenir, trouverons-nous un
moyen de tirer parti de ces *derelicta*, si je peux dire,

---

1. Scène VII de la *Quatrième Journée*.

mais en tout cas, tel qu'elle est, le drame me paraît réaliser une unité. J'emploie la comparaison dont je me suis souvent servi : quand vous regardez un grand monument, une cathédrale, vous n'êtes pas forcé d'en voir tous les aspects à la fois, vous choisissez le point de vue pour en faire une photographie ou un dessin qui vous paraît le plus flatteur, le mieux recevoir l'exposition de la lumière, d'autres considérations et, en somme, vous en avez une idée la plus complète. C'est ce que Barrault et moi avons essayé de réaliser dans cette version scénique que vous connaissez.

J. A. — De sorte que vous ne considérez pas, après tout, que ce soit une amputation grave, et que vous demeuriez satisfait des représentations du *Soulier de Satin* ?

P. C. — Oui, très certainement ; je crois qu'un parti très habile et très pratique en a été tiré.

J. A. — Mais je voudrais vous demander maintenant, puisque vous faisiez allusion, tout à l'heure, à la scène de Don Léopold-Auguste, Don Léopold-Auguste qui est représenté par une sorte de marionnette, que l'on gonfle, n'est-ce pas, et qui est...

P. C. — Non, non! Ça vous confondez avec le Courtisan qui arrive au 4e acte. Léopold-Auguste, c'est le pédant à qui on montre une baleine et qui est scandalisé de voir ce jeu de la nature. C'est dans la 3e...

J. A. — Oui, la fameuse scène des baleines d'acier.

P. C. — C'est ça.

J. A. — Mais, ce Don Léopold-Auguste, à qui vous faites allusion, appartient à cette catégorie de personnages extraordinairement bouffons, et c'est peut-être le moment de vous expliquer sur une remarque que vous aviez faite, il y a quelque temps, où vous disiez que l'humour, le comique vous paraissait être le... comment dirais-je... le comble du lyrisme.

P. C. — C'est absolument vrai. Le côté comique, le

côté exubérant, le côté de joie profonde me paraît essentiel à l'esprit lyrique, et je dirai même à l'esprit de la création.

Il est impossible d'aller dans un jardin zoologique ou de regarder la nature sans être frappé du côté drôle de cette immense arche de Noé. Cette drôlerie va de pair avec la signification. Ces êtres créés sont tellement particuliers qu'ils peuvent avoir le sens d'originaux, comme on dit, d'un spécimen particulièrement curieux de la race humaine, que c'est « un original ». Eh bien, presque tous les animaux de la création, soit par leurs mœurs, soit par leurs formes, soit par les rapports qu'ils ont avec nos qualités morales, sont des « originaux », dans tout le sens du mot. Et justement, un homme, dans l'état d'enthousiasme et de joie dont je vous parle, anime tous ces originaux et les fait contribuer à cette grande fête de la création. De même qu'une fête serait incompréhensible sans gaieté, de même la création, qui n'est qu'une fête immense, serait morne, serait lugubre s'il n'y avait pas tous ces « originaux », qui cherchent à l'animer et qui nous donnent une représentation qui contribue à la grandeur du spectacle.

C'est ce que j'ai essayé d'exprimer dans les parties comiques du *Soulier de Satin* qui ne sont pas du tout des « hors-d'œuvre », mais qui sont, en même temps qu'un soulagement pour moi et, à ce que j'espère, pour le public, qui sont des éclairages latéraux qui permettent mieux de suivre l'ensemble de l'action.

J. A. — Mais, je me demande même si certaines de ces parties comiques et bouffonnes ne sont pas pour vous une manière de délivrance, et de délivrance tout à fait cruelle, car les personnages chamarrés, les chanceliers, ceux qui sont couverts de titres, d'honneurs, de décorations et je dois dire que dans *Le Soulier de Satin*, vous les accommodez admirablement. Et le mépris de Rodrigue est, à certains égards, la verve absolument féroce de

Paul Claudel à l'égard de certains personnages qui, au fond, correspondent à certaines situations qu'il a lui-même occupées!

P. C. — Ça prouve qu'il n'y a aucune espèce de haine proprement dite, de méchanceté, mais au contraire une bonne humeur générale. Si on admet que tous les acteurs d'une pièce sont, en somme, des « déguisés », il est certain que, même dans le drame le plus sombre, intervient un élément de comique. On sait que ce n'est pas tout à fait sérieux, et que se passe une intention amicale dans tous ces terribles jeux d'épée ou de conflits qui se produisent. Et, de même, aux yeux du Père, qui est le bon Dieu, je suppose qu'il garde une espèce de sympathie humo-ristique, de sympathie amusée pour ces pauvres êtres qui se donnent tant de mal, qui, dans le fond, ne font rien de très sérieux.

J. A. — Quel jugement le Président de votre « Conseil d'Administration », comme vous dites, porte sur un certain nombre des membres de son Conseil?

P. C. — Eh bien, un jugement très sympathique, un jugement qui se dit : « Ben, il y a tout de même quelque chose qui mérite l'indulgence, c'est que tous ces personnages y vont de tout leur cœur et ils peuvent être ridicules, ils peuvent être, au contraire, passionnés, ils peuvent être... montrer beaucoup de sentiments, de bonnes qualités, mais en tout cas ils contribuent à un spectacle dont la réussite dépend de leur bonne volonté, qu'ils ne mesurent pas. »

J. A. — Oui. J'ai un petit peu l'impression que Ro-drigue, si nous pensons à lui, ou le terrible Don Camille, si nous pensons également à lui, lorsqu'ils se représentent le Conseil des ministres, le Grand Chancelier de Sa Ma-jesté le roi d'Espagne, sont un peu dans la situation de Paul Claudel, poète ou écrivain, jugeant, disons Paul Claudel en représentation, revêtu de ses dignités, de ses décorations et de ses uniformes!

P. C. — C'est incontestable. *(Rire.)* On ne peut rien vous cacher. Il n'y a aucun doute qu'il y a beaucoup du jugement humoristique que je peux porter sur moi-même, investi de toutes ces dignités drolatiques.

J. A. — Oui, eh bien ces dignités « drolatiques », dont vous parlez comme « drolatiques » — j'avoue que je suis très heureux que vous en parliez comme drolatiques, parce qu'il est tant de gens qui s'imaginent que, mon Dieu, vous les prenez vraiment très au sérieux et que vous y êtes profondément attaché!

P. C. — Alors, là, c'est un autre rayon. S'il s'agit des devoirs d'État, de ce que je dois faire, alors ça ne serait plus drolatique du tout. Il s'agit d'un devoir qu'en tout honneur, en toute honnêteté je suis obligé de remplir. Que ce devoir, pour les spectateurs du dehors, puisse avoir un côté comique, et même intérieurement pour moi... mais il s'agit tout de même de quelque chose de sérieux. J'ai à tenir honnêtement un engagement que j'ai signé, que j'ai conclu et auquel je dois faire honneur du mieux que je peux. Y introduire un peu de bonne humeur, un peu d'humour, comme disent les Anglais, ça ne nuit pas à l'exécution très appliquée, très sérieuse de mes fonctions. J'ai bien compris ça en Amérique par exemple, où les gens avec qui j'avais affaire au Département d'État, avaient presque tous le sens de l'humour et, tout en traitant des affaires très sérieuses, ça ne nous empêchait pas de plaisanter presque continuellement. C'est un côté que j'apprécie beaucoup dans le côté anglo-saxon et américain ; tandis que dans d'autres pays, on prend les choses terriblement au sérieux, partout, en Amérique, il y avait toujours un élément d'humour, de drôlerie qui intervenait et qui ne nuisait pas du tout à l'exécution sérieuse des affaires.

J. A. — Eh bien, je voudrais vous demander maintenant, à propos du sens général du *Soulier de Satin*, si vous considérez que cette pièce soit une pièce véritablement optimiste ? Car il y a certaines déclarations lourdes de sens que vous mettez notamment dans la bouche de saint Denys d'Athènes, qui dit cette chose assez dure : *Rien sur la terre qui soit fait pour le bonheur de l'homme.* Est-ce que ceci est contradictoire avec cette espèce de joie jubilante dont vous pensez que l'âme en paix doive participer, comme Dieu lui-même a fait sa création dans la joie ?

P. C. — S'il peut y avoir des passages de pessimisme dans *Le Soulier de Satin*, ça ne veut pas dire que ces passages pessimistes en expriment la conclusion générale ; ce ne sont que des éléments qui contribuent au spectacle, comme dans, disons, dans les pièces de Shakespeare, où il y a beaucoup plus de côtés pessimistes que dans les miennes, mais où il y a également un concert ravissant de toutes les formes de la joie et de la gaieté.

Mais, en plus, pour ce passage spécialement que vous me citez, l'idée que j'exprime là est celle-ci : que le meilleur moyen d'éviter le bonheur, de le manquer est de le chercher. De même qu'un artiste qui cherche la beauté, comme a pu le faire d'Annunzio ou Flaubert, est à peu près certain de la manquer également.

On ne trouve jamais une chose qu'on recherche pour son avantage personnel. Il faut avoir un autre but. Le bonheur n'est pas le but de la vie, c'est un sous-produit. La beauté n'est pas le but de l'artiste, c'est également un sous-produit. L'avantage personnel n'est jamais... ne peut pas être le but d'une vie bien ordonnée, c'est également un sous-produit qui résulte du devoir accompli. Si vous cherchez un avantage quelconque, que vous y voyiez le bonheur ou la beauté, ou même, disons, l'amour pour lui-même, soit l'amour d'une femme, vous êtes absolument sûr de ne pas le trouver. Il faut que ces choses-là se présentent comme l'accompagnement, comme la suite forcée d'une vie correcte, de ce que le Bouddha appelle « la voie droite », la pensée droite, enfin

les choses qui sont dans la ligne correcte, dans la ligne
de la réalité.

Tout ce qui va à une idée égoïste, à une idée de jouissance est frappé de mort, est frappé de stérilité.

Eh bien, je vous ai parlé du sentiment central qui
faisait l'œuvre. Mais il y a aussi à côté ce que j'appellerais
un sentiment périphérique : c'est un sentiment d'enthousiasme. Toute l'œuvre est basée sur un sentiment
de triomphe, d'enthousiasme, d'être venu à bout d'une
situation très difficile, d'avoir trouvé l'équilibre, d'avoir
trouvé un point où tout en somme a été soumis au regard
et à la composition, et c'est ce sentiment triomphal qu'on
trouve en dépit de tous les obstacles dans mon drame et
qui en explique en particulier le côté comique, inspiré
par cette joie dans laquelle je baignais, par ce sentiment
de triomphe dans le bien, le bien qui est venu complètement par-dessus le mal, qui l'a complètement éliminé —
qui s'exprime dans des passages auxquels je tiens particulièrement, et entre autres à cette scène du Vice-Roi
et de Doña Musique —, qu'on croit en général étrangère au drame, et qui en est cependant un élément
essentiel, puisqu'elle constitue une espèce de fusée, de
pointe lumineuse, sans laquelle le drame, à ce qu'il me
semble, ne serait pas complet, et qui répond à ce sentiment de triomphe, d'enthousiasme, qui l'anime tout
entier.

## Trente-septième entretien

Jean Amrouche. — Si vous voulez bien, aujourd'hui
nous allons bavarder, simplement, ce qui reposera peut-
être nos auditeurs. Nous parlerons de quelques écrivains

que vous avez pu rencontrer. Georges Bernanos a parlé
de vous en termes cruels ; c'était peu après la Libération
et sans que je puisse dire que vous lui ayez gardé rancune, vous l'avez jugé sans indulgence, du moins dans
une conversation privée.

Tandis que vous avez toujours admiré l'écriture de
Barrès, la pointe de son style de polémiste, vous reprochez à Bernanos une écriture pâteuse, un style contondant. Je ne suis pas ici pour le défendre. Ne pensez-
vous pas que ce caractère contondant de son écriture,
ce manque de trait, provient précisément de ce que la
passion l'emporte, et qu'il n'a pas cette liberté qui
permet de mesurer exactement le point où l'épée doit
atteindre l'adversaire, et que c'est peut-être cela qu'il
faut compter à son avantage, cette espèce de véhémence,
de conviction profonde qui le fait à la fois attaquer ses
ennemis et attaquer aussi ses amis ?

Car chez Bernanos il y a eu, particulièrement dans ce
grand livre, en ce qui concerne son œuvre tout au moins,
*Les Grands Cimetières sous la Lune*, une sorte d'accusation farouche portée non pas contre le catholicisme,
mais portée contre le comportement de certains catholiques, que Bernanos n'a pas cessé de dénoncer comme
pharisiens.

Paul Claudel. — Il m'est très difficile de vous
répondre parce que je n'ai pas lu, je vous dis, ce grand
livre dont vous parlez, *Les Cimetières sous la Lune*. Je
parle d'après des impressions éparses. Bernanos a pas
mal écrit de côté et d'autre, on l'a pas mal cité, je ne le
connais guère que par des fragments.

Il m'a paru qu'il y avait beaucoup, dans Bernanos, de
la souffrance d'un homme, disons carrément d'un raté,
enfin d'un homme qui croyait avoir droit à une place que
somme toute il n'a pas obtenue, et qui en veut au monde
entier parce que cette place ne lui a pas été accordée.

Quant à moi je ne vois pas qu'il ait eu tellement à se

plaindre. On lui a fait la place, somme toute, qu'il méritait, et quant à sa passion de justice, mon Dieu je ne
suis pas obligé d'être de son avis sur tous ces points.
(*Rire.*)

J. A. — Eh bien, puisque nous parlons de la passion
de la justice, si vous me disiez un peu maintenant ce que
vous pensez de Charles Péguy?

Est-ce que vous l'avez rencontré?

P. C. — Non, je n'ai jamais rencontré Charles Péguy.

A un moment donné il m'a envoyé quelques-uns de ses
livres, je lui ai écrit, je lui ai répondu et nos relations s'en
sont en somme tenues là. J'ai trois ou quatre livres de
Péguy avec une dédicace de sa grande et forte écriture.
Moi-même je crois lui avoir écrit deux ou trois lettres, et
puis nos relations se sont arrêtées là.

Mon ami Romain Rolland parle de ces relations dans le
grand livre qu'il a écrit sur Charles Péguy et moi-même,
ne l'ayant pas connu, je suis très embarrassé pour for-
muler une opinion à son sujet.

Nous sommes tous les deux des chrétiens qui sont
arrivés à la religion somme toute d'une manière... pas
par le chemin habituel. Et je dois dire que nous n'avons
pas abordé la même montagne par le même côté, nous
sommes sur des versants différents. Nos vies ont été
tellement différentes, nos formations également, que
nous ne pouvons guère nous rencontrer qu'au sommet.

J'aime, dans Charles Péguy, son honnêteté, sa fran-
chise, son sentiment honnête et vrai du devoir qui est le
sien. Je le considère comme une manière de héros. Mais
dire que par nature j'aime ce qu'il a fait... j'aime son
style,... je partage ses goûts... ce serait beaucoup dire.

Comme chrétien, je n'aime pas du tout, par exemple,
l'idée qu'il se fait de la Sainte Vierge qu'il dépeint
comme une bonne femme somme toute un peu comme
sa mère, qui était une rempailleuse de chaises. Moi je
vois la Sainte Vierge d'une tout autre manière.

D'autre part, il adorait les classiques, il adorait entre autres Corneille. Je dois avouer que c'est un homme que je ne peux pas souffrir non plus. Seulement, on peut ne pas avoir les mêmes goûts et cependant comprendre très bien les goûts d'un autre, même quand ces goûts sont opposés aux vôtres et qu'on ne les partage pas.

Péguy est une espèce de héros qui a rempli son rôle, qui a bataillé contre des gens qui ne m'étaient pas non plus sympathiques, et je crois que sa bataille a été bonne et a eu d'excellents résultats, mais en somme nous combattions sur des champs différents.

J. A. — Vous combattiez sur des champs différents et, si je comprends bien ce que vous m'avez dit — avec un certain embarras, j'en ai le sentiment parce que je crois bien que je vous ennuie un peu depuis quelques minutes — vous n'aimez pas au fond Péguy artiste, vous n'aimez pas sa façon d'écrire, et, disons les choses brutalement, vous ne le tenez pas pour un grand poète.

Vous savez que dans son *Anthologie de la Poésie française*, Gide n'a pas cité une seule ligne de Péguy et qu'il ne l'a pas cité, simplement parce que, quelles que fussent l'admiration et l'émotion avec lesquelles il avait lu la *Jeanne d'Arc*, il estimait qu'en définitive Péguy avait bien des vertus, il le considérait aussi comme un héros, mais que Péguy n'était pas un poète. Sa démesure, ses répétitions continuelles, la litanie à laquelle il revient perpétuellement, semblaient à Gide aussi antiartistiques que possible.

Est-ce que vous partagez cette façon de voir ?

P. C. — Je la partage pas complètement.

Il y a dans l'allure de Péguy, dans cette allure un peu fruste, un peu primaire, quelque chose qui répond tout de même à du très ancien dans la littérature française, qui exprime également la manière de penser et de parler d'une classe très estimable de la population.

Mais dire que je considère son art comme un art extrê-

mement relevé et qui aille très loin dans l'expression des
sentiments humains, non. A ce point de vue-là, je partage
l'avis de Gide. Je ne considère certainement pas Péguy
comme un grand poète. Mais, dire que je ne le considère
pas comme un poète, ce serait également exagéré. C'est
un poète dans son genre, un poète dans ce genre un peu
brutal, un peu primaire, mais il y a la place pour tout le
monde dans le domaine de la poésie, n'est-ce pas?

J. A. — Oui, et il y a de la place pour beaucoup de
gens dans le domaine de votre esprit et de votre cœur.
Vous parliez tout à l'heure de votre ami Romain Rolland. Eh bien, vu du dehors, il peut paraître à beaucoup
de vos lecteurs et admirateurs, comme assez singulier
que vous ayez été l'ami de Romain Rolland, et que vous
éprouviez en somme si peu d'attachement pour l'œuvre
de Péguy.

P. C. — J'ai été le condisciple de Romain Rolland
au lycée Louis-le-Grand. Nous avons partagé le même
banc, si je peux dire, dans la troisième, dans la rhétorique C de ce lycée Louis-le-Grand où nous avions pour
professeurs Gaspard et Bernago, dont un ami, un autre
condisciple, m'a envoyé récemment les portraits.

Après le lycée, j'ai rencontré Romain Rolland au sortir
d'un concert du Conservatoire où on jouait la *Messe en
ré* de Beethoven. Il était accompagné de Suarès. Nous
avons eu une longue conversation, nous avons promis
de nous revoir. Cette promesse, pour Suarès, a été réalisée trente ans après et, pour Romain Rolland, quelque
chose comme quarante ans.

Je dois avouer que dans l'intervalle je n'avais à peu
près rien lu de Romain Rolland.

Je l'ai rencontré plus tard à Paris. Il avait à ce moment-là plus de soixante-dix ans et moi également, et
nous avons refait connaissance, grâce à Mme Romain Rolland qui m'avait écrit, et avec qui j'avais échangé quelques lettres, et nous nous sommes personnellement, je

dois le dire, beaucoup plu... J'ai beaucoup estimé le côté élevé du caractère de Romain Rolland, sa passion de la justice, sa loyauté, enfin l'homme m'a beaucoup plu et alors j'ai lu ses livres, j'ai lu entre autres son *Jean-Christophe* et j'ai éprouvé un vif intérêt, même de l'admiration, certainement.

Nous nous sommes beaucoup fréquentés dans la dernière partie de sa vie. Je l'ai vu mourir. Presque, on peut dire, dans mes bras. Par conséquent il m'est très difficile d'en parler d'une manière sereine parce que c'est un homme pour qui j'ai beaucoup d'amitié.

J. A. — Une question encore à ce propos. Je ne voudrais pas, comment dirai-je, violer le mystère d'une amitié de cette sorte, mais vous avez dit que vous aviez lu très tard en somme toute la série de *Jean-Christophe*, avec intérêt et avec admiration. Ça me paraît curieux car vous êtes peu liseur de romans d'habitude et particulièrement de romans modernes ?

P. C. — Oui, mais j'aimais Romain Rolland. Je désirais mieux le connaître, et on m'avait dit que *Jean-Christophe* était l'ouvrage où il s'exprimait le mieux.

C'était à ce moment-là la guerre, j'étais à Brangues et j'avais tout le temps voulu.

On ne peut pas dire que *Jean-Christophe* soit précisément un roman, ce serait plutôt un mémorial où la réalité se mêle de très près à la fiction et, comme j'aime beaucoup la musique sans être moi-même musicien, ça m'ouvrait des horizons sur un domaine à peu près inconnu pour moi et qui m'a toujours considérablement intéressé.

C'était à ce point qu'un grand maître de chapelle de Dijon, très célèbre, qui était le directeur de la meilleure maîtrise de France, M. Joseph Sanson, a écrit sur moi un livre qui s'appelle *Claudel musicien*.

Et c'est ce côté d'amateur de musique, d'amateur de Beethoven, qui a été une des raisons de ma sympathie

et de mon intérêt pour Romain Rolland. Il me semblait
que j'avais beaucoup à apprendre de son côté.

Romain Rolland a bien voulu me dédier les quatre magnifiques volumes qu'il a consacrés à Beethoven, et qui
ont été pour moi extrêmement précieux en m'ouvrant
des jours sur ce grand homme que j'admire infiniment.

J. A. — C'est de Beethoven que vous parlez.

P. C. — C'est de Beethoven.

J. A. — Mais, votre admiration pour Beethoven est
très ancienne. Tout au début de ces entretiens, vous me
parliez justement à propos de Dostoïevski, de la composition de *L'Idiot*, comme comparable à celle qui est
pratiquée par Beethoven, et vous me disiez que vous
déchiffriez Beethoven tout jeune, sur un piano, avec
un doigt.

Mais votre initiation à la musique, dont vous avez
l'air de dire qu'elle a été tardive, et due en grande
partie à la fréquentation de Romain Rolland, il me
semble qu'elle est beaucoup plus ancienne puisque votre
ami Darius Milhaud était parti avec vous à Rio de
Janeiro où il était votre secrétaire. Vos relations avec
Honegger sont également bien connues et antérieures
certainement à votre amitié avec Romain Rolland ?

P. C. — Oui, que voulez-vous, quand on parle d'une
manière impromptue on s'exprime souvent inexacte-
ment. Il est certain que j'ai toujours beaucoup aimé la
musique et que la musique m'a beaucoup appris, mais
il y a tout de même une quantité de détails précis : il
faut un technicien pour vous expliquer. Et le livre de
Romain Rolland sur Beethoven, qui pour moi résume
presque toute la musique, m'a énormément intéressé
et instruit à ce point de vue-là.

J. A. — Vous auriez donc appris plus de la lecture de
ce livre que de vos relations constantes avec Darius Milhaud ou Arthur Honegger ?

P. C. — Oh, c'est exagéré, j'ai appris certaines choses

sur Beethoven spécialement, que je n'aurais pas connues autrement. Mais évidemment la musique m'a toujours accompagné toute ma vie à ma manière, n'est-ce pas? J'ai appris quelque chose de Milhaud, j'ai appris quelque chose de Honegger, qui eux-mêmes ont peut-être appris quelque chose de moi, la musique étant un monde immense. Et évidemment ce n'est pas Romain Rolland qui me l'a révélée, il m'a révélé certains points, certains détails, spécialement en ce qui concerne Beethoven. La musique m'a toujours accompagné, j'ai même écrit un petit livre sur ce texte de l'Ecclésiastique, qui était passé jusqu'à présent assez inconnu, qui s'appelle *Non impedies musicam — N'empêchez pas la musique* — où je vois toute une règle de vie.

J. A. — Eh bien, je crois que nous y reviendrons, car je n'avais pas oublié cette petite phrase *N'empêchez pas la musique* et je crois qu'en un certain sens, si la chose était possible, on pourrait dire qu'elle résume toute votre œuvre, bien que ce soit une phrase qui n'est pas de la fin de votre œuvre, mais qu'on doit situer comme tout au début de votre œuvre, c'est-à-dire déjà dans *Connaissance de l'Est.*

Je voudrais vous demander si vous pourriez nous donner quelques indications sur les conditions de votre collaboration avec Milhaud et avec Honegger. Comment avez-vous travaillé ensemble, puisque vous avez appris d'eux mais qu'ils ont aussi appris de vous. Ce sont en somme les musiciens qui se sont particulièrement occupés de votre œuvre.

P. C. — J'ai connu Milhaud quand j'étais en Allemagne, que j'étais allé à Hellerau où l'on donnait une exécution particulière de mes œuvres associée à la gymnastique rythmique de Jaques-Dalcroze.

A ce moment-là nous nous sommes rencontrés, nous nous sommes plu réciproquement.

Il s'en est suivi une longue et heureuse collaboration

qui a duré vingt ans, jusqu'au moment où Milhaud a été obligé de partir pour l'Amérique et j'en ai gardé, en ce qui me concerne, le meilleur souvenir.

Je dois à Milhaud de très belles pages sur les *Choéphores*, sur certains de mes poèmes et certainement Milhaud restera toujours pour moi un ami. Il est difficile d'imaginer un caractère plus charmant, des relations plus aimables que celles qu'on peut avoir avec Darius Milhaud.

## Trente-huitième entretien

JEAN AMROUCHE. — Vous avez une très grande amitié pour Darius Milhaud, mais je voudrais que vous parliez maintenant un peu de votre collaboration avec Arthur Honegger.

PAUL CLAUDEL. — Là la question est beaucoup plus simple, elle se résume dans trois œuvres que nous avons écrites ensemble, qui toutes ont rencontré un accueil extrêmement favorable du public : *Jeanne au Bûcher*, d'abord, *Le Soulier de Satin*, ensuite, et enfin *La Danse des Morts*.

C'est en 34 que Ida Rubinstein nous a demandé à Honegger et à Milhaud et à moi, de créer la musique et le texte de deux drames lyriques dont elle pensait se charger pour la représentation en public comme elle a fait déjà plusieurs fois d'autres œuvres.

Alors, j'ai écrit pour elle *Le Festin de la Sagesse*, dont la musique a été confiée à Darius Milhaud.

Elle avait songé à un livret qui aurait pour texte Jeanne d'Arc, pour sujet Jeanne d'Arc, dont Honegger aurait fait la musique. Quand Honegger est venu me trouver pour m'en parler, je n'étais pas du tout partisan de cette idée. Je n'ai jamais aimé l'idée de prendre un grand homme comme sujet d'une pièce, parce que l'auteur se trouvait gêné par une réalité trop sûre qui lui donnait une liberté d'allure insuffisante.

J'ai raconté maintes fois comment j'avais changé d'avis, comment un geste de Jeanne d'Arc s'était imposé à moi dans mon voyage en chemin de fer entre Paris et Bruxelles. J'avais vu deux mains enchaînées qui faisaient le signe de la croix et, à la suite de quoi, tout le livret de *Jeanne au Bûcher* s'était pour ainsi dire imposé à moi. J'écris en somme assez lentement, tandis que le livret de *Jeanne au Bûcher* a été écrit en quelques jours. Vous savez le succès qu'a eu *Jeanne au Bûcher*, par conséquent je ne vous en reparlerai pas.

Plus tard, quand on a fait la musique du *Soulier de Satin*, Honegger a été chargé par Jean-Louis Barrault d'en faire la musique, et j'ai été frappé de l'extraordinaire intelligence et de la promptitude d'assimilation avec lesquelles il comprenait ce que je voulais.

Je lui ai indiqué mes idées sur la musique du *Soulier de Satin* en parlant de deux thèmes que donnait la mer. Quand on écoute la mer par la fenêtre ouverte, on voit que la mer donne un son comme je dirai *expiré*, et un son *inspiré*. C'est à peu près ceci en onomatopée : ch... ch..., vous comprenez la mer souffle et elle retire à elle. C'est ce double rythme que Honegger a donné pour thème d'une grande partie du *Soulier de Satin*.

Il y a un autre rythme, qui représente le thème, alors, de la mer complètement calme, et alors ce rythme est donné par un passage de *L'Énéide* que j'admire énormément. Pour moi *L'Énéide*, qui est le chef-d'œuvre des chefs-d'œuvre, a son sommet pour ainsi dire dans la fin du chant V, consacré à la mort de Palinure. Et alors il y a une série de vers absolument étonnants tels que jamais aucune littérature ne peut présenter d'analogues où il dépeint justement la tranquillité de la mer au moment où le Sommeil, sous la forme d'un guerrier nommé Phorbas, arrive avec un rameau trempé dans le Léthé et en flagelle les tempes du nocher Palinure. Et alors, il y a ce vers que je trouve admirable : *Mene salis placidi fluctusque quietos.*

Alors, j'ai relu plusieurs fois ces vers à Honegger qui n'a pas ses oreilles dans sa poche, si je peux dire, et il s'en est servi comme un des principaux rythmes du *Soulier de Satin* : *Mene salis placidi fluctusque quietos.*

C'est cette espèce de clapotement qui lui a fourni le thème d'une partie très intéressante de sa partition du *Soulier de Satin*, que je considère comme un vrai chef-d'œuvre, comparable tout à fait à *Jeanne au Bûcher.*

D'ailleurs, dans *Jeanne au Bûcher*, je lui avais fourni également des thèmes musicaux empruntés au folklore de mon pays, par exemple un thème qui servait au sonneur de mon village pour les grandes fêtes, la veille des grandes fêtes, et dont j'ai écrit les paroles...

J. A. — *Voulez-vous manger des cesses...?*

P. C. — Oui, c'est ça.

> *Voulez-vous manger des cesses*
> *Voulez-vous manger du flan ?*
> *Quand irons-nous à Liesse,*
> *Quand irons-nous à Laon ?*

J. A. — Mais c'est exactement ce thème que j'ai choisi comme indicatif de ces émissions.

P. C. — Ah oui ? tiens ! *(Rire.)*

J. A. — Oui, et sur l'indication d'Henri Barraud. Je cherchais depuis assez longtemps quelle phrase musicale, comment dirai-je, épingler en tête de ces entretiens pour les annoncer au public et c'est exactement ce thème que j'ai choisi.

P. C. — Je lui ai suggéré également la chanson lorraine de Trimazô qui est bien connue et qui se rattache à tout un folklore non seulement de Lorraine mais de Provence. Enfin, c'est un des thèmes les plus suggestifs, un des thèmes français. Car c'est encore une illusion : on dit que le Français n'est pas musicien, et certains des thèmes du folklore français sont les plus riches et les plus suggestifs qu'on puisse imaginer.

Je lui ai suggéré également le thème de l'âne, l'antienne de l'âne...

Enfin, ça veut dire que nous avons travaillé en véritable fraternité tous les deux.

Alors, quand on a donné pour la première fois à Bâle l'exécution de *Jeanne au Bûcher*, j'étais à l'auberge des Trois Rois, j'avais visité dans la journée les gravures, on m'avait montré les gravures de Holbein sur *La Danse des Morts*, qui est la grande spécialité de ce pays bâlois et, alors, ce thème de *La Danse des Morts* me trottait dans la tête, j'ai écrit tout le livret de l'oratorio de Honegger qui est également... qui a été également un grand succès, qu'il a écrit à ce sujet. J'ai écrit tout le programme de l'oratorio, et Honegger a écrit une musique que vous connaissez, que je trouve magnifique, à ce sujet-là.

De sorte que nos trois collaborations ont été extrêmement fécondes.

J. A. — Oui. Vous m'avez dit, il y a un instant, que vous aviez éprouvé une certaine répugnance d'abord lorsqu'on vous a proposé d'écrire *Jeanne au Bûcher*, pour une raison qui m'a paru singulière, car enfin, vous aviez écrit déjà *Le Livre de Christophe Colomb*, sur lequel il faudra que nous revenions au cours d'une prochaine conversation. Mais vous m'avez dit aussi que vous ne vouliez plus parler de *Jeanne au Bûcher*. Mais au con-

traire, parlons-en et dites-nous si vous avez été satisfait
de la représentation triomphale qui en a été donnée à
l'Opéra?

P. C. — Si j'ai été gêné pour parler de Jeanne d'Arc,
c'est que Jeanne d'Arc a parlé de son côté. Il y a deux
grands procès, où ses propos ont été retenus et ces
propos sont tellement admirables, tellement magnifiques que ce serait une imprudence et une inconvenance
pour un écrivain d'essayer d'y changer quoi que ce
soit. Seulement ça le gênerait beaucoup de vouloir
introduire ces paroles vraiment sublimes dans un discours beaucoup plus terre à terre. C'est pour cela que
j'éprouvais de la gêne à traiter ce sujet-là.

Christophe Colomb au contraire a très peu parlé et
laisse beaucoup plus de place à l'imagination.

Maintenant, en ce qui concerne votre seconde question : si j'ai été satisfait de la représentation de l'Opéra,
je peux dire que certainement oui. Ce serait vraiment
difficile s'il avait pu être autrement. Les exécutions à
l'orchestre de *Jeanne au Bûcher* avaient été très belles et
je craignais un peu la concurrence de la mise en scène ;
vous savez qu'Horace dit que quand la parole et la vue
se trouvent en concurrence, la vue l'emporte toujours
beaucoup sur le son, l'œil l'emporte sur l'oreille, et je
craignais beaucoup que cette extériorisation de *Jeanne
au Bûcher* ne nuise à la profonde impression que *Jeanne
au Bûcher* avait faite quand elle était uniquement à
l'orchestre. Je dois dire que c'est une espèce de miracle
qu'a réalisé mon metteur en scène en faisant que ce
conflit entre l'œil et l'oreille ne se soit pas réalisé, et
qu'au contraire ils se soient porté secours l'une à l'autre.
Autant que je peux m'en rendre compte, le public n'en
a pas souffert le moins du monde.

J. A. — Oui, mais vous me parlez là du spectacle
qui était sur la scène ; c'est peut-être du spectacle de
la salle que je voulais vous demander de parler aussi.

Car enfin, ce triomphe d'un auteur réputé abscons, ce triomphe d'un auteur catholique, dans un monde qui l'est si peu, sur la plus grande scène française, avec la présence des plus hautes autorités de la République, de têtes couronnées, et au moment où cette représentation a été donnée — car exactement en face, à l'autre bout de l'avenue de l'Opéra — il y avait la représentation au Français des *Caves du Vatican*. C'était une chose assez curieuse que de voir à l'Opéra, Claudel, au Théâtre-Français, Gide.

P. C. — Ah! ah! c'est vous qui le dites, ce n'est pas moi. *(Rire.)*

J. A. — Non. Mais, vous voulez me faire croire que vous ne vous en êtes pas avisé au moment où cela s'est produit ?

P. C. — Ça me serait difficile d'en parler sans justifier ma réputation de pharisien que certaines gens essaient de me faire. C'est une constatation que je fais, mais je peux pas donner tort à la Providence qui a réglé cette espèce de concordance.

J. A. — Cette espèce de concordance... mais cette espèce de concordance, la conclusion de deux carrières pour ainsi dire, est-ce que vous n'y aviez pas assisté avec autre chose que la satisfaction d'un succès énorme, je veux dire avec une sorte d'ironie amusée ?

P. C. — Non. Ironie et amusement sont des mots que je n'emploie pas à l'égard de Gide.

Toute la vie de Gide et sa mort ont été pour moi, j'emploie le mot de scandale, n'est-ce pas ? C'est un profond chagrin ; et vraiment, ça n'a été pour moi ni une ironie ni un amusement, mais une très vive douleur, le sentiment qu'une âme, en somme, qui aurait pu être si belle et un esprit comme le sien, aient si mal fini. Que voulez-vous, je suis chrétien, je peux pas en parler autrement.

Je dois dire que je n'ai pas fait de comparaison entre

ce qui se passait à l'Opéra et ce qui se passait au Théâtre-Français. J'ai été très heureux de ce qui se passait à l'Opéra. Ce qui se passait au Français, j'ai mieux aimé ne pas m'arrêter là-dessus.

J. A. — Eh bien, je crois que je me suis très mal exprimé, mais j'en suis heureux parce que je vous ai donné l'occasion de dire quelques paroles fort émouvantes à propos de Gide. Quand je parlais d'ironie et d'amusement il ne s'agissait pas du tout de la personne de Gide. En ce qui vous concerne, il s'agissait exactement de cette espèce de triomphe officiel, avec participation des plus hautes autorités de la République.

Car enfin Tête d'Or... Tête d'Or existe encore, et je me posais cette question : qu'en pense Tête d'Or, le sauvage, l'aventurier ? le Tête d'Or que nous aimons et que vous n'avez pas cessé d'être ? C'est celui-là, me semble-t-il, qui aurait pu avoir un certain sentiment d'ironie et d'amusement à l'égard justement de cet énorme succès.

P. C. — Eh bien, Tête d'Or voisine chez moi avec d'autres personnages qui tous font partie de ce Conseil d'Administration dont je vous ai parlé, et en somme leur sensation, je dirai, de communauté administrative, n'en a pas été trop froissé, chacun y a trouvé sa part. Tête d'Or a fait une fin dans un Conseil d'Administration en somme, qui n'a pas été sans succès, et je crois qu'il n'a pas été plus fâché que ses confrères de ce qui se passait à l'Opéra. *(Rire.)*

## Trente-neuvième entretien

Jean Amrouche. — Comme il y a une conception de l'amour dans le théâtre de Corneille et dans le théâtre

de Racine, il y a, me semble-t-il, une conception de
l'amour dans le théâtre de Claudel. Et c'est sur cette
conception de l'amour et sur sa peinture que je voudrais
vous interroger aujourd'hui.

On voit certains de vos personnages, le personnage
de Louis Laine, par exemple, qui sont pris entre deux
formes d'amour : celui que propose Léchy Elbernon...
et celui que propose Marthe. L'un est, disons-le sommairement, l'amour passion, qui frappe comme la foudre ; l'autre est l'amour sacramentel, qui, pour continuer, pour durer, fait appel à l'exercice de la volonté.
On retrouve ces deux amours dans *Partage de Midi*,
mais, dans *Partage de Midi*, c'est Ysé, le personnage de femme, qui se trouve pris entre ces deux
amours.

Dans *Le Soulier de Satin*, il semble que votre conception de l'amour se soit considérablement élargie et
que, entre les différents personnages qui sont consumés
par cette passion, toutes les formes qu'elle peut revêtir,
aussi bien la forme vraiment dramatique et disons...
ravageante, et la forme sacramentelle, se sont donné
rendez-vous dans *Le Soulier de Satin*.

Paul Claudel. — Il est très difficile de vous répondre
d'une manière générale sur la question de l'amour. Il
y a un auteur du siècle dernier qui a beaucoup écrit
à ce sujet-là sous une forme générale ; je l'ai fréquenté
un peu, sans en savoir beaucoup plus long après l'avoir
lu qu'auparavant : c'est Stendhal.

Il est très difficile de vous parler de l'amour en soi.
C'est une passion qui varie beaucoup suivant les natures,
et, au point de vue de l'auteur dramatique que je suis,
l'amour est surtout un des engins, un des ressorts principaux d'une action dramatique, et c'est surtout à ce
point de vue-là que je l'ai toujours envisagé.

Évidemment, comme vous le dites, il y a plusieurs
formes d'amour : l'amour passion, l'amour sacramentel,

comme vous dites ; il y a aussi l'amour goût, l'amour
amitié... enfin il y a toutes sortes d'amour.

Je les ai envisagées surtout au point de vue de l'action
dramatique que j'avais à réaliser, et des différents contre-
coups qu'elles pouvaient engendrer, au point de vue de
l'action, entre les différents champions de chacun de
ces points de vue dans l'intrigue où ils se trouvent
engagés. Parler de l'amour en général, c'est une chose
qui nous entraînerait extrêmement loin, parce que
l'amour est peut-être la passion génératrice de toutes
les autres. Dans l'Écriture même on dit que Dieu est
Amour. Et dans les relations des êtres humains entre
eux, presque tout est amour ou haine, suivant les formes
diverses qu'entraînent ces passions réciproques et
contradictoires.

J'aimerais mieux, par conséquent, que vous m'inter-
rogiez sur une des œuvres où cet amour se donne carrière, et est le ressort principal de l'action.

Dans cette pièce dont vous parlez, de Louis Laine,
de *L'Échange* — c'est une pièce tout à fait de jeunesse
— ces deux formes d'amour se trouvent en contact, ou
plutôt en conflit l'une avec l'autre. Mais l'auteur ne se
rendait pas encore compte de toutes les harmoniques
diverses que pouvait entraîner ce conflit. Actuellement,
précisément, je suis en train de refaire cette pièce de
*L'Échange,* et je suis un peu surpris de tous les vastes
développements auxquels donnait lieu cette position
des quatre personnages, et des différents développements auxquels elle donnait lieu virtuellement, et qu'il
m'a fallu près de soixante ans pour envisager dans toute
leur étendue.

J. A. — C'est pourquoi je pense qu'il vaudrait mieux,
peut-être, choisir comme lieu de référence votre *Soulier
de Satin*. Permettez-moi alors de poser ma question d'une
façon peut-être un peu plus précise :

Si l'on étudie l'amour en tant que ressort dramatique

chez Corneille ou chez Racine, on s'aperçoit que, en définitive, seule la destinée terrestre des personnages se trouve affectée par le jeu de cette passion. Mais, chez vous, ce n'est pas simplement leur destinée terrestre qui se trouve commandée par le jeu de cette passion, c'est leur destinée éternelle. Et la passion elle-même est présentée par vous à la fois comme une nécessité, et comme une nécessité imposée et voulue par Dieu, et comme une passion interdite. Elle est en définitive interdite à Prouhèze, elle est interdite à Rodrigue, comme d'ailleurs elle est interdite à Don Camille. Et c'est la façon dont cette passion interdite peut s'arranger avec l'amour que nous avons nommé sacramentel, qui pose une question extrêmement délicate et même épineuse.

P. C. — Pour répondre à votre question, je suis obligé de faire un détour, si vous le voulez bien. J'ai toujours été frappé de voir combien, pour se connaître soi-même, l'examen direct était insuffisant. Il n'y a rien de plus décevant que le conseil que donne Socrate de « se connaître soi-même ». Quand on se regarde soi-même, la plupart du temps on ne découvre rien, ou rien d'intéressant, ou si on découvre quelque chose, c'est complètement faux. On arrive à prendre des attitudes, à prendre des poses devant soi-même, qui n'ont rien de rapport avec le fond essentiel de la personne, de ce qu'il y a de plus nécessaire en elle, de plus caractéristique, de plus personnifiant, si je peux dire ; et en somme on ne va pas extrêmement loin avec ce regard personnel qu'on jette sur soi-même.

J'exprimerai mon idée en disant que la clé d'un homme se trouve dans les autres : c'est le contact que nous avons avec le prochain qui nous éclaire sur nous-mêmes et d'où jaillit souvent la lumière sur notre caractère. C'est par la manière dont nous réagissons les uns à l'égard des autres, que nous nous comprenons et que nous nous faisons comprendre.

Et la manière essentielle justement de se connaître, c'est l'amour. On dirait que Dieu a voulu que la clé de notre personne, cette clé essentielle que nous cherchons de tous côtés sans réussir à la trouver, quelquefois il arrive que nous sentions d'une manière absolument irréfragable, sans que nous puissions y contredire, c'est qu'elle se trouve dans une autre personne, sans que nous ayons le moyen de le réaliser.

Dans *Partage de Midi* et dans *Le Soulier de Satin*, les deux personnages, ou les quatre si vous voulez, réalisent d'une manière complète que cette clé, que cette énigme de leur propre personne, que cet être qu'ils auront à réaliser ne se trouve pas en eux-mêmes, qu'il se trouve en un autre, et que c'est l'autre qui connaît en somme leur véritable nom, ce nom par lequel on s'appelle, et par lequel l'autre vous appelle... en somme vous appelle à quoi ? vous appelle à l'existence.

Dans *Partage de Midi*, cette clé a été trouvée par les deux personnages, mais elle n'a été créée qu'aux dépens, si je peux dire, de leur réunion : il fallait qu'en se séparant qu'ils arrivent à trouver que cette clé semble, en somme, s'ajuster. Et la situation est un peu la même dans *Le Soulier de Satin* : sinon qu'au lieu que ce soit une séparation en ce monde, c'est une séparation dans le monde futur, et que c'est à la condition de cette longue patience, de cette longue étude qu'ils feront l'un de l'autre, précisément à cause de la séparation qui leur est imposée, qu'ils arriveront à constituer cet être complet que prévoyait déjà Platon, somme toute, à sa manière, et dans laquelle un être n'est complet qu'en étant deux en un, qu'en se servant de chacun de l'autre pour être lui-même.

J. A. — C'est en somme ce que l'Ange gardien dit à Prouhèze à propos de Rodrigue : *Cet orgueilleux*, lui dit-il, *il n'y avait pas d'autre moyen de lui faire comprendre le prochain que de le lui entrer dans la chair. Il n'y avait pas d'autre moyen de lui faire comprendre la dépendance, la nécessité et le besoin.*

On voit donc l'amour comme le moyen privilégié, sinon unique, pour chaque être de connaître la clé de soi-même, en somme de se connaître.

Mais que faites-vous alors du problème de la joie et de la souffrance ? car, dans *Le Soulier de Satin*, deux figures privilégiées expriment, si j'ose dire, les deux visages de l'amour : l'amour joie, c'est celui de Musique ; l'amour souffrance, c'est celui de Prouhèze, et d'une souffrance sans aucun répit, souffrance pour elle-même et souffrance pour celui qu'elle aime. Elle dit à propos de Rodrigue : *Je ne suis pas une voie pour lui, mais une épée au travers de son cœur.*

P. C. — Eh bien dans le drame qu'est la vie — point de vue sur lequel j'ai beaucoup insisté, puisque la vie n'est en somme qu'un grand drame qui se joue sous le regard de Dieu et qui a pour objet l'élucidation de ce grand problème qu'est l'existence —, l'amour joue bien des rôles.

Il peut à la fois parvenir à la réalisation d'un homme ou d'une femme par la joie, et il y parvient aussi par la souffrance. Il arrive que deux êtres privilégiés se reconnaissent au premier abord et marchent ensuite joyeusement dans la vie qui s'ouvre, pour ainsi dire, devant eux, et qui leur ouvre des perspectives faciles. Ou alors c'est une longue épreuve, une longue souffrance, une longue torture, qui leur permet non seulement d'arriver à cette réalisation bienheureuse d'un être par rapport à l'autre, mais en plus de produire des résultats que j'appellerai « circonférents ».

Cette espèce de passion non satisfaite, cette espèce d'incendie qu'il allume dans les âmes, de tension extra-ordinaire par laquelle il éprouve les caractères, c'est une force incomparable que nous voyons employée dans l'histoire par beaucoup de grands hommes. Il me semble que, l'autre jour, je vous parlais de Napoléon conquérant l'Italie ; et, dans cette conquête de l'Italie, l'amour trompé, désappointé, de Bonaparte pour Joséphine jouait un certain rôle, jouait même un rôle des plus importants. De même il pouvait jouer un rôle... dans cette campagne extravagante d'Égypte dans laquelle il s'est engagé et l'amour de Joséphine a joué également un rôle important.

Dans *Le Soulier de Satin*, c'est la même chose : la conquête de l'Amérique d'un côté, la résistance à l'effort musulman de l'autre, sont pour une grande partie le résultat de cet amour déçu de Rodrigue et de Prouhèze l'un pour l'autre.

Le bon Dieu est, si vous voulez, comme une espèce d'imprésario qui se sert des passions diverses des personnages pour réaliser ses fins, pour réaliser ses buts, qui sont une œuvre dramatique réussie. C'est ce que j'ai essayé de faire par mes humbles moyens d'après ce metteur en scène supérieur.

J. A. — Vous vous rappelez certainement que, dans la préface de *Bérénice*, Racine expose que les sentiments et les passions des personnages sont le ressort de sa tragédie, que les passions qu'il excite essentiellement dans le spectateur sont la compassion et la terreur, qui font, dit-il, cette tristesse majestueuse qui fait tout le plaisir de la tragédie.

Eh bien si nous pensons au *Soulier de Satin*, il ne nous semble pas du tout que vous vous soyez proposé de fournir à vos spectateurs, comme essentiel plaisir, cette tristesse majestueuse. Vous m'avez parlé de votre désir de produire chez vos spectateurs la délectation et le profit spirituel. Mais je voudrais vous demander par quelles voies, par quel mécanisme psychologique, vous pensez pouvoir créer cette délectation et ce profit spirituel chez vos spectateurs.

P. C. — Nous sortons ici, par conséquent, du domaine particulier de l'amour, parce que, dans un drame, l'amour n'est qu'un des éléments de l'action, des événements réglés, dépendant d'une logique, qui contribuent à la conduire depuis l'origine jusqu'à la conclusion.

Dans le plaisir qu'éprouve le spectateur devant une œuvre dramatique, il y a des éléments très divers. Il y a un plaisir d'abord de logique, une construction conforme à la vraisemblance. Dans la vie, rien n'arrive dans un ordre rigoureux : nous n'assistons, somme toute, qu'à des actions mutilées, manquées et imparfaites, tandis que le drame nous donne le spectacle, au contraire, d'événements aboutissant, dépendant d'une logique plus ou moins rigoureuse et aboutissant à une fin, ce qui est le plaisir de Dieu, puisque la fin est le principe de l'ordre, et même le principe du commencement. Voilà un des éléments que le drame nous procure.

En second lieu, il y a un autre plaisir : c'est un plaisir assez analogue à celui de la peinture ; la peinture nous fournit le plaisir par la juxtaposition des couleurs, comme la musique par la juxtaposition des timbres... du moins c'est un des éléments de la musique. De même, dans le théâtre, nous tirons un plaisir de la juxtaposition des caractères et de la réaction des réactions différentes qu'ils exercent l'un sur l'autre. Il est intéressant, par exemple, de voir dans Shakespeare les différentes proportions, les différents contrecoups que les personnages de *Hamlet* exercent l'un sur l'autre. En dehors même d'une mécanique absolument rigoureuse, il y a une harmonie, une « cause harmonique », si vous voulez, des rapports des caractères tels quels, l'un par l'autre, qui procure un plaisir incontestable au spectateur. Ces rapports réagissent l'un sur l'autre, ces caractères réagissent l'un sur l'autre, comme le jaune peut réagir sur le bleu ou le rouge sur le vert, mais avec infiniment plus de détails, parce que ça ne s'adresse pas seulement à un de nos sens, la vision, ça s'adresse également à notre intelligence et à notre cœur.

Et alors ce mot de « cœur » me donne une troisième raison, un troisième moyen de vous répondre, parce que notre cœur aussi n'est pas satisfait. Dans la vie continuellement il trouve des occasions de s'exercer, mais il est bien rare qu'il trouve l'occasion de s'exercer avec plénitude. Un grand poète donne au contraire, à la création d'une action fictive, donne à ce cœur l'occasion de s'exercer et de s'exprimer (ce sont les deux choses importantes) avec plénitude.

La musique ne donne place qu'aux sens. La poésie donne lieu à la fois à toutes les formes de l'intelligence, du caractère, du sentiment et du discours. Parce que le discours aussi est capable de donner une joie.

C'est là l'élément de délectation dont je vous parlais. Cette délectation se tire non seulement d'un appel à nos sentiments, qui se trouvent pas dans la vie ordinaire le moyen de s'exercer, mais d'une composition, d'une composition délectable entre ces différents sentiments, composition non pas seulement statique, comme elle le serait dans un groupe de sculpture, mais composition dynamique, qui va, par un développement logique, d'une logique qui du moins est spéciale, depuis le principe jusqu'au développement, sans parler des contre-coups, des développements latéraux qu'il entraîne avec lui.

## Quarantième entretien

JEAN AMROUCHE. — A propos des ressorts dramatiques, dont l'amour est le plus important, vous parliez, durant notre dernière conversation, de la logique interne

qui commande le développement de l'action, et des ondes
répercutées en écho, ou comme des harmoniques, par
l'action principale.

Paul Claudel. — Une action entre quatre personnages, comme le sont ceux de la dramaturgie classique
en général, ou ceux de certaines de mes pièces que j'ai
moi-même réalisées, ne permet pas ces grandes ondes
que toute action intense, que toute action énergique,
entraîne autour d'elle.

Pour la première fois, *Le Soulier de Satin* fait voir
ces ondes qui s'étendent presque à l'infini, autour d'une
action entre deux personnages, ou entre trois, si vous
voulez, étroitement limitée. Nous voyons le développement, l'épanouissement, si vous voulez, d'un conflit
personnel, d'un contact personnel, entre deux êtres.

J. A. — Au cœur du drame, il y a le drame de l'amour
entre Rodrigue et Prouhèze. Mais ce drame lui-même
est pris dans un univers complet où les forces surnatu-
relles, les forces historiques jouent, où aussi certaines
forces intellectuelles, c'est-à-dire l'effort que peut faire
l'auteur, et, à travers l'auteur, par l'intermédiaire de ses
personnages, le spectateur lui-même, pour s'expliquer
l'univers tout entier et se situer dans le concert des forces qui jouent et se combattent dans l'univers. Ce plaisir intellectuel entre aussi en jeu, puisque le spectateur,
plus ou moins confusément, a le sentiment de dominer
la situation, c'est-à-dire de comprendre.

Mais je voulais vous demander si cet élargissement
presque à l'infini de l'action tragique, de la cérémonie
tragique, à l'échelle même du « cosmos », pour employer
un mot à la mode, ne met pas en danger le spectacle
lui-même. Car, en fait, vous exigez beaucoup de vos
spectateurs.

P. C. — Je vais d'abord répondre à une question que
vous avez soulevée au commencement de votre interrogation. Vous me disiez que ce drame était pris dans une

espèce d'ensemble où il avait à se déployer. Ce n'est pas
tout à fait comme ça que je vois les choses. Dans un
drame, c'est l'action elle-même qui crée le monde autour
d'elle. Elle ne se déploie pas dans un monde voulu. Elle
n'a pas, comme ont fait les romantiques, à se servir de
tel et tel événement historique pour y déplacer une action
plus ou moins pittoresque. C'est le drame lui-même qui,
par sa logique intrinsèque, crée, pour ainsi dire, le monde
autour de lui, que ce monde emprunte des éléments à la
réalité ou qu'il soit purement imaginaire.

Cette première observation étant faite, je réponds à
votre seconde question. Vous me demandez si je n'exige
pas un effort trop considérable des spectateurs. Eh bien,
à ça *Le Soulier de Satin* fournit une réponse. Quand on
a étudié *Le Soulier de Satin* au Français, il s'agissait de
demander aux spectateurs une attention prolongée de
deux heures et demie, ce qui n'avait jamais été fait en
France. Et le directeur, l'administrateur général, Vaudoyer, me disait : « Le spectateur ne pourra jamais
tolérer ça ! » surtout qu'il y avait énormément d'éléments
nouveaux qui intervenaient, soit dans le style de la
pièce, soit dans sa manière d'être développée, soit dans
la mise en scène. Et on pensait que le spectateur serait
noyé, serait désorienté.

Il n'en a été nullement ainsi. J'ai été stupéfait de voir
que le spectateur attendait sans aucune espèce de marque
d'ennui ou de déplaisir, suivait la pièce avec la plus
parfaite attention, et que, quand la fin de ce grand acte
est arrivée, il en demandait encore pour ainsi dire : ça
c'est l'affaire de l'habileté du poète, du metteur en
scène... enfin ça comporte beaucoup d'éléments. Mais
une action logique et naturelle, répondant à des sentiments profonds chez le public, peut se prolonger beaucoup plus qu'on ne le fait. On voit au cinéma des gens
restant une heure à regarder des spectacles plus ou
moins intéressants. Le public est capable de suivre une

action, à condition qu'elle soit une chose grande et intéressante, pendant beaucoup plus d'une demi-heure, et en somme il en a donné la preuve en la suivant pendant deux heures et demie, et encore maintenant en la suivant pendant deux heures et demie au théâtre. Non seulement quand il comprend la parole, le langage des acteurs, mais même, comme vient de le faire Marie Bell en Allemagne, quand il n'a qu'une connaissance du français insuffisante : l'action par elle-même le fascine, et Marie Bell me disait qu'en Allemagne ils ont eu un succès extraordinaire, bien que certainement la grande majorité ne comprît pas le français dans tous ses détails, mais l'action pour ainsi dire les entraînait.

J. A. — Vous avez appelé *Le Soulier de Satin* « action espagnole ». Est-ce que vous avez beaucoup pratiqué les Espagnols, Calderon, Lope de Vega, et à quel moment ?

P. C. — En réalité très peu. J'ai eu entre les mains un recueil de pièces espagnoles, soit de Calderon, soit de Lope de Vega, mais je les ai en somme parcourues d'une manière très insuffisante. En réalité, Lope de Vega et Calderon, beaucoup plus que de grands poètes dramatiques, me semblent des inventeurs de scénarios absolument extraordinaires. Ce sont des inventeurs de sujets de pièces plutôt que des réalisateurs complets. J'ai peine à les considérer comme de grands poètes. Mais ce sont, comme je vous disais, des machinistes, des fabricants de machines dramatiques tout à fait extraordinaires, et la meilleure preuve est qu'une grande partie de notre théâtre classique a vécu sur les « schémas » qu'ils ont inventés, ce qui prouve une richesse d'imagination absolument surprenante.

Ce que j'ai surtout cherché en l'appelant action « espagnole », c'était ce dépaysement qui est nécessaire à une action poétique et auquel l'Espagne se prête d'une manière tout à fait particulière. Je connais d'ailleurs très peu l'Espagne : je n'y ai guère passé que trois ou quatre jours, en me rendant au Brésil. C'est plutôt avec mes souvenirs du Brésil, l'atmosphère du Brésil, que j'ai créé le milieu où se déploie *Le Soulier de Satin.*

J. A. — Vous m'avez signalé vous-même, au cours d'une de ces conversations, que le paysage que vous situez en Sicile dans la pièce, cette espèce de grotte et de forêt vierge où se retrouvent le Vice-Roi et Doña Musique, était comme une reproduction d'un paysage que vous aviez vu au Brésil.

P. C. — J'y ai vécu, j'y ai même passé la nuit.

J. A. — Vous avez passé la nuit dans ce paysage, de sorte qu'il vous a été facile de vous transformer en Vice-Roi lorsque vous avez écrit votre pièce. *(Rire.)* Mais je voudrais vous demander si en l'écrivant vous avez pensé aussi à la situation historique de l'Espagne dans ce moment, presque fabuleux maintenant, que vous avez choisi pour y situer votre drame : l'Espagne comme champion de l'Occident catholique, l'Espagne chargée en quelque sorte de réunir cette terre de Dieu, dont vous vous êtes investi vous-même en tant que poète.

P. C. — Sans aucun doute, mais c'est beaucoup moins à un point de vue d'historien que je me suis placé que, disons, un point de vue de poète épique. J'ai considéré l'Espagne au xvie et au xviie siècle comme le champion, comme le héros d'une situation épique, un héros qui a à la fois d'une main à conquérir le monde, de l'autre à repousser les attaques que la foi qui l'inspire a à subir soit du côté des Musulmans, soit du côté des hérétiques. C'est une situation éminemment inspiratrice, dont je me suis servi avec énormément d'intérêt dans la pièce dont vous parlez

Je n'ai jamais pensé à la possibilité de l'écriture d'un roman pour moi [1]. C'est absolument étranger à ma

---

1. Cette phrase et les suivantes répondent à une question de Jean Amrouche qui a été coupée sur la bande magnétique pour des raisons

formation spirituelle, c'est quelque chose qui ne répond absolument pas à ma nature.

Non pas que je méprise l'art admirable du roman, que je n'aie pas la plus grande admiration pour des génies comme Balzac, comme Dostoïevski, et même, à un degré beaucoup moindre, pour Eugène Sue. Mais, malgré ça, je n'ai rien à voir avec l'art du romancier, ça m'est étranger.

J. A. — Eh bien nous avons déjà parlé, il y a fort longtemps, de votre admiration pour Dostoïevski, mais vous venez de citer le nom de Balzac : est-ce qu'il vous serait possible de vous étendre un peu sur vos lectures de Balzac et sur le jugement que vous pourriez porter sur cette œuvre ?

P. C. — J'ai beaucoup lu Balzac avec passion quand j'étais tout jeune homme, quand j'avais quinze ou seize ans : Balzac était ce qu'était Homère pour les anciens Grecs, et Balzac a influé plus ou moins inconsciemment sur certains de mes drames, par exemple sur *L'Otage*. On a remarqué que le nom de mon héroïne, Sygne, est emprunté à un des héros du roman *Une Ténébreuse Affaire*, qui s'appelle M^me de Saint-Cygne ou M^lle de Saint-Cygne. Et même l'intrigue de *Une Ténébreuse Affaire* n'est pas sans ressemblances mais je dois dire que, quand j'ai écrit *L'Otage*, je ne pensais pas du tout à Balzac, et c'est absolument inconsciemment que ces ressemblances se sont produites.

J. A. — Mais d'ailleurs toute l'atmosphère...

P. C. — Mais néanmoins Toussaint Turelure, ce personnage est un personnage balzacien, et la dramaturgie des Coûfontaine est certainement imprégnée d'une atmosphère balzacienne.

J. A. — Oui, parce que tous ces personnages sont à la fois représentatifs d'eux-mêmes, en ce sens qu'ils sont

techniques : « ... Je voudrais vous demander si vous n'aviez jamais été tenté par la forme romanesque... »

vraiment parfaitement individualisés, ils constituent
des types, mais en même temps ils sont représentatifs
de toute une société. Et l'on peut dire que la Trilogie,
*L'Otage*, *Le Pain dur* et *Le Père humilié*, constitue une
sorte de grande fresque sociale, depuis la décadence de
l'aristocratie à la fin de l'Ancien Régime jusqu'à l'ascension de la bourgeoisie d'argent, sans manquer d'ailleurs d'y ajouter l'élément juif, que vous avez inséré
dans cette Trilogie.

Mais, puisque nous en sommes à vos lectures de ro-
manciers, je voudrais vous demander maintenant si
vous avez rencontré quelquefois Marcel Proust et ce
que vous pensez de son œuvre, si vous l'avez lue.

P. C. — Non, je n'ai jamais rencontré Marcel Proust.
Je l'ai lu avec beaucoup de répugnance. Je rends hommage à ce côté artistique, ce côté humoristique qu'il y
a chez lui, mais les passions dont il était imprégné me
causaient une telle horreur que ça m'a empêché de lui
donner, de lui accorder beaucoup de sympathie, cette
sympathie qui est indispensable à jouir d'une œuvre.
De sorte que j'ai commencé à lire l'œuvre de Marcel
Proust, mais je me suis arrêté au milieu ; je n'ai jamais
poussé plus loin, et je ne peux pas dire qu'il ait eu une
influence quelconque sur moi, d'autant plus que son
goût de l'introspection me paraît non seulement une
chose artificielle, mais une chose très funeste même au
point de vue de la réalité : comme je l'ai dit bien souvent,
l'introspection est une habitude extrêmement délétère
même au point de vue artistique.

J. A. — Vous savez pourtant que Proust avait une
grande admiration pour vous.

P. C. — Non, je ne le savais pas.

J. A. — Il avait une grande admiration pour vous ;
à bien des reprises, on retrouve votre nom dans sa correspondance, et il a toujours écrit sur vous avec beaucoup, vraiment beaucoup d'admiration.

D'autre part, quand vous parlez de l'introspection chez Proust, il n'y a pas que l'introspection, il y a aussi la peinture de cette société, et la peinture de cette société, est-ce que vous en pensez quelque chose, ou préférez-vous n'en rien dire ?

P. C. — Eh ben ce que j'en pense : c'est une peinture extrêmement partielle de cette société, il ne peint qu'une société d'oisifs. Or, je trouve que ce n'est pas dans l'oisiveté que les personnages se montrent le mieux, c'est dans l'action. Un personnage qui ne fait rien est un être qui pourrit en réalité ; ce n'est pas dans la pourriture qu'un être vivant, aussi bien qu'une plante, se déploie le mieux. Un homme véritable n'atteint la forme adulte, n'atteint son rôle complet... puisque je vous ai souvent parlé de cette pièce où chacun joue un rôle, ben le rôle de ne rien faire, de rester là les bras ballants sur la scène, n'est pas le rôle à mon avis le plus intéressant ; ce n'est pas un rôle où le personnage attire le plus d'intérêt, et non seulement l'attire, mais le mérite. Alors tous ces oisifs de Proust ne m'inspirent pas beaucoup de curiosité ni d'intérêt, plutôt du mépris.

J. A. — Mais ne pensez-vous pas que ces oisifs peuvent être pris dans l'œuvre de Proust comme des héros à la façon dont on peut considérer les héros de la tragédie ? car enfin les héros de la tragédie ne font rien non plus : ils ne font que souffrir, ils sont complètement livrés à leurs passions et à leur destinée, et on ne les voit pas occupés à un travail quelconque et obligés de gagner leur vie.

P. C. — Mais, de toute façon, ils agissent leurs passions, ils les agissent avec une intensité exceptionnelle, tandis que dans Proust, même à l'intérieur de leurs passions, ils ne font rien : ils sont passifs, ils subissent les événements sans exercer aucune action sur eux. On voit Swann, par exemple, qui accepte les différentes maîtresses que le hasard lui fournit, sans montrer aucune espèce de réaction : il est absolument oisif et passif. Presque tous les personnages de Proust sont dans ce cas-là ; on n'en voit aucun qui ait une véritable passion, qui soit animé par un sentiment d'énergie et qui se heurte à d'autres énergies compensatrices.

Le drame est tout à fait absent de son œuvre. Nous n'assistons qu'à une décomposition concertée. Eh ben ça a un certain intérêt, le spectacle de la décomposition, mais j'avoue que pour moi ça ne va pas extrêmement loin.

J. A. — Ceci alors nous permettrait peut-être de remonter un petit peu dans le courant de l'histoire littéraire, puisque vous parlez de personnages qui agissent et qui doivent agir avec énergie, c'est-à-dire aux personnages de Stendhal.

Vous m'avez dit, il y a quelque temps, que vous aviez lu le traité de Stendhal sur l'amour. Mais avez-vous lu aussi ses romans, et y avez-vous pris quelque plaisir ou quelque enseignement ?

P. C. — *(Rire.)* Vous m'abordez là sur un sujet extrêmement scabreux, car je n'ai jamais caché mon sentiment à l'égard de Stendhal, qui est extrêmement peu sympathique. Je crois que tout le monde sait à quoi s'en tenir à ce sujet : le succès qu'a eu Stendhal et la gloire qu'il a obtenue constituent pour moi un des grands problèmes de l'histoire littéraire.

J'avais lu autrefois *La Chartreuse de Parme* avec énormément d'ennui, et j'ai voulu vérifier si vraiment il méritait la gloire qu'il a obtenue, et si vraiment Stendhal était un grand homme et un grand romancier. Je me rappelle toujours, j'ai profité d'un voyage que je faisais entre Marseille et Grenoble sur une ligne où j'étais seul dans mon compartiment, dans mon wagon, et j'en ai profité pour lire d'un bout à l'autre *La Chartreuse de Parme* avec le plus grand désir d'y trouver intérêt. Je dois avouer que je n'en ai trouvé aucun.

J'ai trouvé ses peintures de personnages absolument dénuées de toute espèce d'intérêt, cette enfilade d'anecdotes absolument, à mon avis... mon Dieu! je dirai le mot : inepte.

## Quarante et unième entretien

Jean Amrouche. — Je voudrais vous parler aujourd'hui d'un des derniers personnages que vous avez mis au théâtre, et ce personnage est Christophe Colomb.

Je voudrais vous demander à quel moment de votre vie vous l'avez véritablement rencontré, je veux dire : à quel moment ce personnage vous est devenu très proche, comme fraternel, et à quel moment avez-vous eu le sentiment qu'il pourrait prendre place dans la galerie des personnages que vous avez créés?

Paul Claudel. — Ma rencontre avec Christophe Colomb a été occasionnelle. Je venais d'arriver à Washington comme ambassadeur et le fameux imprésario Reinhardt, l'imprésario allemand qui avait à ce moment-là beaucoup de succès en Amérique avec sa pièce intitulée *Le Miracle*, voulait lui donner un pendant avec un autre personnage dont il m'a laissé le choix, et alors j'ai pensé à Christophe Colomb, à ce personnage qui me hantait depuis assez longtemps. C'était le héros d'une idée que j'ai toujours eue, cette idée du rassemblement de la terre, de la réunion des différentes parties de l'humanité, et Christophe Colomb me semblait, à ce sujet, un véritable champion et, on peut dire, un saint.

Ce projet de Reinhardt n'a pas été réalisé parce qu'il fallait trouver un musicien. J'avais choisi mon ami Darius Milhaud et ce choix, je crois, n'a pas plu à

Reinhardt, ni à José-Maria Sert qui s'était fait intermédiaire entre lui et moi.

Quoi qu'il en soit, j'ai écrit la pièce, Milhaud a mis
la musique et la pièce, telle quelle, a été jouée à Berlin,
au Grand Opéra de Berlin, en 1930, sous la présidence,
sous le patronage plutôt, comment dire, de Hindenburg
et de sa nièce. C'était, ça a fait un opéra très important
qui a été joué avec succès, surtout le 1er acte, et qui
n'a pas été redonné ensuite, si ce n'est à la radio.

J. A. — On n'a pas représenté *Christophe Colomb* en
France, avec ou sans la musique ?

P. C. — Non, ça n'a pas été représenté. A mon avis,
la musique, les musiciens, c'est assez naturel, veulent
se donner carrière et l'apparat musical était beaucoup
trop important ; c'est devenu un grand opéra, tandis
que j'aurais voulu autre chose. Je suis très frappé de
la différence qu'il y a entre ce que j'appellerai la musique
dramatique et la musique ordinaire. La musique dramatique se contente, en somme, d'assez peu de chose.
Je l'ai vu au théâtre japonais. Pour indiquer un moment
spécialement pathétique, il suffit d'un vibrato sur un
violon à une seule corde, ou même d'encore moins, de
quelques coups frappés avec une planche sur le parquet
de la scène, et c'est en somme suffisant, tandis que les
musiciens sont beaucoup plus exigeants. Au fond, la
musique devrait être comme elle était autrefois, faite
par le poète lui-même, sauf si on a la chance tout à fait
exceptionnelle de rencontrer un ami, un autre soi-même,
comme je l'ai eue pour *Le Soulier de Satin*, avec mon
ami Honegger.

J. A. — Eh bien, ce *Christophe Colomb*, est-ce que
vous avez le sentiment de l'avoir peint et mis en action,
comment dirais-je... d'un point de vue objectif, ou bien
avez-vous eu le sentiment, en écrivant la pièce, et au-
riez-vous aujourd'hui le sentiment qu'il s'est produit
une sorte d'identification de vous à lui ?

P. C. — Le cas est à peu près le même pour toutes les pièces. Il est bien difficile pour un auteur de créer un personnage sans qu'il s'identifie avec lui plus ou moins. Il n'y a guère une de mes pièces dans laquelle l'auteur, disons moi, ne se soit identifié avec son personnage. Il est certain que, dans *Le Soulier de Satin*, Rodrigue a beaucoup de mes idées à moi. Chaque écrivain est quelqu'un qui essaye de se compléter par là, de compléter ce qu'il a pas pu réaliser en fait dans sa vie. Je crois que tous les écrivains, et même tous les artistes, en sont là.

Pour *Christophe Colomb*, la pièce a été écrite quand je venais de terminer *Le Soulier de Satin*. Il me restait encore, si je peux dire, l'émotion de la pièce ; c'est comme un bateau dont on dit qu'il court sur son erre : quand le moteur s'est arrêté, cependant le bateau continue encore à courir un certain temps. *Christophe Colomb* a été un peu un achèvement du *Soulier de Satin*. On ne peut pas empêcher d'être frappé de la correspondance, de la ressemblance qu'il y a entre Christophe Colomb et Don Rodrigue : l'un est un conquérant, l'autre est un découvreur ; tous les deux, on peut dire, sont ce que les Russes appellent des « rassembleurs » de la terre, rôle qui m'a toujours été extrêmement sympathique puisque, tout jeune encore quand, des hauteurs de mon village, je voyais pour ainsi dire toute la terre se déployer devant moi, j'avais l'idée de cette vocation qui s'impose à certains hommes de rassembler tout ce qui s'offre à leur vue et d'en faire un objet d'une espèce de conquête.

J. A. — Oui, mais il me semble justement que *Christophe Colomb*, à cet égard, est comme le couronnement de votre œuvre et le couronnement de votre aventure. C'est peut-être celui de vos personnages qui vous exprime le plus complètement, depuis, comment dirais-je, le mouvement irrésistible et sauvage qui chasse Tête d'Or de chez lui et le pousse à la conquête, jusqu'à cette espèce, disons de défaite et d'humiliation avant le triomphe de Christophe Colomb. C'est donc tout le circuit de votre aventure intérieure et de votre aventure de voyageur, car tout ce que votre imagination voulait conquérir et maîtriser par le langage correspond à peu près à ce que votre pied a pu fouler.

Cette correspondance étroite entre la conquête de l'imagination et de l'esprit, et celle du corps, de la présence physique, est particulièrement frappante chez vous. Et c'est dans ce sens qu'on peut dire que vous avez réussi mieux que Rimbaud.

P. C. — J'ajouterai seulement une chose, c'est que *Christophe Colomb* n'est pas une œuvre aussi complète, aussi soigneusement méditée et réalisée que l'est, par exemple, *Le Soulier de Satin*. C'est une ébauche... une ébauche... disons une ébauche grandiose, si vous voulez, mais en somme ce n'est qu'une ébauche, où j'ai laissé virtuellement une grande part à la musique.

*Christophe Colomb* réalise mes idées, il en est plutôt le champion qu'il en est l'interprète. Il n'y a pas dans *Christophe Colomb* une pièce soigneusement réalisée, il y a surtout l'effort, l'élan de ce découvreur de la terre qui exprime ses idées d'une façon, somme toute, schématique.

J. A. — Il les exprime d'une façon peut-être schématique, comme vous dites, mais particulièrement claire, lisible et émouvante et c'est pourquoi je voudrais reprendre maintenant quelques-uns des thèmes majeurs qui sont, sinon complètement développés, au moins indiqués dans cette pièce.

Le premier de ces thèmes, c'est le nom même de « Christophe Colomb » qui le porte et c'est l'expression de la mission dont vous avez eu le sentiment que vous deviez la remplir. Et il dit de lui-même : *Mon nom est l'ambassadeur de Dieu, le porteur de Christ. Mon premier nom est le porteur de Christ, et mon second nom est tout*

*ce qui est lumière, tout ce qui est esprit et tout ce qui a
des ailes.* Mais celui qui affirme, avec cette simplicité
évidente et, tout de même, assez scandaleuse, le caractère de sa vocation, ne peut pas faire qu'il ne se
heurte, comme Christophe Colomb lui-même, aux traditions établies, aux routines sociales. Et le conflit du
génie, en proie justement à ces traditions et à ces routines, vous l'avez fortement marqué dans *Christophe
Colomb*.

Est-ce que vous avez vous-même souffert de ces routines, de ces habitudes qu'il faut briser ?

P. C. — C'est incontestable, comme tous les gens qui
apportent quelque chose de nouveau. C'est à peu près
toujours le même cas. Je n'ai pas besoin de vous rappeler
ma carrière ; ce n'est guère qu'à partir de 1912, au moment où *L'Annonce* a été donnée pour la première fois
au Théâtre de l'Œuvre, que mon nom a commencé à
être un peu connu. En 1912, j'avais par conséquent qua-
rante-quatre ans ; vous voyez par conséquent qu'il
m'a fallu assez de temps pour parvenir à briser le cercle d'incompréhension et de silence qui m'entourait et
même, quand je parle de 1912, ça a été encore beaucoup
plus tard que je suis réellement parvenu à la notoriété.
Quand j'ai quitté la France pour le Japon, en 1922, on
venait de donner la pièce que j'ai faite avec Milhaud.
Comment dirais-je, c'était un ballet.

J. A. — *L'Homme et son Désir ?*

P. C. — *L'Homme et son Désir*, et je me rappelle
qu'à bord du bateau on m'a apporté deux sacs de cou-
pures de la presse remplies des choses les plus désagréables à mon égard, et il s'en est fallu d'une quinzaine
d'années pour que je commence de nouveau à surmonter cette espèce de silence consterné qui m'entourait.

J. A. — Mais le personnage de Christophe Colomb
lui-même n'est, semble-t-il, qu'un avatar du premier

aventurier dont nous parle l'Écriture et qui est Abraham lui-même qui doit quitter son pays, qui doit quitter Our, pour toucher la Terre promise, et vous avez assez bien marqué, me semble-t-il cette filiation d'Abraham à Christophe Colomb et que cette filiation d'Abraham, tout homme devrait la retrouver en lui et assumer cette vocation aventureuse, cette vocation de découverte. Est-ce que vous en êtes toujours persuadé ?

P. C. — Dans mon cas, la Terre promise, je l'avais touchée tout de suite, je l'ai touchée avant même de commencer à réaliser aucune de mes œuvres. La Terre promise, pour moi, c'est la Foi que j'ai touchée, grâce à Dieu, dès le commencement de ma carrière. Quant à l'autre carrière, du succès, comment dire... temporel, que je pouvais obtenir, on peut lui donner le nom de « Terre promise » que d'une manière bien insuffisante. Ce qu'on peut dire seulement, c'est qu'entre la Terre promise, purement spirituelle, qui est la Foi, qui est la croyance au monde invisible, qui vient compléter le monde visible, et la réalisation temporelle de cette conquête, beaucoup d'hommes n'y sont jamais parvenus. En somme je dois m'estimer heureux si, à la fin de ma vie, je suis parvenu à me faire écouter, ce qui, après tout, est une chose désirable. C'est un sort assez triste, pour beaucoup d'artistes ou d'écrivains, de finir leur vie sans que jamais ils ont eu la sensation d'être compris, ou d'avoir réalisé leur personnage tel que Dieu, sans doute, désirait qu'ils le fassent. A ce point de vue-là je peux m'estimer extrêmement heureux.

J. A. — Oui, mais je me demande si je n'aurais pas l'audace de contester ce bonheur, au nom même de vos personnages et de Christophe Colomb. Il y a une insatisfaction amère et qui continue de se manifester et, en quelque sorte, de le brûler intérieurement. Il le dit. Il le dit : *Je n'atteindrai jamais Cipango et ses îles d'or et* de neige, *que je vois là, à la portée de ma main.* C'est une interrogation qu'il pose.

Avez-vous l'impression d'atteindre maintenant Cipango et ses îles d'or et de neige ?

P. C. — Comme je vous le disais tout à l'heure, Cipango, le véritable Cipango, les îles d'or et de neige, je les avais atteintes depuis longtemps quand j'ai atteint ce que je crois être la Vérité, qui est la Foi chrétienne.

En réalité, quand j'ai écrit *Christophe Colomb*, non seulement j'avais atteint Cipango, mais j'en revenais, puisque je revenais du Japon où j'avais passé trois ans et où j'avais pu jouir, autant que je le pouvais, des îles d'or et de neige. Et je comprenais que si beau que soit ce pays dont j'ai gardé un excellent souvenir, néanmoins, il était inférieur à tout ce qui peut remplir et combler le cœur d'un homme. Ça serait bien triste si jamais un homme atteignait son idéal ! Comme on dit dans *L'Otage* : *Il y a quelque chose de plus triste que d'être déçu, c'est d'être exaucé !*

Notre pèlerinage en ce monde est fait justement d'une série continuelle de déceptions et un chrétien ne peut pas en demander plus ; un Porte-Christ, comme le Christophore dont la réalisation est l'objet de ma pièce, ne peut pas avoir plus de succès que n'en a le Christ lui-même. La vie du Christ a été une déception, un échec continuel, suivant le monde, et il est très naturel que ça soit la même chose pour ceux qui s'efforcent de marcher sur ses traces et, en particulier, pour les artistes. L'art lui-même n'est qu'un échec continuel, une déception continuelle devant une réalisation qui s'éloigne toujours de plus en plus. L'essentiel est de faire ce qu'on peut, sans être sûr d'y avoir complètement réussi.

J. A. — Mais je me permettrai de reprendre la même question sous une autre forme. Vous vous rappelez certainement la remarque que faisait Rimbaud lorsqu'il disait : « Je *est un autre !* » Il m'a semblé pouvoir rappro-

cher de cette remarque de Rimbaud ces paroles de
Christophe Colomb : *Que serais-tu si tu connaissais
l'homme qui est mon propre maître ? Je ne fais qu'obéir.
Plût au ciel que je n'eusse jamais connu ce tyran injuste
et impitoyable !* Est-ce que cet homme qui habite Christophe Colomb, dont vous avez dit, dans les *Vers d'Exil*,
à propos de Dieu, qu'il était *Quelqu'un qui est en moi plus
moi-même que moi*, est-ce que cet homme qui commande,
qui exige et qui vous torture, est-ce que vous en sentez
encore sur vous-même le pouvoir et le prestige ?

P. C. — Actuellement, j'ai quatre-vingt-trois ans !
Comme dit je ne sais plus quel personnage d'un drame
classique : *Mes caravanes sont terminées.* Je n'ai plus,
par conséquent, à subir ces exigences, je n'ai plus qu'à
considérer son itinéraire avec une ironie bienveillante.
Mais à l'époque où j'écrivais encore *Christophe Colomb*,
« Je » n'était pas complètement réalisé ; il savait qu'il
avait encore d'autres tâches à remplir, en particulier
tout cet énorme effort que j'ai réalisé pour l'élucidation
des Écritures. Et je ne dirai pas, comme Rimbaud, que
« Je » est un autre ; ce qu'il y a de terrible, et parfois de
cruel, c'est que « Je » précisément n'est pas un autre,
c'est qu'il est lui-même, c'est qu'il est, comme je le dis
dans le vers que vous citiez : « plus moi-même que moi »
et c'est à ce « moi-même » que sous le « Je » superficiel
s'adresse la vocation, le commandement de Dieu qui a
besoin de lui, et qui lui demande un effort souvent inat-
tendu et auquel il n'est pas préparé. « Je » n'est pas un
autre, il est « lui-même », mais un lui-même non encore
abouti, non encore parvenu à l'état adulte, si je peux dire.

APPENDICE

La bande magnétique d'un quarante-deuxième entretien, lequel,
d'après les archives de l'O.R.T.F., n'aurait jamais été diffusé, n'a
pas été retrouvée. Nous n'avons donc pas pu reprendre le texte de
cette dernière conversation d'après son enregistrement. Nous le pu-
blions donc sous réserve.

## *Quarante-deuxième entretien*

Jean Amrouche. — Vous m'avez dit, à propos de
la vocation de l'artiste, que vous étiez comme frappé de
terreur quand vous voyiez chez un enfant les premiers
signes de la vocation artistique. C'était à propos de
votre sœur Camille que vous me le disiez et je voudrais
bien que vous m'en disiez davantage.

Paul Claudel. — De ma sœur Camille! Ah, c'est
un sujet terriblement triste et dont il m'est difficile de
parler, précisément à cause de cette blessure qu'offre le
spectacle de cette personnalité magnifique et de l'échec
qui a flétri son existence.

La nature s'était montrée prodigue à son égard ; ma
sœur Camille avait une beauté extraordinaire, de plus
une énergie, une imagination, une volonté tout à fait
exceptionnelles. Et tous ces dons superbes n'ont servi
à rien : après une vie extrêmement douloureuse, elle a
abouti à un échec complet. C'est justement une vocation
un peu différente de la mienne : moi, j'ai abouti à un
résultat, elle, n'a abouti à rien. Tous ces dons merveil-
leux que la nature lui avait répartis n'ont servi qu'à faire
son malheur, et finalement elle a abouti à un asile psy-
chiatrique, où elle a terminé, dans les ténèbres, les trente
dernières années de son existence.

Il est assez naturel que, devant ce spectacle, j'éprouve

une véritable horreur à la pensée que cette vocation
pourrait se renouveler chez un des enfants qui me sont
le plus chers. La vocation artistique m'impose une véritable terreur à ce point de vue-là.

J. A. — Est-ce seulement le souvenir de votre sœur
Camille, dont nous comprenons qu'il vous soit particulièrement douloureux, encore qu'il me semble que vous
exagériez son échec car elle laisse une œuvre très belle,
très significative et, je dirai, particulièrement exemplaire
par son échec même, c'est-à-dire par son inachèvement
— est-ce simplement à cause du souvenir de votre sœur
Camille, ou bien est-ce pour des raisons plus générales,
plus constantes, que vous redoutez la vocation artistique
chez ceux que vous aimez ?

P. C. — La vocation artistique est une vocation
excessivement dangereuse et à laquelle très peu de gens
sont capables de résister. L'art s'adresse à des facultés
de l'esprit particulièrement périlleuses, à l'imagination
et à la sensibilité, qui peuvent facilement arriver à
détraquer l'équilibre et à entraîner une vie peu d'aplomb.

Regardez la carrière de la plupart des grands hommes
de lettres, des grands poètes ! Presque tous donnent le
spectacle d'un déséquilibre complet et d'une vie très
souvent manquée, même ceux qui ont pu avoir un certain succès temporel, même des hommes comme Chateaubriand ou comme Victor Hugo ; quand on regarde
leur vie de près, on a l'impression d'un profond déséquilibre. Ils sont très différents des savants, par exemple,
dont beaucoup peuvent être appelés des saints : un Pasteur, un Ampère, un Cauchy, ou un homme d'action
comme de Lesseps ont eu des vies complètement réussies, qui donnent le spectacle d'une réalisation très saine
et, somme toute, heureuse malgré les obstacles plus ou
moins pénibles qu'ils ont rencontrés.

Il y a très peu d'écrivains dont la vie n'ait été chavi-
rée. Peu de spectacles plus tristes que la vie d'un Baude-

laire, d'un Verlaine et même d'un Racine qui a eu des
passages extrêmement noirs. Corneille, lui, a réussi ;
mais est-il sûr que Corneille soit un très grand génie ?
On peut en douter ! On peut également citer un Villon,
enfin le martyrologe des écrivains, des artistes abonde.
Il doit certainement y avoir une raison à cela, et je
l'attribue à ce développement morbide, on peut dire, de
l'imagination et de la sensibilité, qui n'est pas bon pour
l'équilibre d'un être humain.

J. A. — Eh bien, voici des propos qui, venant d'une
bouche aussi autorisée que la vôtre, sont quand même
assez surprenants ! Je crois qu'en effet vous donnez
l'exemple d'un double développement corrélatif : celui
d'une carrière, d'une carrière tout humaine, réussie,
comblée, et celui aussi d'une carrière, disons intérieure,
poétique, qui a pu atteindre également à ses plus hautes
réalisations. C'est à la fois le fait des dons naturels et le
fait de la Grâce. Lorsque vous parliez de ces grands
artistes dont les existences ont été déséquilibrées, je
pensais aussi à ceux qu'on pourrait appeler des ar-
changes foudroyés...

P. C. — Les poètes maudits !

J. A. — ... les poètes maudits ; et ils restent une
grande énigme que vous n'avez pas contribué à élucider
aujourd'hui. Il me semble que lorsque vous évoquiez
cette crainte que vous pouviez éprouver devant, par
exemple, vos petits-enfants, de leur voir suivre les traces
de leur grand-père, c'est plutôt le grand-père qui parle
que le poète !

P. C. — Ah !... Je ne peux pas dire que la vie d'un
artiste, ou la vocation artistique, soit heureuse au point
de vue de la vie d'un être humain. Je crois que c'est une
chose exceptionnelle, que, vraiment, on ne peut souhaiter à personne. C'est une vocation en marge, c'est une
vocation qui n'a rien de désirable. Je vous le dis avec
d'autres exemples devant mes yeux, d'exemples proches

de moi, autres que celui de ma sœur. Il est bien rare que la vocation artistique soit une bénédiction.

J. A. — Qu'elle soit une bénédiction ? Comment pouvons-nous le savoir, comment pouvons-nous savoir si elle est vraiment une bénédiction ou si elle est une malédiction ? Vous l'avez vous-même marqué très fortement dans toute votre œuvre ; c'est Rodrigue qui dit, quelque part, dans une sorte d'explosion d'enthousiasme : « Le mal aussi, le mal aussi sert. » Par conséquent ce qu'il faut peut-être souhaiter à ceux qui ont la vocation de l'artiste, c'est d'être capables de l'assumer pleinement et jusqu'au bout. C'est peut-être là que la Grâce peut intervenir, vous ne croyez pas ?

P. C. — C'est possible, mais il est douteux que celui qui est l'objet de cette grâce redoutable en bénéficie lui-même d'une manière particulièrement agréable. Vous n'avez qu'à vous rappeler le poème par lequel s'ouvrent *Les Fleurs du Mal* :

> *Lorsque par un décret des puissances suprêmes*
> *Le poète apparaît en ce monde ennuyé,*

sous l'exagération romantique de Baudelaire, il y a quelque chose de profondément vrai qui se cache : il est très rare qu'un poète ayant reçu des dons exceptionnels ait sujet lui-même souvent de s'en féliciter. Pour les autres, c'est possible ! Ce qu'il apporte au monde est-il estimable ? Personne ne peut dire que le monde souffrirait, par exemple, si Verlaine n'avait pas existé ; mais quel père de famille pourrait souhaiter, pour ses enfants, la vocation d'un Verlaine, ou d'un Rimbaud ?

J. A. — Vous avez bien cité le début de cette pièce de Baudelaire, mais vous ne faites pas allusion à la fin de *Bénédiction*.

P. C. — Regardez Gide, par exemple ! Qui peut dire que la vie de Gide soit une chose désirable ? Personne !

C'est un peu comme la vocation médiumnique, n'est-ce pas! Un médium est un homme qui a vraiment des pouvoirs exceptionnels ; mais qui peut désirer la vie ou la carrière d'un médium? Il vit évidemment aux dépens de lui-même, enfin de l'équilibre de l'être normal.

J. A. — Et vous croyez que des existences comme celles que vous citiez, celle de Pasteur, ou d'Ampère, ou de Cauchy, ou d'autres, si elles étaient exposées, comme l'est celle d'un artiste, à une analyse rigoureuse et même à cette constante psychanalyse à laquelle on soumet les œuvres, croyez-vous qu'elles résisteraient à l'examen? Croyez-vous qu'ils aient pu eux-mêmes se dire heureux?

P. C. — C'est-à-dire qu'ils ont tout de même consacré leur vie à la vérité, à une recherche désintéressée, tandis que l'artiste justement, fait le contraire. Il attache sa vie et la consacre à la fiction et à une recherche de lui-même, à une espèce d'exaspération de tout ce qu'il a en lui et, plus souvent, des mauvais côtés que des bons. Cela, c'est dangereux, ce n'est pas une chose très saine.

Je citais tout à l'heure Gide, mais Proust, c'est encore pire! La vie de Proust est une espèce de martyre. Enfin c'est épouvantable cette existence qu'il a eue! Et Proust, quelle que soit mon opinion à cet égard, c'est tout de même un artiste extrêmement important et considérable, il n'y a pas de doute. Mais sa vie est le spectacle d'un mauvais côté, constamment choyé, exaspéré, et dont il a été lui-même la victime. C'est un exemple terrible, celui-là, également!

\*

J. A. — Dans *Christophe Colomb*, j'ai relevé diverses remarques dans lesquelles, par l'intermédiaire de votre personnage, vous nous confiez certaines vues sur l'ordre du monde, tel qu'il peut se présenter à nous aujourd'hui.

C'est ainsi que Christophe Colomb, parlant de la

Méditerranée, dit : *La reine de l'Orient, elle doit céder son
sceptre à un autre ; tu vois la vieille mer latine à qui l'océan
retire sa rame et sa coupe, sa coupe où venaient boire toutes
les nations.* Christophe Colomb est donc l'homme du
Nouveau Monde ; il est aussi l'homme de l'Ancien Monde,
c'est-à-dire de l'Extrême-Orient qui l'appelle comme il
vous a appelé.

Pensez-vous qu'aujourd'hui on puisse considérer que
cette « reine de l'Orient », dont vous parlez, que la Méditerranée et tout ce qu'elle représente, ait été effective-
ment dépossédée de son sceptre ?

P. C. — La Méditerranée, je crois que c'est en grande
partie ce que le prophète Isaïe appelait Tyr. Il y a tout
un passage de ce *Livre d'Isaïe*, auquel je consacre tant
d'attention actuellement, où il parle de la destinée de
Tyr. Tyr représente non seulement la Méditerranée, mais
toute cette civilisation classique qui en a vécu, où la
Phénicie a apporté son écot, l'Égypte, la Palestine,
Rome, la Grèce, plus tard la Gaule, plus tard l'Espagne.
Chacune y a apporté du sien ; c'est un foyer de civilisation magnifique. Maintenant, il faut que cette civilisation aboutisse, qu'elle produise ses résultats. Cette
civilisation n'a pas été faite pour être seule, elle a été
faite pour répandre son influence dans le monde entier,
et actuellement, la Méditerranée, c'est le monde entier ;
elle n'a pas été découronnée, comme le dit Christophe
Colomb, elle a été au contraire couronnée par les résultats magnifiques que produisent cette foi, cette civilisation chrétienne, cette civilisation humaine également,
qui s'est agrégée à elle et qui, maintenant, s'étend à
toutes les nations.

Si je compare précisément le commencement de ma
longue vie à la fin, je ne peux pas m'empêcher de constater quel énorme progrès a été réalisé.

Quand j'ai commencé l'existence, le monde représentait une série de petits compartiments, nettement sépa-

rés, chacun avec ses traditions, avec ses mœurs, même sa religion, sa manière de voir les choses, son gouvernement particulier ; c'était ce qu'Isaïe, précisément, appelle les *îles*, c'est-à-dire des compartiments qui n'ont pas de contacts les uns avec les autres. Deux énormes secousses se sont produites depuis et tous ces petits compartiments se sont écroulés, les parois se sont abaissées, se sont écroulées, souvent au grand détriment des gens qui étaient sous leur signe, mais on ne peut pas dire qu'un travail d'unité dans le monde ne se soit pas réalisé.

Cette civilisation chrétienne à laquelle la Méditerranée a donné naissance, elle fait son travail maintenant, elle est comme le levain qui travaille dans trois mesures de froment, ou de farine, et qui s'étend au monde entier.

Il n'y a plus maintenant une partie du monde qui soit étrangère aux autres. Actuellement, un Français peut dire comme M^me de Sévigné qui disait à sa fille « qu'elle avait mal à la gorge », eh bien, un Français a mal à la Corée, il a mal à la Palestine, il a mal à toutes les parties du monde dans lesquelles il se produit quelque chose. Il se rend compte qu'il y a une étroite communion de l'un à l'autre. Et, précisément, ces grandes catastrophes, dont nous sommes les témoins plus ou moins douloureux, contribuent à ce travail de réunion de l'humanité qui est précisément le sujet de ce grand *Livre d'Isaïe* auquel je consacre mes dernières années et où on trouve des prophéties tout à fait stupéfiantes à ce sujet.

J. A. — Vous trouvez dans la lecture et le commentaire d'Isaïe matière à justification de... comment dirais-je, de la situation actuelle du monde ?

P. C. — Oui, certainement, je crois — je ne suis pas pessimiste — je crois que ce grand secouement de l'humanité a un résultat, et que c'est un grand spectacle auquel nous assistons de voir toutes les parties de l'humanité devenir si étroitement solidaires les unes des autres, solidaires pour le moment à leur déséquilibre qui, fina-

lement, aboutira à quelque chose d'assez grandiose
qu'avaient prévu tous ces grands réalisateurs de la terre,
tels que les Christophe Colomb, et même tous les conqué-
rants comme les Gengis Khan, comme tous ces autres
qui se sentaient vivre dans des limites trop étroites pour
eux. Et il y a un mot précisément d'Isaïe qui résume
tout cela, c'est : *Le lieu est trop étroit pour moi, fais-moi
de la place.* C'est le mot que profèrent tous ces grands
réalisateurs de la terre dont je vous parlais, c'est-à-dire
non seulement Christophe Colomb, mais même Napoléon, même si vous voulez Hitler, enfin Staline même,
tous ces gens travaillant, soit pour Dieu, soit pour le
Diable, mais en somme pour une œuvre qui était nécessaire, qui doit se réaliser plus ou moins un jour ou l'autre.

J. A. — Cette œuvre dont le monde actuellement est
en train de souffrir une sorte d'enfantement, est-elle
faite pour le bonheur des hommes ou sera-t-elle faite
pour leur dam ? Voilà la question car, pour en revenir
à Christophe Colomb, il dit lui-même, à la fin de la
pièce : *J'ai promis d'arracher le monde aux ténèbres, je
n'ai pas promis de l'arracher à la souffrance !*

P. C. — Ah !... La souffrance n'est pas une chose
mauvaise par elle-même ! Elle peut être, au contraire,
une chose très utile ! On peut contester que l'état d'angoisse ou de souffrance où nous vivons maintenant ne
soit pas, somme toute, plus heureux que l'état de conges-
tion bourgeoise dans les années de ma jeunesse, les années
qui se sont écoulées entre ma naissance et la guerre de
1914 ! On ne peut pas croire ni admettre que ces idées,
ces choses-là soient un bonheur spécial pour l'humanité ! L'abrutissement n'est pas un idéal pour l'humanité !
Je crois que cette vision plus complète de l'humanité,
que cette possibilité de s'atteindre les uns les autres,
d'avoir besoin d'un ensemble est beaucoup plus riche,
beaucoup plus vaste, beaucoup plus heureuse, finalement, qu'un état de bonheur égoïste consistant à avoir à

manger et à boire comme les animaux, n'est-ce pas!
L'humanité n'a pas été faite exprès pour cela! C'est ce
que l'Église nous dit, somme toute, que le but du monde
n'est pas le bonheur de l'humanité, mais qu'il est la
gloire de Dieu et, au fond, c'est beaucoup plus important et même beaucoup plus heureux pour l'humanité
de travailler pour la gloire de Dieu que de travailler
pour son bonheur personnel!

J. A. — De sorte que si nous considérions que cette
conversation soit la dernière que nous dussions avoir
devant ce micro, c'est un message d'optimisme que vous
adresseriez particulièrement à la jeunesse. Vous l'invi-
teriez à considérer toutes les douleurs et toutes les
menaces qui pèsent actuellement sur le monde comme
les signes d'une création, d'une création grandiose qui
doit acheminer le monde vers une plus grande unité?

P. C. — Certainement, c'est ce qu'Isaïe précisément
appelle « les douleurs de l'enfantement » : *Dolores sicut
parturientis*.

Et il me semble qu'un jeune homme qui voit les choses
telles qu'elles sont, et qui partage les convictions que
j'ai, ce qu'il ressent devant le monde actuel, ce ne doit
pas être une impression d'accablement, de décourage-
ment, mais plutôt d'enthousiasme. Il se dit que dans un
monde où il y a tant à faire, lui-même a sa part pres-
crite, et c'est plutôt une sensation d'exaltation, d'enthousiasme qu'il doit ressentir.

J. A. — Ce sont peut-être alors ces paroles du Chœur,
dans *Christophe Colomb* : *Le monde s'ouvre, les portes
sont ouvertes ; elles sont déracinées les antiques colonnes de
notre connaissance!*

P. C. — C'est tout à fait cela. J'avais oublié ces
paroles, mais elles répondent très bien à mon état d'esprit
actuel.

J. A. — Oui, mais si les portes, les colonnes de notre
connaissance, ces antiques colonnes dont vous parlez,

sont déracinées, cela signifierait alors que l'aventure est toujours ouverte, cette aventure perpétuelle où le départ est infiniment plus important que le point d'arrivée!

P. C. — Mais remarquez que Christophe Colomb ne détruit pas les antiques colonnes de sa connaissance, qu'au contraire il les porte plus loin. Ces colonnes sont toujours solides. Une colonne, c'est quelque chose qui réunit le ciel et la terre et ces colonnes, comme dit le psaume, sont toujours là. Le psaume nous dit en effet que Dieu a liquidé le ciel et la terre et qu'il en a confirmé les colonnes. Eh bien, précisément, Christophe Colomb va porter ces colonnes plus loin, mais elles remplissent toujours leur fonction, leur fonction d'Atlas, puisque Atlas était le géant qui réunissait le ciel et la terre, et les deux colonnes ne font que l'aider dans cette vocation!

*Table des matières*

ACHEVÉ     D'IMPRIMER    LE
30  MAI  1969  SUR  LES
PRESSES   DE    L'IMPRIMERIE
BUSSIÈRE, SAINT-AMAND (CHER)

— Nº d'édit. 14278. — Nº d'imp. 518. —
Dépôt légal : 2ᵉ trimestre 1969.
*Imprimé en France*